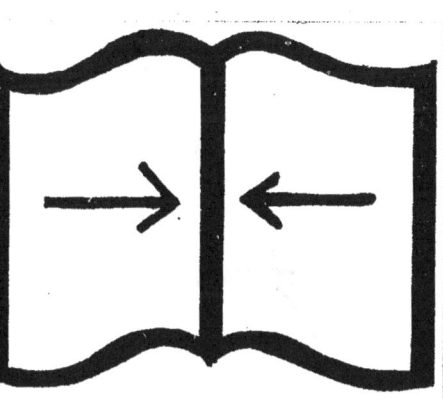

RELIURE SERREE
Absence de marges
intérieures

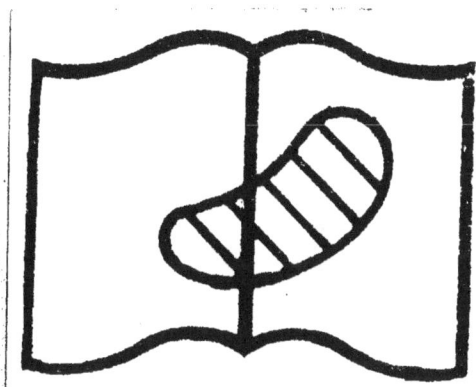

Illisibilité partielle

VALABLE POUR TOUT OU PARTIE
DU DOCUMENT REPRODUIT

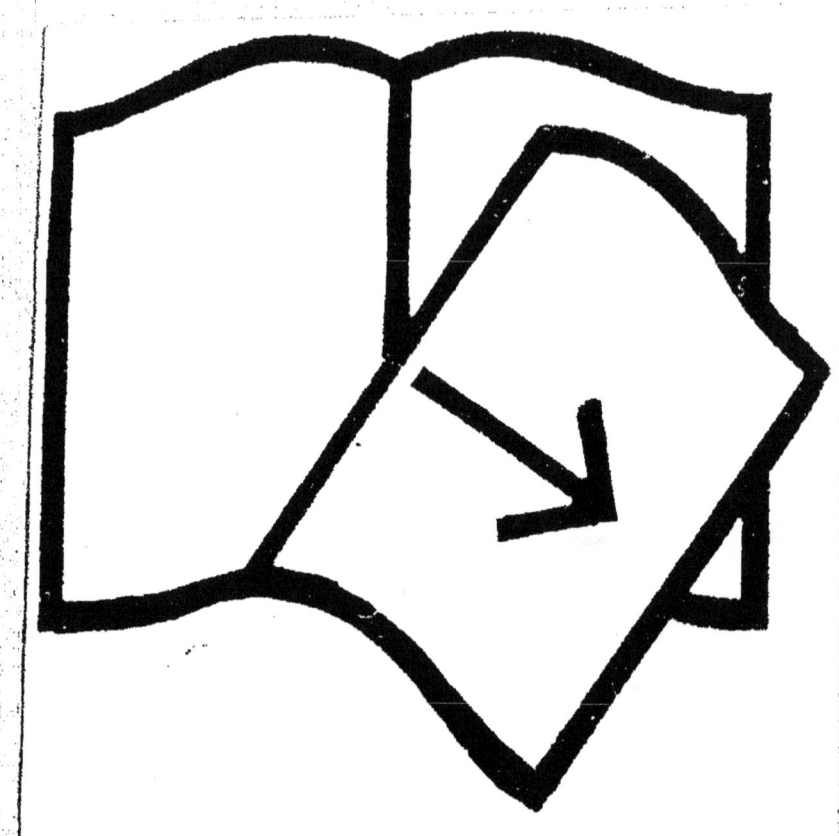

Couvertures supérieure et inférieure manquantes

LES ROMANS

DE

LA TABLE RONDE.

CE VOLUME CONTIENT :

JOSEPH D'ARIMATHIE.
LE SAINT-GRAAL.

Paris. — Typ. de Ad. Lainé et J. Havard, rue des Saints-Pères, 19.

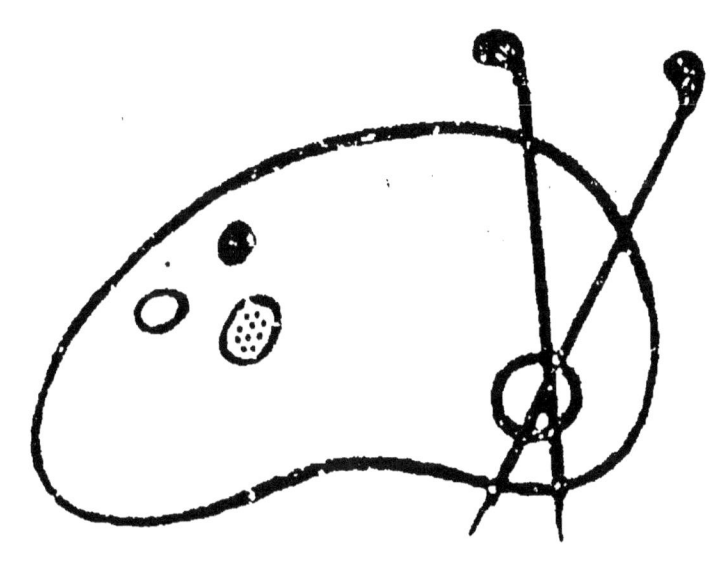

Typographie de couleur

LES ROMANS
DE
LA TABLE RONDE

MIS EN NOUVEAU LANGAGE

ET ACCOMPAGNÉS DE RECHERCHES SUR L'ORIGINE
ET LE CARACTÈRE DE CES GRANDES COMPOSITIONS

PAR

PAULIN PARIS

Membre de l'Institut, Professeur de langue et littérature du Moyen Age
au Collége de France.

TOME PREMIER.

PARIS,
LÉON TECHENER, LIBRAIRE,
RUE DE L'ARBRE-SEC, 52.

MDCCCLXVIII.

LES ROMANS

DE

LA TABLE RONDE.

INTRODUCTION.

Le nom de *Romans de la Table ronde* appartient à une série de livres écrits en langue française, les uns en vers, les autres en prose, et consacrés, soit à l'histoire fabuleuse d'Uter-Pendragon et de son fils Artus, soit aux aventures d'autres princes et vaillants chevaliers, contemporains présumés de ces rois. Ces livres ont offert, durant les quatre siècles littéraires du Moyen âge, la théorie de la perfection chevaleresque : on se plut, dans un grand nombre de familles baronales, à donner aux enfants, même sur les fonts de baptême, le nom de ces héros imaginaires, auxquels on attribua des armoiries, pour avoir le plaisir de les leur emprunter. On alla plus loin encore, en plaçant sous leur patronage les joutes, les tournois, parfois même les combats judiciaires. Dans cet ordre de compositions, un certain nombre de traditions religieuses, particulières à l'église gallo-bretonne, devinrent le tronc d'où parurent s'échapper les récits primitifs, comme autant de branches et de rameaux. Disposition réellement fort habile, quoique peut-être elle se soit présentée d'elle-même, pour donner une apparence de sincérité aux inventions les plus incroyables et les plus éloignées de toute espèce de vraisemblance.

On est aujourd'hui d'accord sur l'origine de ces fameuses compositions. Elles sont comme le reflet des traditions répandues au douzième siècle parmi les Bretons d'Angleterre et de France. Le courant de ces traditions provenait lui-même de trois sources distinctes : — les souvenirs de la longue résistance des Bretons insulaires à la domination saxonne ; — les *lais* ou chants poétiques échappés à l'oubli des anciennes annales, et dont l'imagination populaire était journellement bercée ; — les légendes relatives soit à l'établissement de la foi chrétienne dans la Bretagne insulaire, soit à la possession et à la perte de certaines reliques. Encore faut-il ajouter à ces trois sources patriotiques un certain nombre d'émanations orientales, répandues en France et surtout en Bretagne, dès le commencement du douzième siècle, par les pèlerins de la Terre sainte, les Maures d'Espagne et les Juifs de tous les pays.

Nos romans représentent donc assez bien l'ensemble des traditions historiques, poétiques et religieuses des anciens Bretons, toutefois modifiées plus ou moins, à leur entrée dans les littératures étrangères. Étudier les Romans de la Table ronde, c'est, d'un côté, suivre le cours des anciennes légendes bretonnes; et, de l'autre, observer les transformations auxquelles ces légendes ont été soumises en pénétrant, pour ainsi dire, la littérature des autres pays. Le même fond s'est coloré de nuances distinctes, en passant de l'idiome original dans chacun des autres idiomes. Mais je n'ai pas l'intention de suivre les Récits de la Table Ronde dans toutes les modifications qu'ils ont pu subir : je laisse à d'autres écrivains, plus versés dans la connaissance des langues germaniques, le soin d'en étudier la forme allemande, flamande et même anglaise. La France les a pris dans le fond breton et les a révélés aux autres nations, en offrant par son exemple les moyens d'en tirer parti : j'ai borné le champ de mes recherches aux différentes formes que les traditions bretonnes ont revêtues dans la littérature française. La carrière est encore assez longue, et si j'arrive heureusement au but, la voie se trouvera frayée pour ceux qui voudront se rendre compte des compositions du même ordre, dans les autres langues de l'Europe.

I.

LES LAIS BRETONS.

C'est dans la première partie du douzième siècle que Geoffroy, moine bénédictin d'une abbaye située sur les limites du pays de Galles, fit passer dans la langue latine un certain nombre de récits fabuleux, décorés par lui du nom d'*Historia Britonum*. Je dirai tout à l'heure si, comme il le prétendait, il n'avait fait que traduire un livre anciennement écrit en breton ; — s'il n'avait eu d'autre guide qu'un livre purement latin ; — s'il avait plus ou moins ajouté à ce texte primitif. Mais, en admettant que Geoffroy de Monmouth n'eût consulté qu'un seul livre écrit, il ne faudra pas conclure que tous les récits ajoutés à ce premier document aient été l'œuvre de son imagination. Bien avant le premier tiers du douzième siècle, les harpeurs bretons répétaient les récits dont les romanciers français devaient s'emparer plus tard. Disons quels étaient ces harpeurs bretons.

Pour constater leur existence et leur antique popularité, il n'est pas besoin de citer les fameux passages si souvent allégués d'Athénée, de César, de Strabon, de Lucain, de Tacite : il suffit de rappeler qu'au quatrième siècle, en plein christianisme, il y avait encore en France un collége de Druides ; Ausone en offre un témoignage irrécusable. Fortunat, au septième siècle, faisait, à deux reprises, un appel à la harpe et à la rhote des Bretons. Au commencement du onzième siècle, Dudon de Saint-Quentin, historien normand, pour que la gloire du duc Richard Ier se répandît dans le monde, conjurait les harpeurs armoricains de venir en aide aux clercs de Normandie. Il est donc bien établi que les Bretons de France

>Jadis suloient, par proesse,
>Par curteisie et par noblesse,
>Des aventures qu'il ooient
>Et qui à plusurs avenoient,
>Fere les lais, por remenbrance ;
>Qu'on ne les mist en obliance (1).

On donnait donc le nom de lais aux récits chantés des harpeurs bretons. Or ces lais af-

---

(1) **Marie de France.** *Lai d'Equitan.*

fectuaient une forme de versification déterminée, et se soumettaient à des mélodies distinctes qui demandaient le concours de la voix et d'un instrument de musique. L'accord de la voix aux instruments avait assurément un charme particulier pour nos ancêtres ; car, lorsqu'on parle des jongleurs bretons dans nos plus anciens poëmes français, c'est pour y rendre hommage à la douceur de leurs chants comme à l'intérêt de leurs récits. Mon savant ami, M. Ferdinand Wolf, dont l'Europe entière regrette la perte récente, a trop bien étudié tout ce qui se rapportait aux lais bretons, pour que j'aie besoin aujourd'hui de démontrer leur importance et leur ancienne célébrité : je me contenterai de rassembler un certain nombre de passages qui pourront servir à mieux justifier ou à compléter ses excellentes recherches. Et d'abord, nous avons d'assez bonnes raisons de conjecturer que la forme des lais réclamait, même fort anciennement, douze doubles couplets de mesures distinctes. Le trouvère français Renaut, traducteur du très-ancien lai d'Ignaurès, suppose qu'en mémoire des douze dames qui refusèrent toute nourriture, après avoir été servies du cœur de leur ami (1),

(1) Les deux lais d'Ignaurès et de Guiron ont été les modèles du beau roman du *Chastelain de Coucy*, écrit au commencement du quatorzième siècle.

le récit de leurs aventures fut ainsi divisé :

> D'eles douze fu li deuls fais,
> Et douze vers plains a li lais.

Telle dut être la forme assez ordinaire des autres lais; au moins au quatorzième siècle l'exigeait-on pour ceux que les poëtes français composaient à leur imitation. « Le lai, » dit Eustache Deschamps, « est une chose longue et « malaisée à trouver; car il faut douze couples, « chascune partie en deux. » Mais la forme ne s'en était pas conservée dans les traductions faites aux douzième et treizième siècles. Marie de France et ses émules n'ont reproduit que le fond des lais bretons, sans se plier au rhythme particulier ni à la mélodie qui les accompagnaient. On reconnaissait pourtant l'agrément que cette mélodie avait répandue sur les lais originaux, et Marie disait en finissant celui de *Gugemer :*

> De ce conte qu'oï avés
> Fu li lais Gugemer trovés,
> Qu'on dit en harpe et en rote.
> Bone en est à oïr la note.

Et au début de celui de *Graelent :*

> L'aventure de Graelent
> Vous dirai, si com je l'entent.
> Bon en sont li ver à oïr,
> Et les notes à retenir.

La partie musicale des lais était aussi variée que le fond des récits ; tantôt douce et tendre, tantôt vive et bruyante. L'auteur français d'un poëme allégorique sur le *Château d'amour* nous dit que les solives de cet édifice étaient formées de *doux* lais bretons :

> De rotruenges estoit tos fais li pons,
> Toutes les planches de dis et de chansons;
> De sons de harpe les ataches des fens,
> Et les solijes de *dous* lais des Bretons.

Et, d'un autre côté, l'auteur du roman de *Troie*, contemporain de Geoffroy de Monmouth, voulant donner une idée du vacarme produit dans une mêlée sanglante par le choc des lances et les clameurs des blessés, dit qu'auprès de ces cris, les lais bretons n'auraient été que des pleurs :

> Li bruis des lances i fu grans,
> Et haus li cris, à l'ens venir;
> Sous ciel ne fust riens à oïr,
> Envers eus, li lais des Bretons.
> Harpe, viele, et autres sons
> N'ert se plors non, enviers lor cris...

Tel n'était pas assurément celui que blonde Yseult se plaisait à composer et chanter :

> En sa chambre se siet un jour
> Et fait un lai piteus d'amour;

> Coment dans Guirons fu sospris
> Por s'amour et la dame ocis
> Que il sor totes riens ama;
> Et coment li cuens puis dona
> Le cuer Guiron à sa mollier
> Par engien, un jour, à mangier.
> La reine chante doucement,
> La vois acorde à l'instrument;
> Les mains sont beles, li lais bons,
> Douce la vois et bas li tons.

Remarquons ici que ces lais de *Gorion* ou *Goron* et de *Graelent* n'étaient pas chantés seulement en Bretagne, mais sur tous les points de la France. La geste d'*Anséis de Cartage* nous en fournit la preuve. On lit dans un des manuscrits qui la contiennent :

> Rois Anséis dut maintenant souper :
> Devant lui fist un Breton vieler
> Le lai Goron, coment il dut finer.

Un autre manuscrit du même poëme présente cette variante :

> Li rois séist sor un lit à argent,
> Por oblier son desconfortement
> Faisoit chanter le lai de Graelent.

Dans la geste de Guillaume d'Orange, quand la fée Morgan a transporté Rainouart dans l'île d'Avalon :

> Sa masse fait muer en un faucon,

Et son vert elme muer en un Breton
Qui *doucement* harpe le lai Gorhon.

Enfin Roland lui-même comptait au nombre de ses meilleurs amis le jeune Graelent, dont l'auteur de la geste d'*Aspremont* fait un jongleur breton :

>Rolans appelle ses quatre compaignons,
>Estout de Lengres, Berengier et Hatton,
>Et un dansel qui Graelent ot non,
>Nés de Bretaigne, parens fu Salemon.
>Rois Karlemaine l'avoit en sa maison
>Nourri d'enfance, mout petit valeton.
>Ne gisoit mès se en sa chambre non.
>Sous ciel n'a home mieux viellast un son,
>Ne mieux déist les vers d'une leçon.

Ces passages attestent assurément la haute renommée des lais bretons. Nos poëtes français les connaissaient au moins de nom ; mais ils aimaient le chant sans en comprendre toujours les paroles. Alors il confondaient, comme dans le précédent exemple, le nom du héros avec celui de l'auteur ou du compositeur.

De tous ces anciens récits chantés, les plus fameux étaient ceux que la tradition attribuait à Tristan, tels que *le lai Mortel, les lais de Pleurs, des Amans* et *du Chevrefeuil*. Tristan lui-même, dans un des anciens poëmes consacrés à ses aventures et dont il ne reste mal-

heureusement que de rares fragments, rappelle
à sa maîtresse ces compositions :

> Onques n'oïstes-vous parler
> Que moult savoie bien harper?
> Bons lais de harpe vous apris,
> Lais bretons de nostre païs.

Et Marie de France a raconté avec un charme
particulier à quelle occasion Tristan avait trouvé
le lai du *Chevrefeuil* : il en était, dit-elle, d'I-
seut et de Tristan,

> Come del chevrefeuil estoit
> Qui à la codre se prenoit.
> Ensemble pooient bien durer,
> Mais qui les vousist desevrer,
> Li codres fust mors ensement
> Com li chievres, hastivement.
> « Bele amie, si est de nus :
> « Ne vus sans mei, ne jo sans vus. »
> Pour les paroles remembrer,
> Tristans qui bien savoit harper
> En avoit fet un novel lai ;
> Assez briefment le numerai :
> *Gottlief*, l'apelent en engleis,
> Chievre le noment en franceis.

Or ce lai du *Chevrefeuil* était déjà regardé
au douzième siècle comme un des plus anciens.
L'auteur de la geste des *Loherains* le fait chanter
dans un banquet nuptial :

> Grans fu la feste, mès pleniers i ot tant;

> Bondissent timbre, et font feste moult grant
> Harpes et gigues et jugléor chantant.
> En lor chansons vont les lais vielant
> Que en Bretaigne firent *jà* li amant.
> Del *Chevrefoil* vont le sonet disant
> Que Tristans fist que Iseut ama tant.

Au reste, il ne faut pas croire que tous les sujets traités dans les lais bretons se rapportassent à des aventures bretonnes. Marie de France, dans sa version du *lai de l'Espine*, parle d'un Irlandais qui chantait l'histoire d'Orphée :

> Le lai escoutent d'Aelis
> Que un Irois doucement note (1).
> Mout bien le sonne ens sa rote.
> Après ce lai autre comence.
> Nus d'eux ne noise ne ne tense.
> Le lai lor sone d'Orféi;
> Et quant icel lai est feni,
> Li chevalier après parlerent,
> Les aventures raconterent
> Qui soventes fois sont venues,
> Et par Bretagne sont séues.

(1) Les bardes irlandais étaient renommés en Angleterre et même en France, ainsi qu'on peut le conclure de ce passage. Ajoutons que sous le règne d'Étienne on voit un prince de North-Wales, Gryfydd ap Conan, faire venir des chantres irlandais pour instruire et réformer les bardes gallois. (Walker, *Mém. hist. sur les bardes irlandais*, cité par M. Park, dans Warton, *Dissertat.* I.)

Ainsi les harpeurs bretons, gallois, écossais et irlandais admettaient dans leur répertoire des récits venus, plus ou moins directement, de la Grèce ou de l'Italie; précieux débris échappés au naufrage des souvenirs antiques. Seulement les lais, étant dits de mémoire et non écrits, offraient le mélange des traditions de tous les temps, et devenaient l'occasion naturelle des confusions les plus multipliées. Dans nos romans de la Table ronde nous n'aurons pas de peine à reconnaître de fréquents emprunts faits aux légendes d'Hercule, d'OEdipe et de Thésée; aux métamorphoses d'Ovide et d'Apulée : et nous n'en ferons pas honneur à l'érudition personnelle des romanciers, pour avoir droit de contester l'ancienneté des lais : car plusieurs de ces récits mythologiques devaient être depuis longtemps la propriété de la menestraudie bretonne.

De tous les peuples de l'Europe, cette race bretonne avait été dans la position la plus favorable pour conserver et son idiome primitif, et les traditions les moins brisées. Les Bretons insulaires, devenus la proie des Anglo-Saxons, s'étaient renfermés dans une morne soumission, mais n'avaient jamais pu ni voulu se plier aux habitudes des conquérants. Ils furent, dans le pays de Galles, comme les Juifs dans le monde entier; ils gardèrent leur foi, leurs espérances, leurs rancunes. Ceux qui vinrent en France donner à la presqu'île armoricaine le nom que les Anglais ravissaient à leur patrie, ne se confondirent jamais non plus avec la nation française. Aussi put-on mieux retrouver chez eux le dépôt des traditions gauloises que chez les Gallo-Romains devenus Français. Ils avaient été réunis autrefois de culte et de mœurs avec les Gaulois : le culte avait changé, non le fond des mœurs, non les anciens objets de la superstition populaire. Jamais les évêques, appuyés des conciles, ne parvinrent à détruire chez eux la crainte de certains arbres, de certaines forêts, de certaines fontaines. Que l'étrange disposition des pierres de Carnac, de Mariaker et de Stone-Henge ait été leur œuvre ou celle d'autres populations antérieures dont l'histoire ne garde aucun souvenir, ils portaient à ces amas gigantesques un respect mêlé de terreur qui ne laissait au raisonnement aucune prise. Rien ne put jamais les soustraire à la préoccupation d'hommes changés en loups, en cerfs, en lévriers ; de femmes douées d'une science qui mettait à leur disposition toutes les forces de la nature. Et comme ils regardaient les anciens lais comme une expression fidèle des temps passés, ils en concluaient, et leurs voisins de France et d'Angleterre n'étaient pas loin d'en conclure après eux, que les deux Bretagnes avaient été longtemps et pouvaient être encore le pays des enchantements et des merveilles.

Voilà donc un fait littéraire bien établi. Les *lais*, récits et chants poétiques des Bretons, furent répandus en France, tantôt dans leur forme originale par les harpeurs et jongleurs bretons, tantôt dans une traduction exclusivement narrative par les trouvères et jongleurs français; et cela longtemps avant le douzième siècle. Les lais embrassaient une vaste série de traditions plus ou moins reculées, et ne souffraient de partage, dans les domaines de la poésie vulgaire, qu'avec les chansons de geste et les enseignements moraux dont le *Roman des Sept Sages* fut un des premiers modèles. Il est fait allusion aux trois grandes sources de compositions dans ces vers de la *Chanson des Saisnes* :

Ne sont que trois materes à nul home entendant:
De France, de Bretagne et de Rome la grant.
Et de ces trois materes n'i a nule semblant.
Li conte de Bretagne sont et vain et plaisant,
Cil de Rome sont sage et de sens apparent,
Cil de France sont voir chascun jour aprenant.

D'ailleurs, on conçoit que les lais bretons, en passant par la traduction des trouvères français, aient dû perdre l'élément mélodieux qui recommandait les originaux. C'est le sort de toutes les compositions musicales de vieillir vite ; on se lasse des plus beaux airs longuement répétés : mais il n'en est pas de même des histoires et des aventures bien racontées. Ainsi l'on garda les récits originaux, on oublia la musique qui en avait été le premier attrait, et d'autant plus rapidement qu'on l'avait d'abord plus souvent entendue.

Cependant ces anciennes mélodies avaient offert à nos aïeux du dixième siècle, du onzième et du douzième, autant de charmes que peuvent en avoir aujourd'hui pour nous les chansons napolitaines ou vénitiennes, les plus beaux airs de Mozart, de Rossini, de Meyerbeer. Partagés en plusieurs couplets redoublés, offrant une variété de rhythme et de ton, réunissant la musique vocale et instrumentale, les lais bretons ont été nos premières cantates. On l'a dit : si le monde est l'image de la famille, les siècles passés doivent avoir avec les temps présents d'assez nombreux points de ressemblance. Pourquoi des générations si passionnées pour les grands récits de guerre, d'amour et d'aventures, qui permettaient à ceux qui les chantaient de former une corporation nombreuse et active, n'auraient-ils rien compris aux mélodieux accords, aux grands effets de la musique ? Pourquoi n'auraient-ils pas eu leur Mario, leur Patti, leur Malibran, leur Chopin, leur Paganini ? Le sentiment musical n'attend pas, pour se révéler, la réunion de plusieurs centaines d'instruments et de chanteurs : il agit sur l'âme humaine en tous temps, en tous pays, comme une sorte d'aspiration involontaire vers des voluptés plus grandes que celles de la terre. Ce sentiment, il est malaisé de le définir; plus malaisé de s'y soustraire. Je ne tiens pas compte ici des exceptions; je parle pour la généralité des hommes. Il en est parmi nous quelques-uns qui ne voient dans le système du monde qu'un jeu de machines, organisé de toute éternité par je ne sais qui, pour je ne sais quoi. D'autres ne reconnaissent dans les plus suaves mélodies qu'un bruit d'autant plus tolérable qu'il est moins prolongé. Ces natures exceptionnelles, et pour ainsi dire en dehors de l'humanité, ne détruiront pas plus l'instinct de la musique que l'idée non moins innée, non moins instinctive de la Providence (1).

(1) Quand nos ancêtres admettaient les chanteurs et les joueurs d'instruments dans toutes leurs fêtes et dans toutes leurs expéditions guerrières, ils nous donnaient un exemple que nous avons suivi. Il n'y a pas aujourd'hui un seul régiment qui n'ait son corps de musiciens. Seulement, au lieu de généreux chants de guerre, nous avons de grands effets d'instruments aussi bien appréciés des chevaux que des hommes. Dans le moyen âge, le roi des ménestrels n'était souvent que le chef d'orchestre d'un corps de musiciens, et je

Oui, nos ancêtres, et j'entends ici parler de toutes les classes de la nation sans préférence des plus élevées aux plus humbles, étaient sensibles au charme de la musique et de la poésie, autant, pour le moins, que nous nous flattons de l'être aujourd'hui. Quel cercle verrions-nous se former maintenant sur les places publiques de Paris, cette capitale des arts et des lettres, autour d'un pauvre acteur qui viendrait réciter ou chanter un poëme de plusieurs milliers de vers, le poëme fût-il de Lamartine ou de Victor Hugo ? Eh bien, ce qui ne serait plus possible aujourd'hui, l'était dans toutes les parties de la France aux temps si décriés (peut-être parce qu'ils sont très-mal connus), de Hugues Capet, de Louis le Gros. Et pour des générations si avides de chants et de vers, il fallait assurément des artistes, jongleurs, musiciens, trouvères et compositeurs, d'une certaine habileté, d'une certaine éducation littéraire. Qu'ils aient ignoré le grec, qu'ils n'aient pas été de grands latinistes, qu'ils se soient dispensés fréquemment de savoir écrire et même lire, je l'accorde. Mais leur mémoire ne

me souviens d'avoir vu, en 1814, des régiments, des hordes de cosaques marcher sur des chevaux non sellés, la lance au poing, et précédés de plusieurs rangs de chanteurs qui, sans instruments, produisaient les plus grands effets.

chômait pas pour si peu : elle n'en était que mieux et plus solidement fournie de traditions remontant aux plus lointaines origines et rassemblées de toutes parts : traditions d'autant plus attrayantes qu'elles avaient traversé de longs espaces de temps et de lieux, en s'y colorant de reflets qui les douaient d'une originalité distincte. Les jongleurs avaient à leur disposition des chants de toutes les mesures, des récits de tous les caractères. Pour être assurés de plaire, ils devaient savoir beaucoup, bien chanter et bien dire, respecter l'accent dominant des masses auxquelles ils s'adressaient, posséder l'art d'alimenter l'attention sans la fatiguer. La profession offrait d'assez grands avantages pour entretenir entre ceux qui l'avaient embrassée une émulation salutaire, et pour les obliger à chercher constamment des sources nouvelles de récits et de chants. Aussi n'avaient-ils pas tardé à s'approprier les principaux lais de Bretagne comme les plus agréables contes de l'Orient, en imprimant à ces glanes plus ou moins exotiques la forme française d'un dit, d'un fabliau, d'un roman d'aventures.

L'ancienneté incontestable et la priorité des lais bretons sur les romans de la Table ronde résout une des difficultés qui m'avaient longtemps préoccupé. Comment expliquer, me disais-je, le caractère et la composition du deuxième *Saint-Graal*, du *Lancelot* et du *Tristan*, au milieu d'une société qui, jusque-là, n'avait écouté, retenu que les chansons de geste, expression de mœurs si rudes, si violentes et si primitives? Comment Garin le Loherain, Guillaume d'Orange, Charlemagne, Roland, ont-ils pu si soudainement être remplacés par le courtois Artus, le langoureux Lancelot, le fatal Tristan, le voluptueux Gauvain? Comment, à la sauvage Ludie, à la violente Banchefleur, à la fière Orable, a-t-on pu substituer si vite des héroïnes tendres et délicates, comme Iseult, Genièvre, Énide et Viviane? Comment enfin des œuvres si différentes, expression de deux états de société si contraires, ont-elles pu se coudoyer dans le douzième siècle?

C'est qu'au douzième siècle, et même avant le douzième siècle, il y avait en France deux courants de poésie, et deux expressions de la même société. Les trouvères français puisaient à l'une de ces sources, les harpeurs bretons à l'autre. Les premiers représentaient les mœurs, le caractère et les aspirations de la nation franque; les seconds, séparés par leur langue et par leurs habitudes du reste de la population française, se berçaient à l'écart des souvenirs de leur ancienne indépendance, conservaient le culte des traditions patriotiques, et préféraient au tableau des combats et des luttes de la baronnie française le récit des anciennes aventures dont l'amour avait été l'occasion, ou qui justifiaient les superstitions inutilement combattues par le christianisme. Les formes mélodieuses de la poésie bretonne retentirent dans le lointain, et ne tardèrent pas à charmer les Français de nos autres provinces : les harpeurs furent accueillis en-dehors de la Bretagne; puis on voulut savoir le sujet des chants qu'on aimait à écouter; peu à peu, les jongleurs français en firent leur profit et comprirent l'intérêt qui pouvait s'attacher à ces lais de Tristan, d'Orphée, de Pirame et Tisbé, de Gorion, de Graelent, d'Ignaurès, de Lanval, etc. On traitait bien, en France, tout cela de fables et de contes inventés à plaisir; longtemps on se garda de les mettre en parallèle avec les Chansons de geste, cette grande et vigoureuse expression de l'ancienne société franque; mais cependant on écoutait les fables bretonnes, et les gestes perdaient chaque jour le terrain que les lais et récits bretons gagnaient, en s'insinuant dans la société du moyen âge. Grâce à cette influence, les mœurs devenaient plus douces, les sentiments plus tendres, les caractères plus humains. On donnait une préférence chaque jour plus marquée sur le récit des querelles féodales, des guerres soutenues contre les Maures qui ne menaçaient plus la France, au tableau des luttes courtoises, des épreuves amoureuses et des aventures surnaturelles qui faisaient le fond de la poésie bretonne.

Mais cette mémorable révolution ne fut pas accomplie en un jour : la France ne faisait encore que s'y préparer, quand Geoffroy de Monmouth écrivit le livre qui devait être le précurseur et conduire à la composition des *Romans de la Table ronde*.

II.

NENNIUS ET GEOFFROY DE MONMOUTH.

IL faut d'abord remarquer que la première partie du douzième siècle avait vu renaître la curiosité et le goût des études historiques, négligées ou plutôt oubliées depuis le règne de Charlemagne. Le faussaire effronté qui venait de rédiger, sous le nom de l'archevêque Turpin, la relation mensongère du voyage de Charlemagne en Espagne, avait même eu sur cette espèce de renaissance une assez grande influence. En discréditant les chansons de geste populaires, qui seules tenaient lieu de toutes traditions historiques, en remplaçant les fables des jongleurs par d'autres récits non moins fabuleux, mais qu'il appuyait sur l'autorité d'un archevêque déjà rendu fameux par les chanteurs populaires, le moine espagnol, auteur de cette fraude pieuse, avait accoutumé ses contemporains à n'ajouter de foi qu'aux récits justifiés par les livres de clercs autorisés. Bientôt après, le célèbre abbé de Saint-Denis, Suger, non content de donner l'exemple, en rédigeant lui-même l'histoire de son temps, chargeait ses moines du soin de réunir les anciens textes de nos annales, depuis Aimoin, compilateur de Grégoire de Tours, jusqu'aux historiens contemporains de la première croisade, sans en excepter cette fausse Chronique de Turpin. En même temps, Orderic Vital érigeait, pour l'histoire de la Normandie, une sorte de phare dont la lumière devait se refléter sur la France entière ; et, dans la Grande-Bretagne, Henry Ier et son fils naturel, Robert, comte de Glocester, se déclaraient les patrons généreux de plusieurs grands clercs qui, tels que Guillaume de Malmesbury, Henry de Huntingdon et Karadoc de Lancarven, travaillaient à rassembler les éléments de l'histoire de l'île d'Albion et des peuples qui l'avaient tour à tour habitée et conquise.

Ordinairement, ces historiens, si dignes de

la reconnaissance de la postérité, n'ont pas daté leurs ouvrages : et quand même, ainsi qu'Orderic Vital, ils indiquent le temps où ils les terminent, ils nous laissent encore à deviner quand ils les commencèrent, et le temps qu'ils mirent à les exécuter. En général, ils n'en avaient pas plutôt laissé courir une première rédaction, qu'ils faisaient subir au manuscrit original des changements plus ou moins nombreux et des remaniements qui, dans les années suivantes, formaient autant d'éditions considérablement revues et augmentées. Tout ce qu'on peut donc affirmer, c'est que les livres de Guillaume de Malmesbury, de Henri de Huntingdon, d'Orderic Vital et de Suger furent mis en circulation dans l'intervalle des années 1135 à 1150.

La même date approximative appartient à l'*Historia Britonum* de Geoffroy de Monmouth. Mais nous avons de fortes raisons de croire que le livre subit plusieurs remaniements assez éloignés l'un de l'autre (1). Henri de Huntingdon

---

(1) Cette partie de l'Introduction avait été lue à l'Académie des Inscriptions et Belles-lettres, quand mon honorable ami, sir Frédéric Madden, m'envoya l'étude qu'il venait de publier *On Geoffroy of Monmouth*, en échange de mon travail. Je vis avec une bien grande satisfaction que les conclusions du savant antiquaire anglais s'accordaient exactement avec les miennes, pour

dit positivement, dans une lettre destinée à compléter son *Historia Anglica*, qu'en 1139 l'abbé du Bec lui avait montré, dans la bibliothèque de son couvent, un exemplaire de l'*Historia Britonum*, qu'il regrettait de n'avoir pas plus tôt connue. D'un autre côté, Geoffroy de Monmouth lui-même avertit au début de son septième livre qu'il y insère les prophéties de Merlin, pour répondre au vœu d'Alexandre, évêque de Lincoln, en son temps le plus généreux et le plus vanté des prélats. Or ces dernières paroles ne se concilient pas avec la date donnée par Henri de Huntingdon : car l'évêque de Lincoln Alexandre, qui ne devait plus exister quand Geoffroy parlait ainsi de lui, ne mourut qu'au mois d'août 1147 (1). Ainsi le préambule du septième livre ne se trouvait pas dans l'exemplaire de l'*Historia Britonum* qu'avait pu consulter Henri de Huntingdon en 1139; et, ce qui complique encore le recensement des dates, l'œuvre entière est dédiée à Robert, comte de Glocester, et, comme je vais le justifier, longtemps avant sa mort, arrivée au mois d'oc-

la double date de la publication de l'*Historia Britonum*. Si j'en avais eu plus tôt connaissance, je me serais contenté de traduire tout ce qu'il a si bien dit de cette double date.

(1) Voyez M. T. Wright, *On the litterary history of Geoffroy of Monmouth*. In-4°, 1848, p. 7.

tobre de cette même année 1147. On se voit donc obligé d'admettre, pour tout concilier, que Geoffroy de Monmouth aura plusieurs fois remanié son ouvrage.

Voici comment la pensée lui vint de le composer. Vers l'année 1130, Gautier, archidiacre d'Oxford (1), auquel on attribuait de grandes connaissances historiques, avait rapporté de France un livre qui aurait été écrit en langue bretonne, et qui, breton ou latin, contenait l'histoire des anciens rois de l'île de Bretagne. Gautier avait montré son volume à Geoffroy de Monmouth, en l'engageant, si l'on s'en rapporte au témoignage de celui-ci, à le *traduire en latin*.

« Précisément alors, » ajoute Geoffroy, « j'avais
« été conduit, dans l'intérêt d'autres études, à
« jeter les yeux sur l'histoire des rois de Bre-
« tagne (2); et j'avais été surpris de ne trouver,
« ni dans Bède ni dans Gildas, la mention des

(1) Le nom de famille de l'archidiacre Gautier ou Walter ne nous est pas donné par Geoffroy. Mais, en consultant les listes d'anciens dignitaires de l'église d'Oxford, on a trouvé Walter of Wallingford, contemporain présumé de Geoffroi de Monmouth.

(2) *In mirum contuli quod intra mentionem quam de regibus Britanniæ Gildas et Beda luculento tractatu fecerant, nihil de regibus qui ante incarnationem Christi Britanniam inhabitaverant, nihil etiam de Arturo cæterisque compluribus qui post incarnationem successerunt, reperissem : cum et gesta eorum digna æternitatis laude*

« princes dont le règne avait précédé la nais-
« sance de Jésus-Christ; ni même celle d'Arthur
« et des princes qui avaient régné en Bretagne
« depuis l'incarnation. Cependant les glorieuses
« gestes de ces rois étaient demeurées célèbres
« dans maintes contrées où l'on en faisait d'a-
« gréables récits, comme aurait pu les fournir
« une relation écrite. Je me rendis aux vœux
« de Gautier, bien que je ne fusse pas exercé
« dans le beau langage et que je n'eusse pas
« fait amas d'élégantes tournures empruntées
« aux auteurs. J'usai de l'humble style qui
« m'appartenait, et je fis la traduction exacte
« du livre breton. Si je l'avais embelli des fleurs
« de rhétorique, j'aurais contrarié mes lecteurs
« en arrêtant leur attention sur mes paroles et
« non sur le fond de l'histoire. Tel qu'il est
« aujourd'hui, ce livre, noble comte de Glo-
« cester, se présente humblement à vous. C'est
« par vos conseils que j'entends le corriger, et

constarent, et a multis populis, quasi inscripta, jocunde et memoriter prædicentur [*]. (Epistola dedicatoria.)

[*] Ce passage aurait dû empêcher les critiques anglais, et même les savants éditeurs des *Monumenta historica Britannica*, Henri Petrie et le Rév. John Sharp, 1848, in-folio, p. 63 de leur préface, de croire que Geoffroy de Monmouth, en citant Gildas, entendait parler de la *Chronique de Nennius*; cette chronique étant précisément consacrée aux rois bretons dont Gildas ne faisait pas même mention.

« y faire assez distinguer votre heureuse in-
« fluence pour qu'il cesse d'être la méchante
« production de Geoffroy, et devienne l'œuvre
« du fils d'un roi, de celui que nous reconnais-
« sons pour un éminent philosophe, un savant
« accompli, un vaillant guerrier, un grand chef
« d'armée; en un mot, pour le prince dans le-
« quel l'Angleterre aime à retrouver un second
« Henry. »

Ces lignes de Geoffroy de Monmouth nous donnent les moyens de conjecturer la première date de son livre. Le caractère des éloges prodigués au comte de Glocester convient au temps où ce fils naturel de Henry Ier, méconnaissant l'autorité du roi son frère, prenait en main la défense des droits et des intérêts de sa sœur l'impératrice Mathilde, comtesse d'Anjou, sans doute avec le secret espoir d'obtenir lui-même une grande part dans l'héritage du feu roi leur père. Cette guerre civile, dont les premiers succès furent suivis de revers prolongés, durait encore en 1147, quand la mort surprit le comte de Glocester. C'est donc avant cette époque, et probablement vers 1137, au début de la guerre, que Geoffroy lui présentait son livre. Alors les Gallois, sous la conduite de ce Walter Espec dont il est parlé dans la chronique de Geoffroy Gaymar, venaient de remporter une victoire signalée qui semblait faire présager le triomphe définitif de Mathilde et la déchéance de son frère Étienne Ier. Mais après les longs revers qui suivirent les succès passagers de l'année 1137, Geoffroy n'aurait plus apparemment parlé dans les mêmes termes à son patron le comte de Glocester. Au moins est-il certain qu'il n'attendit pas même la mort de ce prince pour présenter au roi Étienne un autre exemplaire de son livre, aujourd'hui conservé dans la bibliothèque de Berne.

Le préambule qu'on vient de lire semble renfermer plusieurs contradictions. Si Geoffroy n'a traduit le livre breton que pour céder aux instances de l'archidiacre d'Oxford, pour quoi le dédie-t-il au comte de Glocester?

S'il s'est contenté de rendre fidèlement et sans ornement étranger ce vieux livre breton, pourquoi remercie-t-il à l'avance le comte Robert de ses bons avis et des changements qu'il fera subir à son livre? comment enfin y retrouvons-nous les prophéties de Merlin, déjà publiées par lui longtemps auparavant?

J'ajouterai que, de son propre aveu, à partir du onzième livre, il a complété le prétendu texte breton à l'aide des souvenirs personnels de Gautier d'Oxford, cet homme si profondément versé dans la connaissance des histoires. *Ut in britannico præfato sermone inveni, et a*

Gualtero Oxinefordensi in multis historiis peritissimo viro audivi.

Ainsi, que le livre breton ait ou non existé, il est évident que Geoffroy de Monmouth ne s'est pas contenté de le traduire ou de le reproduire : il a été embelli, développé, complété. Nous en avons la preuve dans son propre témoignage.

Maintenant, je n'élève aucun doute, je ne soulève aucune objection contre l'existence d'un livre, premier type, première inspiration de celui de Geoffroy de Monmouth. J'accorde même très-volontiers avec M. Le Roux de Lincy, auteur de précieuses recherches sur les origines du roman de *Brut*, que le livre modèle fut rapporté de basse Bretagne par Gautier d'Oxford, et que ce fut à ce Gautier que Geoffroy de Monmouth en dut la communication.

Mais j'oserai soutenir que le livre rapporté de la petite Bretagne, ou ne fut jamais écrit en breton, ou fut, aussitôt son arrivée en Angleterre, traduit en latin par Geoffroy de Monmouth. Et ce livre est précisément celui qu'on désigne sous le nom de chronique de Nennius.

Geoffroy de Monmouth, comme on vient de voir, exprime sa surprise de n'avoir rien lu dans le Vénérable Bède ni dans S. Gildas qui se rapportât aux anciens rois bretons, et même au fameux et populaire Artus. Bède en effet ni

Gildas ne disent mot de tout cela, et si Geoffroy de Monmouth avait pu lire l'Histoire ecclésiastique d'Orderic Vital, publiée dans le temps où lui-même se mettait à l'œuvre, il n'y aurait encore rien trouvé sur ces rois ni sur ce héros. Cependant il existait un récit bien antérieur à l'histoire ecclésiastique d'Orderic, un récit dans lequel lui, Geoffroy de Monmouth, avait reconnu assurément la plupart de ces mêmes noms, et qu'il avait entre les mains, puisqu'il en pouvait transporter des phrases entières dans son propre ouvrage. C'était cette chronique de Nennius, anonyme dans les plus anciennes leçons, et dans quelques autres attribuée à Gildas le Sage. Malgré la date postérieure des manuscrits (les plus anciens sont du milieu du douzième siècle), il est impossible de contester l'époque reculée de la composition. Elle remonte au neuvième siècle, et, dans son texte le plus sincère, à l'année 857, ou, suivant MM. Parrie et J. Shap, à 858, la quatrième du règne de S. Edmund, roi d'Estangle. Mais il faut qu'elle n'ait pas été répandue en Angleterre avant le douzième siècle ; car les deux premiers historiens qui l'ont consultée sont Guillaume de Malmesbury et Henri de Huntingdon. Malmesbury lui dut le récit de l'amour de Wortigern pour la belle Rowena, sœur d'Hengist, et tout ce qu'il a cru devoir rappeler de l'ancien chef des Bretons Artus. « Cet Artus, » dit-il, « source de tant de folles « imaginations bretonnes; bien digne cepen- « dant d'inspirer, au lieu de fables menson- « gères, des relations véridiques, comme ayant « été le soutien généreux de la patrie chance- « lante, et le vaillant promoteur de la résis- « tance à l'oppression étrangère (1). »

Guillaume de Malmesbury nous paraît dans ce passage témoigner un double regret, et de la concision de Nennius, et des fabuleuses amplifications de Geoffroy de Monmouth, déjà devenues l'objet d'une vogue extraordinaire. Que l'*Historia Britonum* eût paru avant l'*Historia Regum Anglorum* de Malmesbury, les dernières lignes de Monmouth ne permettent pas d'en douter. « Je laisse, » dit-il, « le soin de parler « des rois saxons qui régnèrent en Galles à « Karadoc de Lancarven, à Guillaume de Mal- « mesbury et à Henry de Huntingdon. Seule- « ment, je les engage à garder le silence sur « les rois bretons, attendu qu'ils n'ont pu voir « le livre breton rapporté par Gautier d'Ox- « ford, lequel j'ai traduit en latin. » Or ce

---

(1) *Hic est Arturus de quo Britonum nugæ hodièque delirant; dignus plane quod non fallaces somniarent fabulæ, sed veraces prædicarent historiæ; quippe qui labantem patriam diu sustinuerit infractasque civium mentes ad bellum acuerit.* (De Gestis Angliæ Regum, lib. I.)

livre prétendu breton était précisément, je le répète, la courte chronique latine de Nennius, et Geoffroy se faisait illusion en croyant s'en réserver seul la connaissance; car Malmesbury, avant de mettre la dernière main à sa précieuse histoire des rois anglais, put la consulter et distinguer ce que le vieux chroniqueur avait sincèrement raconté de ce que Geoffroy de Monmouth y avait gratuitement ajouté.

Mais pendant que Malmesbury faisait ainsi preuve d'un judicieux sentiment historique, les deux autres annalistes contemporains, Henri de Huntingdon et Alfred de Bewerley, admettaient sans contrôle les récits de ce même Geoffroy. Le premier, pour se consoler de les avoir connus trop tard, les résumait dans une épître jointe aux plus récentes transcriptions de son ouvrage; le second reproduisait en entier l'*Historia Britonum*, phrase par phrase, sinon mot par mot (1).

Je reviens à Nennius. Warton et les meilleurs critiques s'accordent à regarder la chronique qui porte ce nom comme l'œuvre d'un Breton armoricain, et M. Thomas Wright est persuadé que le texte n'en parvint en Angleterre que dans la première partie du douzième

---

(1) *Alvredi Beverlacens. Annales, seu Historia de gestis regum Britanniæ lib. IX.*

siècle (1). Bien plus, avec une sagacité qui, suivant nous, aurait pu le conduire à d'autres inductions, mon savant ami a constaté que Geoffroy de Monmouth avait eu cette chronique du douzième siècle devant les yeux, et qu'il en avait même copié textuellement des phrases et des pages entières. Ainsi, par exemple, Geoffroy applique à la route suivie par le Troyen Brutus le récit que fait Nennius de la traversée d'un chef égyptien qui aurait peuplé l'Irlande. Voici d'abord Nennius : *At ille per quadraginta et duos annos ambulavit par Africam, et venerunt ad aras Philistinorum per lacum Salinarum, et venerunt inter Ruscicadam et montes Azariæ, et venerunt per flumen Malvum, et transierunt per Mauritaniam ad Columnas Herculis, et navigaverunt Tyrrhenum mare*, etc. (§ 15).

(1) « The most remarquable circumstance connected with the earlier manuscripts of Nennius is that they appear to have been written *abroad*, and, in fact, never to have been in England... Every think in fact seem to show that this book was new in England, when it fell into the hands of William of Malmsbury and Henry of Huntingdon; and we may fairly be allowed to presume that it was brought from France. » (*On the litterary history of Geoffroy of Monmouth*. London, in-4°, 1848, f° 7.) Cette opinion est d'autant plus précieuse que M. Wright ne tire aucune conséquence de l'origine continentale du Nennius et de son introduction tardive en Angleterre.

Voici maintenant Geoffroy de Monmouth (liv. 1, § 11) :

Et sulcantes æquora cursu triginta dierum venerunt ad Africam. Deinde venerunt ad aras Philenorum et ad locum Salinarum, et navigaverunt intra Ruscicadam et montes Azaræ... Porro flumen Malvæ transeuntes, applicuerunt in Mauritaniam; deinde... refertis navibus, petierunt Columnas Herculis... utrumque tamen elapsi venerunt ad Tyrrhenum æquor.

Ces indications géographiques dont Geoffroy peut-être aurait difficilement essayé de justifier l'exactitude, et qu'il se contente de rapporter au fabuleux voyage de Brutus, pour enfler la légende bretonne aux dépens de celle des Irlandais, sont évidemment l'œuvre d'un seul des deux auteurs, c'est-à-dire de Nennius, le plus ancien des deux. Un grand nombre d'autres phrases ne permettent pas de contester l'influence de la première histoire sur la seconde : comme le récit de la présentation d'Ambrosius (le Merlin de Geoffroy) à la cour de Wortigern; la description du festin dans lequel la belle Rowena, fille d'Hengist, porte la santé du roi breton. Or, si l'on considère que Geoffroy de Monmouth avait pu dire, la chronique de Nennius sous les yeux, que le livre breton était le seul qui fît mémoire d'Artus et de ses prédécesseurs, on devra se trouver assez naturellement conduit à douter de sa parfaite sincérité, et l'on cherchera les motifs d'une pareille dissimulation. Ainsi l'on en viendra, sans trop d'effort, à présumer que cette chronique latine de Nennius était le texte original ou la traduction du livre breton, rapporté du Continent par l'archidiacre d'Oxford. Cette conjecture n'a rien à craindre de l'examen du livre breton conservé sous le titre de *Brut y Brennined;* car il est aujourd'hui généralement reconnu, même par les antiquaires bretons que leurs préventions ont entraînés le plus loin des réalités, que cet autre livre n'est que la traduction de l'*Historia Britonum* de Geoffroy de Monmouth, traduction d'une date relativement récente, au sentiment des meilleurs juges, MM. de Courson et de la Borderie, que j'ai pris soin de consulter. Si pourtant on s'en rapportait au témoignage de William Owen, le principal éditeur de la *Myvyrian Archæology of Wales*, on aurait conservé jusqu'à la fin du dernier siècle un manuscrit autographe de l'archidiacre d'Oxford, à la fin duquel on lisait : *Moi, Gautier, j'ai traduit ce livre du gallois en latin, et, dans ma vieillesse, je l'ai traduit de latin en gallois.* Mais n'est-il pas probable qu'il faudrait supprimer le premier membre de cette phrase et se contenter du second : *dans ma vieillesse j'ai traduit ce livre du latin en gallois?* On ne devinerait pas autrement pourquoi Gautier, possesseur et révélateur de l'original breton, aurait eu besoin de le traduire en latin, et de le remettre en gallo-breton sur sa propre traduction latine. Dans tous les cas, cette traduction latine ou bretonne de Gautier d'Oxford ne se rapporterait qu'au livre même de Geoffroy de Monmouth, et non pas à celui qui en aurait été l'occasion.

Nous avons d'autres moyens de démontrer que Geoffroy a toujours eu sous les yeux la chronique de Nennius, et qu'il ne s'est aidé d'aucun autre texte écrit. Il commence, comme Nennius, par donner le même nombre de milles à l'île de Bretagne, en longueur et en largeur; comme Nennius, il décrit la fertilité, l'aspect, les monts, les rivières, les promontoires de la contrée; il ne change rien à la chronologie du premier auteur, depuis le fabuleux Brut jusqu'au fantastique Artus. Seulement, au lieu d'un mot ou d'une ligne accordée à chaque roi, Geoffroy écrit une ligne pour un mot, un paragraphe, un chapitre pour une phrase. Tout devient pour lui matière à développement. Si vous rapprochez sa fluidité de la source originelle, vous le verrez enfler celle-ci tantôt de souvenirs d'école, tantôt de traditions nationales consacrées par les chanteurs et jongleurs de la Bretagne insulaire ou continentale; non par d'autres livres bretons ou gallois qui probablement n'existaient pas encore. Mais c'est aux légendes latines que Geoffroy va surtout demander les couleurs qu'il étend sur la première trame. Le voyage de Brutus et l'apparition des Sirènes sont empruntés à l'*Énéide*. La prêtresse de Diane arrêtant Brutus pour lui révéler ses destinées est imitée d'un chapitre de Solin. L'histoire d'Uter-Pendragon et d'Ygierne est le plagiat de la fable d'Amphitryon. Le roi Bladus avec ses ailes de cire est le Dédale des *Métamorphoses*. Le combat d'Artus contre le géant du mont Saint-Michel est la contrefaçon de la lutte d'Hercule et de Cacus. On ne pensera pas assurément que toutes ces belles choses, ignorées de Nennius, aient pu se rencontrer dans un livre écrit en bas breton longtemps avant le douzième siècle. Mais on admettra volontiers qu'un habile homme, tel qu'était réellement Geoffroy de Monmouth, ait eu recours à Virgile, à Ovide, pour broder la très-simple trame de Nennius, et il sera toujours aisé de faire la part de chacun d'eux. C'est ainsi que les brillantes couleurs d'une verrière n'empêchent pas de suivre les tiges de plomb qui l'enchâssent et la retiennent. Je ne veux pourtant pas dire que Geoffroy de Monmouth n'ait dû qu'aux poëtes latins tout ce qu'il a ajouté à Nennius : il a pris aux traditions locales ce qu'il a écrit des pierres druidiques de Stonehenge, transportées des montagnes d'Irlande dans la plaine de Salisbury ; aux lais de la Bretagne appartiennent encore la touchante histoire du roi Lear, la dernière bataille d'Artus, sa blessure mortelle et sa retraite dans l'île d'Avalon.

Voici une dernière preuve du lien étroit qui unit la chronique de Nennius à celle de Geoffroy. La première s'arrêtait à la mention des douze combats d'Artus (1). A compter de là, Geoffroy, sentant le besoin d'un autre guide, nous avertit qu'il va compléter ce qu'il avait trouvé dans le livre breton par ce qu'il a recueilli de la bouche même de l'archidiacre d'Oxford, cet homme si versé dans la connaissance de toutes les histoires. Pouvait-il avouer plus clairement la perte du bâton qui l'avait jusqu'alors soutenu ? Après avoir donc suivi les légendes populaires pour ce qui regardait Artus, il se borne à men-

---

(1) Tout ce qui suit ce passage dans les manuscrits de la chronique de Nennius n'en fait plus partie. Ce sont des additions que les copistes ont même eu soin de bien distinguer de ce qui précédait ; comme la vie de saint Patrice, le récit de la mission d'Augustin, etc., etc. Je suis heureux de voir que mon opinion sur le véritable terme de la chronique de Nennius est partagée par MM. Parrie et J. Sharp. « There is good ground for « believing that all the matter in the *Historia Britonum*, later than the accounts of the exploits of Ar-« thur, is subsequent interpolation. » (*Monumenta historica Britannica*, t. I, préface, p. 64.)

tionner les événements liés à l'histoire de la conquête anglo-saxonne. Il accepte les récits connus, sans faire pour les dénaturer un nouvel appel à ses souvenirs scolastiques. C'était le seul moyen de donner une sorte de consistance aux fables précédemment accumulées. On pouvait en effet être tenté d'accorder à ces fables une certaine confiance, en voyant celui qui les avait rassemblées se rapprocher, pour les temps mieux connus, du récit de tous les autres historiens.

Mais ici je m'attends à une objection, même de la part des mieux disposés à retrouver avec moi dans Nennius l'original de l'*Historia Britonum*. Pourquoi hésiterions-nous à reconnaître que cette chronique de Nennius ait été écrite en breton, et, dans cette forme, rapportée du continent en Angleterre?

Je réponds que le latin de Nennius semble accuser, non pas une traduction du douzième siècle, mais un original du neuvième, qu'on ne saurait attribuer sans scrupule à des clercs tels que Gautier d'Oxford ou Geoffroy de Monmouth. Ce latin conserve toute la rouille, toute la physionomie de la seconde partie du neuvième siècle : il semble donc l'œuvre d'un écrivain qui n'avait pas l'habitude d'écrire en latin, et qui, vivant dans un temps où les seuls lecteurs étaient des clercs, où personne encore ne s'était avisé de composer un livre breton, avait, tant bien que mal, rendu en latin ce qu'il aurait sans doute exprimé plus clairement dans l'idiome qu'il avait l'habitude de parler. Le latin de Grégoire de Tours, de Frédégaire et du moine de Saint-Gall, ce contemporain de Nennius, n'est pas celui de Suger, de Malmesbury ou de Geoffroy de Monmouth. D'ailleurs, si le livre eût été breton, comment Geoffroy de Monmouth en eût-il reproduit plusieurs passages, retrouvés textuellement dans la rédaction latine? On dira peut-être encore que Gautier l'archidiacre aura pu traduire le livre breton, et Geoffroy suivre cette traduction; mais, je le répète, l'archidiacre l'aurait traduit dans un latin moins grossier. Et puis, une fois décidé à feindre l'existence d'un texte breton, afin de pouvoir en amplifier le contenu, Geoffroy devait désirer la suppression, plutôt que la reproduction du livre qui aurait mis à découvert ses propres inventions. Aussi pouvons-nous conjecturer que s'il lui a fait tant d'emprunts plagiaires, c'est dans la conviction que l'exemplaire qu'il avait entre les mains ne serait jamais connu de personne.

Et puis les autres objections qu'on peut faire à l'existence d'une chronique bretonne du neuvième siècle, conservent toute leur force. Pourquoi aurait-on écrit ce livre? Pour ceux qui n'entendaient que le breton? Mais ceux-là étaient aussi incapables de lire le breton que le latin. On n'apprenait à lire qu'en se mettant au latin, et c'est par la science de la lecture que les clercs étaient distingués de tous les autres Français, Anglais ou Bretons (1). Admettez au contraire qu'au neuvième siècle un clerc ait eu la bonne pensée de marcher sur les traces du vénérable Bede, en inscrivant dans la seule langue alors littéraire les traditions vraies ou fabuleuses de ses compatriotes, les difficultés qui nous arrêtaient disparaissent. Cette chronique, rarement transcrite en basse Bretagne où elle était née, n'aura passé qu'au douzième siècle dans la Bretagne insulaire, par les mains de l'archidiacre d'Oxford : Geoffroy de Monmouth en aura reçu la communication, et, la supposant entièrement inconnue, il en aura

(1) Je ne prétends pas cependant nier que certaines traditions bretonnes n'aient été écrites même avant que l'on eût essayé d'écrire un livre français. Cela, pour ne pas m'être démontré, n'est pas impossible : les chefs bretons et leurs bardes peuvent avoir senti le besoin de consigner par écrit certains vers prophétiques, certaines listes généalogiques, certaines traditions locales et superstitieuses; mais, si ces feuillets existaient au temps de Geoffroy, on peut assurer qu'il ne les a pas consultés et qu'il ne laisse supposer nulle part qu'il ait connu ces triades, ces poëmes gallois du cinquième au onzième siècle, dont on a fait tant de bruit et si peu de profit.

fait la base d'une plus large composition; mais comme, en avouant la source à laquelle il avait puisé, il s'exposait à ce qu'on lui demandât compte de tout ce qu'il avait ajouté, il aura prévenu les objections en supposant l'existence d'un autre livre tout différent de celui qu'il avait entre les mains.

Maintenant, si le premier Gildas, si le vénérable Bede n'avaient rien dit des rois bretons cités dans la chronique de Nennius, leur silence est facile à justifier. Tous ces princes, fabuleux descendants du Troyen Brutus, n'étaient encore connus que dans la petite Bretagne où l'on en avait fait les naturels émules des Francus et des Bavo des légendes françaises et belges. Si Bede n'a même pas écrit une seule fois le nom d'Artus, c'est peut-être parce que le souvenir du héros breton ne s'était perpétué que parmi les habitants de l'Armorique et du pays de Galles. Bede, Anglo-Saxon d'origine, écrivant l'histoire des Anglais, n'avait pas à se préoccuper des fables bretonnes (1). Pour saint

---

(1) Il me semble pourtant qu'on aurait dû remarquer une lacune assez apparente dans l'Histoire ecclésiastique de Bede, précisément à l'endroit où pouvait se trouver le nom d'Artus, chef des guerriers bretons, sous le règne d'Aurélius Ambroise. C'est au chapitre XVI de son premier livre, lequel finit ainsi : « Utebantur eo « tempore (vers 450) duce Ambrosio Aureliano,...

Gildas, il n'avait rien à dire des généreux efforts d'Artus pour résister à l'oppression des Anglais, dans le petit nombre de pages où sont énumérés les malheurs et les péchés de ses compatriotes. Artus avait cependant existé : il avait réellement lutté contre l'établissement des Saxons, et le souvenir de ses glorieux combats s'était conservé dans le cœur des Bretons réfugiés, les uns dans les montagnes du pays de Galles, les autres dans la province de France habitée par leurs anciens compatriotes. Il était devenu le héros de plusieurs laïs fondés sur des exploits réels. Mais l'imagination populaire n'avait pas tardé à le transformer; chaque jour les lais qui le célé-

« hoc ergo duce, *vires capessunt Britones*, et victores
« provocantes ad prœlium, *victoriam* ipsi, Deo favente,
« *suscipiunt*. Et ex eo tempore nunc cives, nunc hostes
« vincebant, usque ad annum obsessionis Badonici
« montis, quando *non minimas* eisdem hostibus *strages dabant : sed hæc postmodum.* » Il s'agit bien ici de la victoire de Bath ou du mont Badon, dont on s'accorde à faire honneur à Artus. Or, après ce mot, *sed postmodum*, qu'il faut entendre, *mais nous en parlerons plus tard*, on doit penser que Bede reviendra sur ces grands événements dans les chapitres suivants. Il n'en est rien cependant : il passe à l'histoire de l'hérésie Pélagienne, raconte une victoire des Bretons due aux prières et au courage de saint Germain, puis arrive à la conversion des Saxons, commencée près d'un siècle après la victoire du mont Badon.

braient avaient pris un développement plus chimérique. De défenseur plus ou moins heureux de la patrie insulaire, il devint ainsi le vainqueur des Saxons; le souverain des trois royaumes ; le conquérant de la France, de l'Islande, du Danemark; la terreur de l'empereur de Rome. Bien plus, affranchi de la loi commune, les Fées l'avaient transporté dans l'île d'Avalon; elles l'y retenaient pour le faire un jour reparaître dans le monde et rendre aux Bretons leur ancienne indépendance. Tel était déjà l'Artus des chants bretons, longtemps avant la rédaction de Geoffroy de Monmouth. Ces chants, surtout répandus en Armorique, étaient écoutés dans toute la France avec une grande curiosité, au moment où la récente conquête des Normands leur assurait en Angleterre un accueil également favorable. C'est alors que Geoffroy de Monmouth s'appuya de la chronique informe de Nennius pour faire entrer ces traditions fabuleuses dans la littérature latine, d'où bientôt elles devaient passer dans nos Romans de la Table ronde.

Mais Nennius tient dans les domaines de la véritable histoire une place que Geoffroy s'est interdit le droit de réclamer. S'il a recueilli beaucoup de traditions fabuleuses, il l'a fait de bonne foi. On reconnaît dans son livre plus d'un souvenir précieux et sincère.

La passion de Wortigern pour la fille d'Hengist, la perfidie des Saxons, les vains efforts des Bretons pour éloigner ces terribles auxiliaires, tout cela est du domaine des faits réels. L'auteur, étranger aux procédés de la composition littéraire, rapporte avec une parfaite candeur les deux opinions répandues de son temps sur l'origine des Bretons. « Les uns, » dit-il, « nous « font descendre de Brutus, petit-fils du Troyen « Énée ; les autres soutiennent que Brutus était « petit-fils d'Alain, celui des descendants de « Noé qui alla peupler l'Europe. » Ainsi, tout en se rendant l'écho des traditions populaires, Nennius ne se prononce pas entre elles et garde la mesure qu'on peut attendre d'un historien sincère. Il ne parle pas même de Merlin, mais d'un certain Ambrosius dont on a fait le premier nom du fabuleux prophète des Bretons. Pour Nennius, Ambrosius n'est pas encore un être surnaturel, c'est le fils d'un comte ou consul romain. Il ne raconte pas les amours d'Uter-Pendragon et d'Ygierne, renouvelées d'Ovide. Il se contente de nous dire d'Artus qu'il conduisait les armées bretonnes, et qu'il avait livré douze glorieux combats aux ennemis de son pays. « Au temps d'Octa, fils « d'Hengist, » lisons-nous à la fin de son livre, « Artus résistait aux Saxons, ou plutôt « les Saxons attaquaient les rois bretons qui

« avaient Artus pour conducteur de leurs
« guerres (1). Bien qu'il y eût des Bretons de
« plus noble race, il fut élu douze fois pour
« les commander et fut autant de fois victo-
« rieux. Le premier de ses combats fut livré à
« l'embouchure de la rivière Glem (à l'extré-
« mité du Northumberland); les quatre sui-
« vants, sur une autre rivière nommée par les
« Bretons le Douglas (à l'extrémité méridionale
« du Lothian); le sixième, sur la rivière Bassas
« (près de Nort-Berwick); le septième, dans la
« forêt de Célidon (peut-être Calidon ou Calé-
« donienne); le huitième, près de Gurmois-
« Castle (près de Yarmouth). Ce jour-là, Ar-
« tus porta sur son bouclier l'image de la
« sainte Vierge, mère de Dieu, et, par la grâce
« de Notre-Seigneur et de sainte Marie, il mit
« en fuite les Saxons et les poursuivit longtemps
« en faisant d'eux un grand carnage. Le neu-
« vième fut dans la ville de Légion appelée
« Cairlion (Exeter); le dixième, sur le sable de
« la rivière Ribroit (dans le Somersetshire);
« le onzième, sur le mont nommé Agned Ca-
« bregonium (Catbury); le douzième, enfin,
« longtemps et vivement disputé, devant le
« mont Badon (Bath), où il parvint à s'établir.

(1) *Arthur pugnabat contra illos in illis diebus, vide-
licet Saxones contra regibus Britannorum. Sed ipse dux
erat bellorum.*

« Dans ce dernier combat, il tua de sa main
« neuf cent quarante ennemis. Les Bretons
« avaient obtenu l'avantage dans tous ces en-
« gagements; mais nulle force ne pouvait pré-
« valoir contre les desseins de Dieu. Plus les
« Saxons éprouvaient de revers, plus ils de-
« mandaient de renforts à leurs frères de la
« Germanie, qui ne cessèrent d'arriver jusqu'au
« temps d'Ida, le fils de Eoppa, et le premier
« prince de race saxonne qui ait régné en Ber-
« nicie et à York. »

Il y a loin de ce témoignage, peut-être entièrement historique, à ce qu'on devait trouver sur le héros breton dans le livre de Geoffroy de Monmouth.

M. Thomas Wright a déjà parfaitement reconnu que la plupart des additions faites à Nennius par le bénédictin anglais ne pouvaient être traduites d'un livre breton. Passons rapidement en revue ces additions. L'histoire de Brut ou Brutus y est exposée avec autant de confiance et de netteté que s'il s'était agi d'un prince contemporain. On nous donne ses lettres missives, les délibérations de son conseil, ses discours et ceux qu'on lui adresse, les fêtes de son mariage. Avant d'arriver au terme de ses voyages de long cours, voyages renouvelés de l'Énéide, il aborde sur le rivage gaulois, où Turnus, un de ses capitaines, bâtit la ville de

Tours, comme Homère, ajoute Geoffroy, l'avait déjà raconté. Assurément personne, au temps de Geoffroy, n'était en mesure de rechercher dans Homère la mention d'un pareil fait. Mais le conteur savait bien qu'on l'en croirait sur parole (1). Il arrive enfin dans l'île d'Albion, marquée par l'oracle de Diane pour le terme et la récompense de ses travaux. Il impose son nom à la contrée et construit avant de mourir une grande ville qu'il appelle Troie-Neuve, ou *Trinovant*, en souvenir de Troie : nom plus tard remplacé par celui de London. « De « *London*, » ajoute Geoffroy, « les étrangers » (c'est-à-dire apparemment les Normands) « ont « fait *Londres*. »

L'histoire fabuleuse des successeurs de Brutus doit moins à Virgile, et plus aux traditions orales de la Bretagne. A l'occasion du roi Hudibras, Geoffroy exprime un scrupule assez inattendu : « Comme ce prince, » dit-il, « élevait « les murs de Shaftesbury, on entendit parler « une aigle ; et je rapporterais son discours, si « le fait ne me semblait moins croyable que le « reste des histoires. » (Livre II, § 9.) Les prophéties de l'aigle de Shaftesbury étaient célèbres parmi les anciens Bretons : dans son douzième

(1) On retrouverait peut-être cette fable dans le Roman de Troie de Benoît de Sainte-Maure, poëte contemporain de Geoffroy de Monmouth.

et dernier livre, Geoffroy, malgré l'incrédulité qu'il avait d'abord affectée, assurera qu'en l'année 688, le roi de la Petite-Bretagne Alain les avait consultées en même temps que les livres des Sibylles et de Merlin, pour savoir s'il devait ou non mettre ses vaisseaux à la disposition de Cadwallader.

Après Hudibras viennent Bladus, fondateur de Bath; — Leir ou Lear, si fameux par les ballades et par Shakespeare; — Brennus, le conquérant de l'Italie; — Elidure, Peredure, dont les poëtes allemands s'emparèrent plus tard; — Cassibelaun, le rival de César. Enfin, sous le règne de Lucius, vers 170 de l'ère nouvelle, la foi chrétienne est pour la première fois introduite en Grande-Bretagne par les missionnaires du pape Éleuthère. Geoffroy traduit ici Nennius, et ne laisse pas soupçonner l'autre courant des traditions bretonnes qui rapportaient l'origine de la prédication évangélique à Joseph d'Arimathie, comme elle est exposée dans le roman du Saint-Graal. Je donne ailleurs l'explication du silence qu'il a gardé.

Plus loin Geoffroy rappellera, peut-être avec plus d'exactitude qu'on ne l'admet aujourd'hui, la grande émigration bretonne en Armorique, à l'époque du tyran Maxime : il racontera l'histoire des Onze mille vierges, enfin l'arrivée de Constantin, frère d'Audren, roi de la Petite-Bretagne. Constantin fut proclamé roi de l'île d'Albion, et c'est à partir de l'histoire de ce prince que Geoffroy de Monmouth est mis à contribution par l'auteur ou les auteurs des romans de Merlin et d'Artus. Je ne vais plus m'attacher qu'aux passages de l'*Historia Britonum* reproduits ou imités par les romanciers.

Constantin avait laissé trois fils : Constant, Aurélius Ambroise et Uter-Pendragon.

Constant, l'aîné, fut d'abord relégué dans un monastère ; mais Wortigern, un des principaux conseillers de Constantin, l'en avait tiré pour le faire proclamer roi. Sous ce prince faible et timide, Wortigern gouverna sans contrôle ; si bien qu'aspirant lui-même à la couronne, il entoura le Roi-moine de serviteurs choisis parmi les Pictes, et, sur un prétexte d'irritation envenimé par le ministre ambitieux, ces étrangers massacrèrent le pauvre roi qu'ils devaient défendre. Ils se confiaient dans la reconnaissance du premier instigateur du crime : ils se trompèrent. Wortigern recueillit le fruit du meurtre, mais, à peine couronné, il fit pendre les meurtriers de celui dont il recueillait la couronne.

Cependant personne ne doutait de la part qu'il avait prise à la mort de Constant. Ceux qui gardaient les deux autres fils de Constantin se hâtèrent de mettre en sûreté leur vie, en les faisant passer dans la Petite-Bretagne, où le roi Bude les accueillit et pourvut à leur éducation.

Wortigern, l'usurpateur, se vit bientôt menacé d'un côté par les Pictes, qui voulaient venger les meurtriers de Constant, de l'autre par les deux frères dont il occupait le trône. Pour conjurer ce double danger, il appela les Saxons à son aide. Ici, Geoffroy raconte au long, d'après Nennius, l'arrivée d'Hengist, l'amour de Wortigern pour la belle Rowena, ses démêlés avec les Saxons. Mais l'auteur du roman de Merlin a passé sous silence tous ces détails et s'est contenté de dire d'après Geoffroy : « Tant fist Anguis et pourchaça que
« Vortiger prist une soe fille à feme, et saichent
« tuit cil qui cest conte orront que ce fu celle
« qui premierement dist en cest roiaume: *Gar-*
« *soil.* »

Dans Geoffroy de Monmouth, le roi Wortigern est invité à un somptueux banquet, et, quand il est assis, la fille de Hengist entre dans la salle, tenant à la main une coupe d'or remplie de vin ; elle approche du Roi, s'incline courtoisement et lui dit : *Lawerd King*, *Wevs heil !* Le Roi, subitement enflammé à la vue de sa grande beauté, demande à son latinier ce que la jeune dame avait dit et ce qu'il lui fallait répondre : « Elle vous appelle Seigneur roi, et

« elle offre de boire à votre santé. Vous devez
« lui répondre : *Drinck heil !* Ainsi fit Wor-
« tigern, et, depuis ce temps, la coutume s'est
« établie en Bretagne, quand on boit à quel-
« qu'un, de lui dire *Wevs heil* et de l'entendre
« répondre *Drinck heil.* » — De cette tradition
parait venir notre mot français *trinquer* et l'ancienne expression si fameuse de *vin de Garsoi*
ou *Guersoi*, c'est-à-dire versé pour porter des
santés, à la fin des repas. Au reste, c'est aux
Anglais à nous dire aujourd'hui quelle est la
meilleure forme de ce mot : *Garsoil* ou *Wevs
heil*, et quel respect on garde encore pour cet
ancien et patriotique usage.

Wortigern, victime de la confiance qu'il accordait aux Saxons, s'était retiré dans la Cambrie
ou pays de Galles. Ses magiciens ou astrologues
lui conseillèrent alors d'élever une tour assez
forte pour ne lui laisser rien craindre de ses ennemis. Il choisit pour le lieu de cette construction
le mont Eriri; mais, chaque fois que le bâtiment
commençait à monter, les pierres se séparaient
et croulaient l'une sur l'autre. Le Roi demande
à ses magiciens de conjurer ce prodige : ils
répondent, après avoir consulté les astres, qu'il
fallait trouver un enfant né sans père, et humecter de son sang les pierres et le ciment dont on
se servait. Messagers sont envoyés à la recherche de l'enfant : un jour, en traversant la ville

nommée depuis Kaermerdin (1), ils remarquent plusieurs jeunes gens jouant sur la place ; et bientôt une dispute s'élève : « Oses-tu bien, » disait l'un d'eux, « te quereller avec moi ! Sommes-« nous de naissance pareille ? Moi, je suis de « race royale par mon père et par ma mère. « Toi, personne ne sait qui tu es ; tu n'as ja-« mais eu de père. » En entendant ces mots, les messagers approchent de Merlin ; ils apprennent qu'en effet l'enfant n'a jamais connu son père, et que sa mère, fille du roi de Demetie (le Southwall), vivait retirée dans l'église de Saint-Pierre, parmi les nonnes. La mère et le fils sont aussitôt conduits devant Wortigern, et la dame interrogée répond : « Mon sou-« verain seigneur, sur votre âme et sur la « mienne, j'ignore complétement ce qui m'est « arrivé. Tout ce que je sais, c'est que, me « trouvant une fois avec mes compagnes dans « nos chambres, je vis paraître devant moi un « très-beau jouvenceau, qui me prit dans ses « bras, me donna un baiser, puis s'évanouit. « Maintes fois, il revint comme j'étais seule, « mais sans se découvrir. Enfin, je le vis à plu-« sieurs reprises sous la forme d'un homme, « et il me laissa avec cet enfant. Je jure devant « vous que jamais je n'eus de rapport avec un

(1) *Kaer-Merdin*, ville de Merdin ; aujourd'hui *Caermarthen*, dans le Southwall.

« autre que lui. » Le Roi, étonné, fit venir le sage Maugantius : « J'ai trouvé, » dit celui-ci, « dans les livres des philosophes et les an-« ciennes histoires, que plusieurs hommes sont « nés de la même façon. Apuléius nous apprend « dans le livre du Démon de Socrate qu'entre « la lune et la terre habitent des esprits que « nous appelons *Incubes*. Ils tiennent de la « nature des hommes et de celle des anges ; ils « peuvent à leur gré prendre la forme humaine « et converser avec les femmes. Peut-être l'un « d'eux a-t-il visité cette dame et déposa-t-il un « enfant dans ses flancs (1). »

L'histoire des deux dragons découverts dans

---

(1) Geoffroi de Monmouth, qui n'avait assurément pas trouvé ce discours de Maugantius dans un ancien livre breton, reparlera dans le poëme *de Vita Merlini* de cette classe d'esprits intermédiaires :

At cacodæmonibus post lunam subtus abundat,
Qui nos decipiunt et temtant, fallere docti,
Et sibi multotiens ex aere corpore sumpto
Nobis apparent, et plurima sæpe sequuntur ;
Quin etiam coitu mulieres aggrediuntur
Et faciunt gravidas, generantes more prophano.
Sic igitur cælos habitatos ordine terno
Spirituum fecit.....

(*Vita Merlini*, v. 780.)

Apulée, dans le curieux livre du Démon de Socrate, parle en effet de ces esprits intermédiaires, mais il se tait des *Incubes*, dont saint Augustin rappelle les faits et gestes, au xve livre de la *Cité de Dieu*.

les fondements de la tour, leur combat acharné, les explications données par Merlin, et la construction de la haute tour, tout cela se trouvait dans Nennius avant d'être amplifié par Geoffroy de Monmouth, et a été fidèlement suivi par Robert de Boron. Au milieu de son récit, Geoffroy intercale les prophéties de Merlin que, dit-il, il a traduites du breton, à la prière d'Alexandre, évêque de Lincoln. Ces prophéties ont été admises dans un assez grand nombre de manuscrits du roman de Merlin ; mais on ne peut nier qu'elles ne soient, au moins dans leur forme latine, l'œuvre de Geoffroy de Monmouth. Comme les lais bretons, elles s'étaient conservées dans la mémoire des harpeurs et chanteurs populaires : et c'est de ces traditions ondoyantes et mobiles, comme il convient à des prophéties, que Geoffroy dut tirer la rédaction que nous en avons conservée, et qui eut aussitôt dans l'Europe entière un si grand retentissement.

Voici les autres récits de l'*Historia Britonum* que s'est appropriés l'auteur du roman de Merlin et que Geoffroy n'avait pas trouvés dans Nennius.

Wortigern, après la première épreuve du savoir de Merlin, désire apprendre ce qui peut encore le menacer, et la façon dont il doit mourir. Merlin l'avertit d'éviter le feu des fils de Constantin. « Ces princes voguent déjà vers

« l'île de Bretagne; ils chasseront les Saxons,
« ils te contraindront à chercher un refuge
« dans une tour à laquelle ils mettront le feu.
« Hengist sera tué, Aurélius Ambroise cou-
« ronné. Il aura pour successeur son frère Uter-
« Pendragon. »

Les événements répondent à la prédiction; mais, chez le romancier, l'intervention de Merlin est permanente et plus décisive. Le transport des pierres d'Irlande dans la plaine de Salisbury, ces pierres si fameuses sous le nom de *Stonehenge* et de *Danse des géants*, est mieux et plus longuement raconté par Geoffroy; l'événement est placé sous le règne d'Ambrosius-Uter, qui aurait ainsi voulu consacrer la sépulture des Bretons immolés par les Saxons, et dont les corps reposaient dans la plaine; tandis que le romancier fait arriver les pierres un peu plus tard, pour entourer la tombe de ce roi Ambrosius, frère aîné d'Uter-Pendragon.

C'est encore à Geoffroy que les romanciers ont emprunté l'histoire des amours d'Ygierne et d'Uter et la naissance d'Artus. Mais, chez le latiniste, Artus succède à son père, sans passer par l'épreuve de l'épée fichée dans l'enclume du perron.

Plusieurs des héros secondaires de nos romans sont nommés par Geoffroy, mais avec une rapidité qui permet de croire que leur célébrité populaire n'était pas encore très-bien établie. Tels sont les trois frères Loth, Urien et Aguisel d'Écosse. Loth, ici comme dans les romans, époux de la sœur d'Artus, a deux fils, le fameux Walgan ou Gauvain, et Mordred, qui devait trahir son oncle Artus. Artus a épousé Gwanhamara (la belle Genièvre), issue d'une noble famille romaine. Il a pour premier adversaire le Norwégien Riculf, le même que le roi Rion qui, dans le roman d'Artus, voudra réunir aux vingt-huit barbes royales de son manteau celle du roi Léodagan de Carmélide, père de Genièvre. Frollo, roi des Gaules, est également vaincu par Artus, et bientôt après l'empereur Lucius de Rome vient dans les plaines de Langres payer de sa vie l'audace qu'il avait eue de déclarer la guerre aux Bretons.

La belle description des fêtes du couronnement d'Artus, due à l'imagination et aux souvenirs classiques de Geoffroy, n'est pas reproduite dans le roman, où elle eût été peut-être mieux à sa place. Mais les conteurs français ont emprunté à Geoffroy le récit du combat d'Artus contre le géant du mont Saint-Michel. Quelques jours après la grande victoire remportée sur les Romains et les Gaulois, Artus reçoit la nouvelle de la révolte de Mordred et de l'infidélité de Gwanhamara. Après avoir tué son neveu, il est lui-même mortellement blessé, et de là transporté dans l'île d'Avalon, où Geoffroy nous permet de supposer, sans le dire expressément, que les fées l'ont guéri de ses plaies et le tiennent en réserve pour la future délivrance des Bretons.

Nous ne suivrons pas l'*Historia Britonum* au-delà de la mort d'Artus. Les deux derniers livres se rapportent aux successeurs du héros breton et n'ont plus d'intérêt pour l'étude particulière des Romans de la Table ronde. Il nous suffit d'avoir rappelé les passages du livre latin dont les romanciers ont évidemment profité. Ce que Geoffroy de Monmouth dit de Gwanamara qui, au mépris de son premier mariage, avait accepté pour époux Mordred, prouve que cet historien ou plutôt ce conteur n'avait aucune idée du roman de Lancelot. D'ailleurs ses omissions dans la longue liste de tous les personnages illustres qui assistèrent aux fêtes du couronnement d'Artus permet également de penser que la plupart des héros de la Table ronde, Yvain, Agravain, Lionel, Galehaut, Hector des Mares, Sagremor, Baudemagus, Bliombéris, Perceval, Tristan, Palamède, le roi Marc, la belle Yseult et Viviane n'existaient pas, ou du moins n'avaient pas encore figuré dans une composition littéraire. Il faut en dire autant de la Table ronde elle-même, dont Geoffroy n'a pas dit un seul mot. Uter-Pendragon, Artus et Merlin, voilà les trois portraits dont il a fourni la première esquisse aux romanciers, et c'est en partant de là qu'ils sont arrivés à tous les beaux récits qui durant plusieurs siècles devaient charmer le monde.

L'*Historia Britonum* produisit en France et en Angleterre un effet immense. Les manuscrits s'en multiplièrent; tous les clercs voulurent aussitôt l'avoir entre les mains. Geoffroy de Monmouth, bientôt après nommé évêque de Saint-Azaph, reçut le surnom d'Artus, le héros dont il venait de consacrer la renommée. Son livre fut une sorte de révélation inattendue pour Henry de Huntingdon, pour Alfred de Bewerley, pour Robert du Mont-Saint-Michel, qui n'exprimèrent aucun doute sur l'existence de l'original breton et l'exactitude de la traduction. Mais on n'accueillit pas en tous lieux ces fabuleux récits avec la même confiance. Dans le pays de Galles même, source adoptive, sinon primitive, des fictions bretonnes, il y eut des protestations dont un auteur contemporain, d'ailleurs assez crédule de sa nature, Giraud de Galles ou Giraldus Cambrensis, s'est rendu l'organe d'une assez plaisante façon. C'est en parlant d'un certain Gallois doué de la faculté d'évoquer les malins esprits et de les conjurer. Cet homme, ayant su qu'un de ses voisins était tourmenté par ces esprits de ténèbres, s'avisa de placer l'Évangile de saint Jean sur la poitrine du malade; aussitôt les démons s'évanouirent comme une volée d'oiseaux. Il tenta sans désemparer une seconde expérience : à la place de l'Évangile, il posa le livre de Geoffroy Arthur; aussitôt les démons revinrent en foule, couvrirent et le livre et tout le corps de celui qui le tenait, de façon à le tourmenter beaucoup plus qu'ils n'avaient jamais fait (1). Il faut avouer que l'épreuve était on ne peut plus décisive.

Mais un autre témoignage bien autrement honorable pour le sentiment critique des contemporains de Geoffroy de Monmouth est celui de Guillaume de Newburg, *De rebus anglicis sui temporis libri quinque,* dont la chronique fut publiée vers la fin du douzième siècle. On dit qu'il avait voué une haine particulière aux Bretons, et que c'était pour satisfaire une vengeance personnelle qu'il avait attaqué le livre de Geoffroy. Peu importe : il nous suffit d'être obligés de reconnaître dans son invective une argumentation solide et la preuve que tout ou presque tout semblait déjà fabuleux dans le livre

(1) *Girald. Cambr. Walliæ Descriptio. Cap. VII.* (Cité par M. Th. Wright.)

dont il ne conteste d'ailleurs ni l'ancienneté ni l'origine bretonne.

« La race bretonne, » dit Guillaume de Newburg, « qui peupla d'abord notre île, eut
« dans Gildas un premier historien que l'on
« rencontre rarement et dont on a fait de rares
« transcriptions, en raison de la rudesse et de
« la fadeur de son style (1). C'est pourtant un
« monument précieux de sincérité. Bien que
« Breton, il n'hésite pas à gourmander ses
« compatriotes, aimant mieux en dire peu de
« bien et beaucoup de mal que de dissimuler
« la vérité. On voit par lui combien ils étaient
« peu redoutables comme guerriers, et peu
« fidèles comme citoyens.

« A l'encontre de Gildas, nous avons vu de
« notre temps un écrivain qui, pour effacer les
« souillures du nom breton (2), a ourdi une
« trame ridiculement fabuleuse, et, par l'effet
« d'une sotte vanité, nous les a présentés comme
« supérieurs en vertu guerrière aux Macé-
« doniens et aux Romains. Cet homme,

---

(1) *Cum enim sermone sit admodum impolitus atque insipidus, paucis eum vel transcribere vel habere curantibus, raro invenitur.* — Il se pourrait ici que Guillaume de Newburg entendît par le livre de Gildas celui que nous attribuons à Nennius, et qui, dans plusieurs manuscrits du douzième siècle, porte cette attribution.

(2) *Pro expiandis his Britonum maculis.*

« nommé Geoffroy, a reçu le surnom d'Artus,
« pour avoir décoré du titre d'histoire et pré-
« senté dans la forme latine les fables imaginées
« par les anciens Bretons à propos d'Artus, et
« par lui fort exagérées. Il a fait plus encore,
« en écrivant en latin, comme une œuvre sé-
« rieuse et authentique, les prophéties très-
« mensongères d'un certain Merlin auxquelles il
« a de lui-même beaucoup ajouté. C'est là qu'il
« nous présente Merlin comme né d'une femme
« et d'un démon incube, et comme étant doué
« d'une vaste prescience, sans doute en raison
« de la sainteté de son père ; tandis que le
« bon sens, d'accord avec les livres sacrés,
« nous apprend que les démons, étant privés
« de la clarté divine, ne voient rien des choses
« qui ne sont pas encore et ne peuvent que
« conjecturer la suite de quelques événements
« d'après les signes qui sont à leur portée aussi
« bien qu'à la nôtre. Il est aisé de reconnaître
« la fausseté de ces prédictions de Merlin, pour
« tout ce qui touche aux événements ar-
« rivés en Angleterre depuis la mort de ce
« Geoffroy. Il avait traduit, dit-il, du breton
« ces impertinences ; en tout cas il les a fortifiées
« de ses propres inventions, comme il convient
« d'en avertir ceux qui seraient tentés d'y
« ajouter la moindre confiance. Pour les évé-
« nements arrivés avant le temps où il écrivait,

« il a pu donner à ces prophéties toutes les
« additions nécessaires, afin de les met-
« tre en rapport avec les événements mêmes ;
« mais, quant au livre qu'il appelle *Histoire*
« *des Bretons,* il faut être tout à fait étranger
« aux anciennes annales, pour ne pas voir les
« insolents et audacieux mensonges qu'il ne
« cesse d'y accumuler. Je passe tout ce qu'il
« nous raconte des gestes des Bretons avant
« Jules César, gestes peut-être inventés à plai-
« sir par d'autres, mais présentés par lui comme
« authentiques. Je passe ce qu'il ajoute à la
« gloire des Bretons, depuis Jules César qui les
« avait subjugués jusqu'au temps d'Honorius,
« quand les Romains abandonnèrent l'île, pour
« pourvoir à leur propre défense sur le conti-
« nent. On sait que les Bretons ainsi laissés à la
« merci de leurs ennemis eurent alors pour roi
« Wortigern, le premier qui réclama le secours
« d'Hengist, chef des Saxons ou Anglais. Ceux-
« ci, après avoir repoussé les Pictes et les Écos-
« sais, cédèrent à l'appât que leur présentait
« d'un côté la fertilité de l'île, de l'autre la
« lâcheté de ceux qui les avaient appelés à leur
« défense. Ils s'établirent en Bretagne, acca-
« blèrent ceux qui essayèrent de leur résister,
« et contraignirent les misérables restes de leurs
« adversaires, ceux qu'on nomme aujourd'hui
« les Gallois, à chercher un refuge sur des hau-

« teurs ou dans des forêts également inacces-
« sibles. Les Anglais victorieux eurent une suite de
« rois très-puissants, entre autres le petit-neveu
« d'Hengist, Éthelbert, qui, réunissant sous son
« sceptre toute l'île d'Albion jusqu'à l'Humber,
« reçut la loi de l'Évangile annoncée par Au-
« gustin. Alfred ajouta le Northumberland aux
« précédentes conquêtes, après une grande vic-
« toire sur les Bretons et les Écossais. Edwin
« fut son successeur; Oswald vint après Edwin,
« et ne trouva pas dans l'île entière la moindre
« résistance. Tout cela, le Vénérable Bede, dont
« personne ne récuse le témoignage, l'a parfai-
« tement établi. Il faut donc reconnaître le
« caractère fabuleux de tout ce que ce Geoffroy
« a écrit d'Artus et de ses successeurs d'après
« quelques autres et d'après lui-même. Il
« a rassemblé ces mensonges, soit par un
« éloignement coupable de la vérité, soit
« dans l'intention de plaire aux Bretons,
« dont la plupart sont, dit-on, assez stupides,
« pour attendre encore Artus et soutenir qu'il
« n'est pas mort. A Wortigern il fait succéder
« Aurélius Ambroise, qui aurait vaincu les
« Saxons et reconquis l'île entière. Après Am-
« broise aurait régné son frère Uter-Pendragon
« avec la même autorité. C'est alors qu'il insère
« tant de rêveries mensongères à l'occasion de
« Merlin. Artus, prétendu fils de ce prétendu

« Uter, aurait été le quatrième roi des Bretons
» à partir de Wortigern; de même que, dans la
« véritable histoire de Bede, Éthelbert, con-
« verti par Augustin, est le quatrième roi des
« Saxons à partir d'Hengist. Ainsi le règne
« d'Artus et celui d'Éthelbert devaient être
« contemporains. Mais on voit aisément ici de
« quel côté se trouve la vérité. C'est préci-
« sément l'époque du règne d'Éthelbert qu'il
« choisit pour élever la gloire et les exploits de
« son Artus; qu'il le fait triompher des Anglais,
« des Écossais, des Pictes ; réduire au joug de
« ses armes l'Irlande, la Suède, les Orcades, le
« Danemark, l'Islande : peu de jours lui suffisent
« pour lui faire conquérir les Gaules elles-
« mêmes, que Jules César avait eu bien de la
« peine à réduire en dix ans ; de façon que le
« petit doigt de ce Breton aurait été plus fort
« que les reins du plus grand des Césars. Enfin,
« après tant de triomphes, il fait revenir Artus
« en Bretagne et présider une grande fête avec
« les princes et les rois subjugués, en présence
« des trois archevêques de Londres, de Carléon
« et d'York, bien que les Bretons n'eussent pas
« alors un seul archevêque. Pour couronner
« tant de fables, notre conteur fait engager une
« grande guerre contre les Romains : Artus est
« d'abord vainqueur d'un géant de merveilleuse
« grandeur, bien que, depuis le temps de David,

« personne de nous n'ait entendu parler d'aucun
« géant. À cette guerre des Romains il fait con-
« courir tous les peuples de la terre, les Grecs,
« les Africains, les Espagnols, les Parthes, les
« Mèdes, les Libyens, les Égyptiens, les Baby-
« loniens, les Phrygiens, qui tous périssent dans
« le même combat, tandis qu'Alexandre, le plus
« fameux des conquérants, mit à conquérir tant
« de nations diverses plus de douze années.
« Comment tous les historiographes qui ont
« pris si grand soin de raconter les événe-
« ments des siècles passés, qui nous en ont
« même transmis d'une importance fort contes-
« table, auraient-ils pu passer sous silence les
« actions d'un héros si incomparable? Com-
« ment n'auraient-ils rien dit non plus de ce
« Merlin aussi grand prophète qu'Isaïe? Car la
« seule différence entre eux, c'est que Geoffroy
« n'a pas osé faire précéder les prédictions qu'il
« prête à Merlin de ces mots : *Voici ce que dit*
« *le Seigneur*, et qu'il a rougi de les remplacer
« par ceux-ci : *Voici ce que dit le diable*. Notez
« enfin qu'après nous avoir représenté Artus
« mortellement frappé dans un combat, il le
« fait sortir de son royaume pour aller guérir
« ses plaies dans une île que les fables bre-
« tonnes nomment l'île d'Avalon; et qu'il
« n'ose pas dire qu'il soit mort, par la crainte
« de déplaire aux Bretons, ou plutôt aux

« *Brutes* qui attendent encore son retour. »

Je ne vois pas bien ce que la critique moderne pourrait dire de plus contre ce fameux livre de Geoffroy de Monmouth. Les bons esprits ne l'avaient donc accepté que comme un recueil d'histoires controuvées à plaisir, auxquelles les Bretons seuls pouvaient ajouter une foi sérieuse.

Mais ce jugement lui-même permettait à l'imagination et aux fantaisies poétiques de prendre l'essor. Geoffroy avait donné l'exemple dont nos romanciers avaient besoin et qu'ils ne tardèrent pas à suivre. La courte, informe et cependant précieuse chronique de Nennius avait éveillé la verve de Geoffroy de Monmouth; et ce que Nennius avait été pour lui, Geoffroy le fut pour Robert de Boron, et pour les auteurs des autres romans en prose et en vers, dont la France nous semble avoir le droit de réclamer la composition, et qui devaient produire une si grande révolution dans la littérature et même dans les mœurs de toutes les nations chrétiennes.

§ III.

LE POÈME LATIN : *Vita Merlini*.

Avant d'aborder les romans de la Table ronde, il faut épuiser l'œuvre de celui qui paraît en avoir fait naître la pensée.

Les *Prophéties de Merlin* forment maintenant le septième livre de l'*Historia Britonum*. Elles avaient été rédigées avant la publication de cette histoire, et l'auteur les avait envoyées séparément à l'évêque de Lincoln. Ordéric Vital, dont la chronique finit en 1128, Henri de Huntingdon et Suger, qui n'avaient pas connu l'*Historia Britonum*, avaient fait usage des *Prophéties*. D'ailleurs, Geoffroy de Monmouth a constaté cette antériorité : « Je travaillais à mon « histoire, » dit-il au début du septième livre, « quand, l'attention publique étant récemment « attirée sur Merlin (1), je publiai ses prophéties,

(1) *Cum de Merlino divulgato rumore*. Expressions curieuses, qui semblent assez bien prouver que la réputation de Merlin était alors de date récente, même chez les Gallo-Bretons. Nennius ne l'avait pas même nommé. Les pages de Guillaume de Newburg citées plus haut

« à la prière de mes amis, et particulièrement
« d'Alexandre, évêque de Lincoln, prélat d'une
« sagesse et d'une piété éminentes, et qui se
« distinguait entre tous, clercs ou laïques, par
« le nombre et la qualité des gentilshommes
« que retenait auprès de lui sa réputation de vertu
« et de générosité. Dans l'intention de lui être
« agréable, j'accompagnai l'envoi de ces pro-
« phéties d'une lettre que je vais transcrire... »

Dans cette lettre, Geoffroy se flatte d'avoir répondu aux vœux du prélat en interrompant l'*Historia Britonum* pour traduire du breton en latin les Prophéties de Merlin. « Mais, » ajoute-t-il « je m'étonne que vous n'ayez pas de-
« mandé ce travail à quelque autre plus savant
« et plus habile. Sans vouloir rabaisser aucun
« des philosophes anglais, j'ai le droit de dire
« que vous-même, si les devoirs de votre haute
« position vous en eussent laissé le temps, auriez
« mieux que personne composé de pareils ou-
« vrages. »

Soit que l'évêque Alexandre eût regretté d'avoir demandé un livre dont l'Église contestait l'autorité, soit que ce livre n'eût pas répondu à ce qu'il en attendait, soit enfin qu'il eût oublié, comme cela n'arrive que trop souvent, les promesses faites à l'auteur, il mourut

---

(page 65) confirment encore le peu d'ancienneté de la tradition merlinesque.

sans avoir donné à Geoffroy le moindre témoignage de gratitude ; et nous l'apprenons dès le début du poëme de la *Vita Merlini*.

« Prêt à chanter la folie furieuse et les
« agréables jeux (1) de Merlin, c'est à vous,
« Robert, de diriger ma plume ; vous, honneur
« de l'épiscopat et que la philosophie a parfumé
« de son nectar ; vous qui brillez entre tous
« par votre science ; vous le guide et l'exemple
« du monde. Soyez favorable à mon entreprise ;
« accordez au poëte une bienveillance qu'il
« n'avait pas trouvée dans le prélat auquel vous
« avez mérité de succéder.

« Je voudrais entreprendre vos louanges,
« rappeler vos mœurs, vos antécédents, votre
« noble naissance, l'intérêt public qui faisait
« désirer votre élection au peuple et au clergé de
« l'heureuse et glorieuse ville de Lincoln ;
« mais il ne suffirait pas, pour parler digne-
« ment de vous, de la lyre d'Orphée, de la
« science de Maurus, de l'éloquence de Rabi-
« rius..... »

Fatidici vatis rabiem musamque jocosam
Merlini cantare paro : tu corrige carmen,
Gloria Pontificum, calamos moderando, Roberte.
Scimus enim quia te perfudit nectare sacro

(1) Les tours de Merlin, ses prestiges, sont souvent désignés comme autant de jeux.

Philosophia suo, fecitque per omnia doctum,
Ut documenta dares, dux et præceptor in orbe.
Ergo meis cœptis faveas, vatemque tueri
Auspicio meliore velis quam fecerit alter
Cui modo succedis, merito promotus honore.
Sic etenim mores, sic vita probata genusque
Utilitasque loci clerus populusque petebant,
Unde modo felix Lincolnia fertur ad astra.

Le poëme contient 1530 vers, et doit être un des derniers ouvrages de l'auteur. « Bretons, » s'écrie-t-il en l'achevant, « tressez une couronne à votre Geoffroy de Monmouth. Il est bien *vôtre* en effet, car autrefois il a chanté vos exploits et ceux de vos chefs dans le livre que le monde entier célèbre sous le nom de *Gestes des Bretons*. »

Duximus ad metam carmen. Vos ergo, Britanni,
Laurea serta date Gaufrido de Monumeta :
Est enim vester, nam quondam prœlia vestra
Vestrorumque ducum cecinit scripsitque libellum
Quem nunc Gesta vocant Britonum celebrata per orbem.

Il semble donc qu'on ne pouvait élever des doutes sur l'auteur de ce poëme. Le style rappelle l'*Historia Britonum*, autant que la prose peut rappeler la versification : et Geoffroy avait déjà prouvé qu'il aimait à faire des vers, par ceux dont il a parsemé, sans la moindre nécessité, son histoire. Il loue ses patrons dans les deux ouvrages, avec la même emphase;

et si, dans le premier, il fait appel à la générosité du prélat dont il accuse, dans le second, le défaut de reconnaissance, c'est qu'il n'aura pas ressenti les effets attendus de cette générosité. Il avait loué en pure perte, comme notre rimeur français Wace, lequel, après avoir vanté la libéralité du roi Henry II d'Angleterre, finit tristement son poëme de *Rou* en regrettant l'oubli de ce prince :

> Li Reis jadis maint bien me fist,
> Mult me dona, plus me pramist.
> Et se il tot doné m'éust
> Ce qu'il me pramist, miels me fust.
> Nel pois avoir, nel plut al Rei...

Ses plaintes auraient eu sans doute un accent de reproche plus prononcé, si le Roi eût alors, comme l'évêque Alexandre, cessé de vivre. Alexandre, mort en 1147, avait eu pour successeur Robert de Quesnet; et c'est à cet évêque Robert que Geoffroy adressa la *Vita Merlini,* comme pour le mettre en mesure de tenir les engagements de son prédécesseur.

Tout, dans ce poëme de Merlin, marche en parfait accord avec ce que Geoffroy avait mis dans son *histoire*. On y retrouve le fond des prophéties de Merlin, auxquelles est ajoutée celle de sa sœur Ganiede, pour devenir un prétexte d'allusions aux événements contemporains.

Dans l'*histoire*, et non dans les romans, Merlin est fils d'une princesse de Demetie ; et dans le *poëme*, non ailleurs, Merlin, devenu vieux, règne sur cette partie de la principauté de Galles :

> Ergo peragratis sub multis regibus annis,
> Clarus habebatur Merlinus in orbe Britannus ;
> Rex erat et vates : Demætarumque superbis
> Jura dabat populis...

Dans les deux ouvrages, Wortigern est duc des Gewisseans ou West-Saxons (aujourd'hui, Hatt, Dorset et Ile de Wight) ; Biduc est roi de la Petite Bretagne où se réfugient les deux fils de Constant ; Artus succède sans opposition à son père Uter-Pendragon, et la reine Guanhumara n'est mentionnée qu'en raison de ses relations criminelles avec Mordred.

> Illicitam venerem cum conjuge Regis habebat.

Enfin, dans les deux ouvrages, on appuie du témoignage d'Apulée l'existence d'esprits dispersés entre le ciel et la terre, qui peuvent entretenir un commerce amoureux avec les femmes. Il est vrai que, dans le poëme seul, Merlin est marié à Guendolene et a pour sœur Ganiede, femme de Rodarcus, roi de Galles : l'auteur, en cela, suivait apparemment une tradition répandue dans le pays de Galles, tradition qui, pour se transformer, attendait encore la plume des romanciers de la Table ronde. Mais, puisqu'on ne retrouve dans le poëme de Merlin aucun trait qui soit inspiré par ces romans de la Table ronde ; puisque la Genièvre, l'Artus, la fée Morgan ne sont pas encore ce qu'ils sont devenus dans ces romans, il faut absolument en conclure que le poëme a été composé avant les romans, c'est-à-dire de 1140 à 1150. Il n'était plus permis, après la composition de l'*Artus* et du *Lancelot*, de ne voir qu'une fée dans Morgan, que l'épouse d'Artus enlevée par Mordred dans Genièvre, et que le mari d'une femme délaissée dans Merlin. Ainsi tout se réunit pour conserver à Geoffroy de Monmouth l'honneur d'avoir écrit, vers le milieu du douzième siècle, le poëme *De Vita Merlini*, après l'*Historia Britonum* que semble continuer le poëme, pour ce qui touche à Merlin, et avant le roman français de *Merlin*, qui devait faire au poëme d'assez nombreux emprunts.

Je regrette donc infiniment de me trouver ici d'une opinion opposée à celle de mes honorables amis, M. Thomas Wright et M. Fr. Michel, auxquels on doit d'ailleurs une excellente édition de la *Vita Merlini* (1). Oui, le

(1) Publiée d'après le manuscrit de Londres. Paris, Didot, 1837; in-8.

poëme fut assurément composé avant les romans de la Table ronde. Les allusions qu'on croit y découvrir aux guerres d'Irlande, extrêmement vagues en elles-mêmes, sont empruntées aux textes des prophéties en prose, dont la date est bien connue. Je dois ajouter que toute mon attention n'a pas suffi pour y découvrir le moindre trait qui pût se rapporter au règne de Henry II. Il est vrai que le poëte donne au savoir de l'évêque Robert de Quesnet des éloges que la postérité n'a démentis ni confirmés; mais, dans la bouche de l'auteur de l'*Historia Britonum*, ces éloges ne sortent pas de la banalité des compliments obligés. J'en excepte pourtant le vers où l'on rappelle l'intérêt que les habitants de Lincoln avaient pris à l'élection du prélat :

> Sic etenim mores, sic vita probata genusque,
> Utilitasque loci, clerus populusque petebant.
> Unde modo felix Lincolnia fertur ad astra.

On peut, en effet, rapprocher ces vers de l'empressement que montra Robert de Quesnet, suivant Giraud de Galles, pour multiplier dans la ville de Lincoln les foires et les marchés.

J'ajouterai qu'il ne peut y avoir aucune raison sérieuse de croire que la *Vita Merlini* ait été adressée à Robert Grossetest, évêque de Lincoln dans la première moitié du treizième siècle. Ce

Robert fut sans doute un prélat très-savant, très-recommandable; il a laissé plusieurs ouvrages longtemps célèbres; mais il était de la plus basse extraction, et notre poëte, au nombre des éloges qu'il accorde à son patron, vante son illustre origine; ce qui convient parfaitement à Robert de Quesney, dont la famille était au rang des plus considérables de l'Angleterre.

C'est encore, à mon avis, bien gratuitement qu'on a voulu séparer du poëme les quatre derniers vers dans lesquels l'auteur recommande son œuvre à l'intérêt de la nation bretonne. Geoffroy, en rappelant la renommée de l'*Historia Britonum*, n'a rien exagéré, et, en se plaçant aussi haut dans l'estime publique, il n'a fait que suivre un usage assez ordinaire alors, et même dans tous les siècles. C'est ainsi que Gautier de Chastillon terminait son poëme d'Alexandre en promettant à l'archevêque de Reims, Guillaume, un partage égal d'immortalité :

> Vivemus pariter, vivet cum vate superstes
> Gloria Guillelmi, nullum moritura per ævum.

Les derniers vers de la *Vita Merlini* sont, dans le plus ancien manuscrit, de la même main que le reste de l'ouvrage; ce serait donc accorder à la critique une trop grande licence que lui permettre de supposer apocryphes tous les passages qui dans un ouvrage justifieraient l'opinion qu'elle voudrait contredire.

Alexandre était mort en 1147, et Geoffroy de Monmouth fut lui-même élevé au siége de Saint-Azaph, dans le pays de Galles, en 1151. Il est naturel de penser que ce fut dans l'intervalle de ces quatre années qu'il adressa la *Vita Merlini* à l'évêque Robert de Quesnet, successeur d'Alexandre.

Mais (dira-t-on, pour expliquer la différence des légendes) il y eut deux prophètes du nom de Merlin : l'un fils d'un consul romain, l'autre fils d'un démon incube; le premier, ami et conseiller d'Artus, le second, habitant des forêts; celui-ci surnommé *Ambrosius*, celui-là *Sylvester* ou le *Sauvage*. L'*Historia Britonum* a parlé du premier, et la *Vita Merlini* du second.

Je donnerai bientôt l'explication de tous ces doubles personnages de la tradition bretonne : mais il sera surtout facile de prouver à ceux qui suivront le progrès de la légende de Merlin que l'*Ambrosius*, le *Sylvester* et le *Caledonius* (car les Écossais ont aussi réclamé leur Merlin topique) ne sont qu'une seule et même personne.

Après avoir été, dans Nennius, fils d'un consul romain, et dans l'*Historia Britonum* fils d'un démon incube, Merlin deviendra dans le poëme français de Robert de Boron l'objet des faveurs égales du ciel et de l'enfer. Il aimera les forêts, tantôt celles de Calidon en Écosse, tantôt celles d'Arnante ou de Brequehen dans le Northumberland, tantôt celles de Broceliande dans la Cornouaille armoricaine. Cet amour de la solitude ne l'empêchera pas de paraître souvent à la Cour, d'être le bon génie d'Uter et de son fils Artus. Ainsi, Geoffroy de Monmouth a pu suivre une tradition qui faisait de la mère du prophète une princesse de Demetie, et du prophète devenu vieux un roi de ce petit pays; tandis que les continuateurs de Robert de Boron auront suivi la tradition continentale en le faisant retenir par Viviane dans la forêt de Broceliande. Mais ce double récit ne fait pas qu'il y ait eu réellement deux ou trois prophètes du nom de Merlin.

Réunissons maintenant les traits légendaires ajoutés dans le poëme latin à ceux que renfermait déjà l'*Historia Britonum*.

Merlin perd la raison à la suite d'un combat dans lequel il a vu périr plusieurs vaillants chefs de ses amis. Il prend en horreur le séjour des villes, et, pour se dérober à tous les regards, il s'enfonce dans les profondeurs de la forêt de Calidon.

Fit silvester homo, quasi silvis editus esset.

Sa sœur la reine Ganiede envoie des serviteurs à sa recherche. Un d'eux l'aperçoit assis sur les bords d'une fontaine et parvient à le faire rentrer en lui-même en prononçant le nom de Guendolene, et en formant sur la harpe de douloureux accords :

Cum modulis citharæ quam secum gesserat ultro.

Merlin consent à quitter les bois, à reparaître dans les villes. Mais bientôt le tumulte et le mouvement de la foule le replongent dans sa première mélancolie ; il veut retourner à la forêt. Ni les pleurs de sa femme, ni les prières de sa sœur, ne peuvent le fléchir. On l'enchaîne; il pleure, il se lamente. Puis tout à coup, voyant le roi Rodarcus détacher du milieu des cheveux de Ganiede une feuille verte qui s'y trouvait mêlée, il jette un éclat de rire. Le roi s'étonne et demande la raison de cet éclair de gaieté. Merlin veut bien répondre, à la condition qu'on lui ôtera ses chaînes et qu'on lui permettra de retourner dans les bois. Dès que la liberté lui est rendue, il dévoile les secrets de sa sœur, la reine Ganiede. Le matin même, elle avait prodigué ses faveurs à un jeune varlet, sur un lit de verdure dont une des feuilles était demeurée dans ses cheveux. Ganiede proteste de son innocence : « Comment, dit-elle, ajouter la « moindre foi aux paroles d'un insensé ! » Et, pour justifier le mépris que méritaient de telles accusations, elle fait prendre successivement trois déguisements à l'un des habitués du palais. Merlin interrogé annonce à cet homme trois genres de mort. La prédiction s'accomplit, mais beaucoup plus tard (1), et la reine, en attendant, triomphe de la fausse science du devin. On retrouvera dans le roman de Merlin cet épisode devenu célèbre.

(1) Sicque ruit, mersusque fuit lignoque pependit,
   Et fecit vatem per terna pericula verum.

Il faut remarquer que sir Walter Scott, d'après l'ancien chroniqueur écossais Fordun, a commis une étrange méprise en appliquant cette prophétie du triple genre de mort de la même personne à Merlin lui-même : » « Merlin, according to his own prediction, perished at « once by wood, earth and water. For being pursued with « stones by the rustics, he fell from a rock into the river « Tweed, and was transfixed by a sharp stake fixed there « for the purpose of extending a fish-net. » Et là-dessus de citer quatre vers dont les deux derniers appartiennent au poëme de Geoffroy :

   Inde perfossus, lapide percussus, et unda
   Hanc tria Merlini feruntur inire necem ;
   Sicque ruit mersusque fuit, lignoque prehensus,
   Et fecit vatem per terna pericula verum.

Nouvelle preuve de la facilité avec laquelle les traditions se transforment et se corrompent.

Merlin reprend le chemin de la forêt. En le voyant partir, sa femme et sa sœur semblent inconsolables : « O mon frère, » dit Ganiede, « que vais-je devenir, et que va devenir votre « malheureuse Guendolene ? si vous l'aban- « donnez, ne pourra-t-elle chercher un consola- « teur ? — Comme il lui plaira, » répond Merlin; « seulement celui qu'elle choisira fera bien d'é- « viter mes regards. Je reviendrai le jour qui « devra les unir, et j'apporterai mon pré- « sent de secondes noces. »

« Ipsemet interero donis munitus honestis,
« Dotaboque datam profuse Guendoloenam. »

Un jour, les astres avertissent Merlin retiré dans la forêt que Guendolene va former de nouveaux liens. Il rassemble un troupeau de daims et de chèvres, et lui-même, monté sur un cerf, arrive aux portes du palais et appelle Guendolene. Pendant qu'elle accourt assez émue, le fiancé met la tête à la fenêtre et se prend à rire à la vue du grand cerf que monte l'étranger. Merlin le reconnaît, arrache les bois du cerf, les jette à la tête du beau rieur et le renverse mort au milieu des invités. Cela fait, il pique des deux et veut regagner les bois; mais on le poursuit; un cours d'eau lui ferme le passage; il est atteint et ramené à la ville :

Adducuntque domum, vinctumque dedere sorori (1).

On ne voit pas que la mort du fiancé de Guendolene ait été vengée, et Merlin demeure l'objet du respect des gens de la cour. Pour lui rendre supportable le séjour des villes, le roi lui offre des distractions et le conduit au milieu des foires et des marchés. Merlin jette alors deux nouveaux ris dont le roi veut encore pénétrer la cause. Il met à ses réponses la même condition : on le laissera regagner sa chère forêt. D'abord il n'a pu voir sans rire un mendiant bien plus riche que ceux dont il sollicitait la charité, car il foulait à ses pieds un immense trésor. Puis il a ri d'un pèlerin achetant des souliers neufs et du cuir pour les ressemeler plus tard, tandis que la mort l'attendait dans quelques heures. Ces deux jeux se retrouveront dans le roman de Merlin.

Libre de retourner une seconde fois dans la forêt, le prophète console sa sœur et l'engage à construire sur la lisière des bois une maison pourvue de soixante-dix portes et de soixante-dix fenêtres : lui-même y viendra consulter les astres et raconter ce qui doit avenir. Soixante-

---

(1) Il n'y avait rien à tirer de ce singulier épisode, emprunté sans doute à quelque ancien lai. On n'en retrouve aucune trace dans les romans de la Table ronde.

dix scribes tiendront note de tout ce qu'il annoncera.

La maison construite, Merlin se met à prophétiser, et les clercs écrivent ce qu'il lui plaît de chanter :

> O rabiem Britonum quos copia divitiarum
> Usque superveniens ultra quam debeat effert!...

Après un long accès fatidique, le poëte, sans trop prendre souci de nous y préparer, fait intervenir Telgesinus ou Talgesin, qui, nouvellement arrivé de la Petite-Bretagne, raconte là ce qu'il a appris à l'école du sage Gildas. Le système que le barde développe résume les opinions cosmogoniques de l'école armoricaine. Il admet les esprits supérieurs, inférieurs et intermédiaires. Puis le vieux devin passe en revue les îles de la mer. L'île des Pommes, autrement appelée Fortunée, est la résidence ordinaire des neuf Sœurs, dont la plus belle et la plus savante est Morgen ; Morgen connaît le secret et le remède de toutes les maladies ; elle revêt toutes les formes ; elle peut voler comme autrefois Dédale, passer à son gré de Brest à Chartres, à Paris ; elle apprend la « mathématique » à ses sœurs, Moronoe, Mazoe, Gliten, Glitonea, Gliton, Tyronoe, Thyten, et l'autre Thyten, grande harpiste. « C'est dans l'*île Fortunée*, » ajoute Talgesin, « que, sous la conduite du sage pi-

LE POÈME LATIN : VITA MERLINI. 87

« lote Barinthe, j'ait fait aborder Artus, blessé
« après la bataille de Camblan; Morgen(1) nous
« a favorablement accueillis, et, faisant déposer
« le roi sur sa couche, elle a touché de sa main
« les blessures et promis de les cicatriser s'il
« voulait demeurer longtemps avec elle. Je
« revins, après lui avoir confié le roi. »

> Inque suis thalamis posuit super aurea regem
> Strata, manuque detexit vulnus honesta,
> Inspicitque diu, tandemque redire salutem
> Posse sibi dixit, si secum tempore longo
> Esset...

Monmouth, dans sa très-véridique histoire, s'était contenté de dire qu'Artus, *mortellement* blessé, avait été porté dans l'île d'Avalon pour y trouver sa guérison; ce qui présenterait une contradiction ridicule, si l'île d'Avalon et le pays des Fées n'étaient pas ordinairement, dans les chansons de geste et dans les traditions bretonnes, l'équivalent des Champs-Élysées chez les Anciens.

D'ailleurs, la description de cette île :

> Insula pomorum quæ Fortunata vocatur,

avec son printemps perpétuel et sa merveilleuse abondance de toutes choses, convient assez mal

---

(1) Morgen n'est pas encore dans le poëme la sœur d'Artus.

à cette île d'Avalon, qu'on crut plus tard reconnaître dans Glastonbury.

Un dernier trait de la légende galloise de Merlin se retrouve dans notre poëme. Merlin et Talgesin exposaient à qui mieux mieux les propriétés de certaines fontaines et la nature de certains oiseaux, quand ils sont interrompus par un fou furieux qu'on entoure et sur lequel on interroge Merlin : « Je connais cet homme, » dit-il; « il eut une belle et joyeuse jeunesse.
« Un jour, sur le bord d'une fontaine, nous
« aperçûmes plusieurs pommes qui semblaient
« excellentes. Je les pris, les distribuai à mes
« compagnons et n'en réservai pas une seule
« pour moi. On sourit de ma libéralité, et
« chacun s'empressa de manger la pomme qu'il
« avait reçue; mais l'instant d'après, les voilà
« tous pris d'un accès de rage qui les fait cou-
« rir dans les bois en poussant des cris et des
« hurlements effroyables. L'homme que vous
« voyez fut une des victimes. Les fruits cepen-
« dant m'étaient destinés et non pas à eux.
« C'était une femme qui m'avait longtemps
« aimé et qui, pour se venger de mon indiffé-
« rence, avait répandu ces fruits empoisonnés
« dans un lieu où je me plaisais à venir. Mais
« cet homme, en humectant ses lèvres de l'eau
« de la fontaine voisine, pourra retrouver sa
« raison. »

L'épreuve fut heureuse : l'insensé, revenu à lui-même, suivit Merlin dans la forêt de Calidon; Talgesin demanda la même faveur, et la reine Ganiede ne voulut pas non plus se séparer de son frère. Tous quatre s'enfoncèrent dans l'épaisseur des bois, et le poëme finit par une tirade prophétique chantée par Ganiede, devenue tout à coup presque aussi *prévoyante* que son frère.

Je l'ai déjà dit, ce poëme, expression de la tradition galloise du prophète Merlin, ne sera pas inutile au prosateur français, et nous permettra de mieux suivre les développements de la légende armoricaine, exprimée dans la seconde branche de nos Romans de la Table ronde.

IV.

SUR LE LIVRE LATIN DU GRAAL ET SUR LE POÈME DE JOSEPH D'ARIMATHIE.

ÉTABLISSONS d'abord comme un fait dont nous aurons plus tard à fournir les preuves, que les cinq branches romanesques qui forment le Cycle primitif de la Table ronde, bien que réunies assez ordinairement dans les anciens manuscrits, ont été séparément écrites, sans qu'on eût d'abord l'intention de les coordonner l'une à l'autre. Ces récits ont été disposés comme on les voit aujourd'hui par des *assembleurs* (il faut me permettre ce mot) qui, pour en effacer les disparates, en former les jointures, ont été conduits à des interpolations et additions assez nombreuses.

Le *Saint-Graal* et *Merlin* parurent les premiers. Un second auteur donna le livre d'*Artus*, que les assembleurs réunirent au Merlin. Un troisième fit le *Lancelot du Lac*; un quatrième, la *Quête du Saint-Graal*, qui compléta les récits précédents.

Ces livres, composés à des époques assez rapprochées, furent d'abord transcrits à petit nombre, en raison de leur longueur et du refus que faisaient les clercs de les admettre dans le trésor des maisons religieuses. On n'en trouvait çà et là un exemplaire que chez certains princes pour lesquels on les avait copiés et qui rarement les possédaient tous. Helinand, dont la chronique s'arrête à l'année 1209, n'en avait parlé que par ouï-dire, et Vincent de Beauvais, qui nous a conservé cette chronique en l'insérant dans le *Speculum historiale*, ne semble pas les avoir mieux connus. Voici les précieuses paroles d'Helinand :

« Anno 717. Hoc tempore, cuidam eremitæ
« monstrata est mirabilis quædam visio per An-

« gelum, de sancto Josepho, decurione nobili,
« qui corpus Domini deposuit de cruce; et de
« catino illo vel paropside in quo Dominus cœ-
« navit cum discipulis suis; de qua ab eodem
« eremita descripta est historia quæ dicitur
« *Gradal*. Gradalis autem vel Gradale dicitur
« gallicè scutella lata et aliquantulum profunda
« in qua pretiosæ dapes, cum suo jure » (dans
leur jus), « divitibus solent apponi, et dicitur
« nomine *Graal...* Hanc historiam latinè scrip-
« tam invenire non potui; sed tantum gallicè
« scripta habetur à quibusdam proceribus; nec
« facilè, ut aiunt, tota inveniri potest. Hanc
« autem nondum potui ad legendum sedulò
« ab aliquo impetrare. »

La curiosité, vivement éveillée, conduisit bientôt à la pensée de former un recueil unique de ces romans, devenus l'entretien de toutes les cours seigneuriales (1). En les étudiant aujourd'hui, on pourrait encore y distinguer la main des assembleurs. Ainsi, tandis que le romancier du Saint-Graal avait annoncé le livre comme apporté du ciel par Jésus-Christ, les assembleurs le donnent pour une histoire

(1) « *Ferebantur per ora,* » dit Alfred de Beverley, vers 1160, « *multorum narrationes de historia Britonum; « notamque rusticitatis incurrebat qui talium narra- « tionum scientiam non habebat.* » (Cité par sir Fred. Madden.)

faite de toutes les histoires du monde; messire de Boron l'aurait composée, tantôt seul et par le commandement du roi Philippe de France, tantôt avec l'aide de M⁰ Gautier Map, et par le commandement du roi Henry d'Angleterre. Ils privent le livre de Merlin de son dernier paragraphe, où se trouvait annoncée la suite de l'histoire d'Alain le Gros, et remplacent la branche promise par celle d'Artus. On lisait encore vers la fin du Merlin qu'Artus, à partir de son couronnement, « avait « longuement tenu son royaume en paix. » La ligne a été biffée, parce qu'immédiatement après on insérait le livre d'Artus, œuvre d'un autre écrivain, où d'abord étaient racontées les longues guerres d'Artus avec les Sept rois, avec Rion d'Islande, avec les Saisnes ou Saxons. Il faut prendre garde à toutes ces retouches, à ces interpolations, si l'on veut se rendre compte de la composition successive de ces fameux ouvrages.

Voilà tout ce que j'avais besoin de dire ici de l'ensemble des cinq grands romans, qui, comme on le pense bien, ne sont pas venus d'une manière fortuite, *prolem sine matre creatam*, changer le mouvement des idées et le caractère des œuvres littéraires. L'écrivain français auquel revient l'honneur d'avoir mis sur la trace d'une source si féconde est, ainsi que tous les critiques l'ont déjà reconnu, Robert de Boron. Robert de Boron n'est cependant pas l'auteur du roman (1) du *Saint-Graal*, comme l'ont dit et répété les assembleurs ; il n'a fait que le poëme de *Joseph d'Arimathie*.

Ce roman en vers est fondé sur une tradition que j'appellerais volontiers l'Évangile des Bretons, et qui remontait peut-être au troisième ou quatrième siècle de notre ère. Le pieux décurion qui avait mis le Christ au tombeau était devenu, sous la main des légendaires, l'apôtre de l'île de Bretagne. Il avait miraculeusement passé la mer, était venu fonder sur la Saverne, dans le Sommersetshire, le célèbre monastère de Glastonbury, et son corps y avait été déposé. Telle était l'ancienne croyance bretonne, et l'on peut voir combien elle était devenue chère à ce peuple, en se reportant aux dernières années du sixième siècle, quand le pape saint Grégoire, à la demande du roi saxon Ethelbert, envoya des prêtres romains pour travailler à la conversion des nouveaux conquérants. Les vieux Bretons s'indignèrent de cette intervention de l'évêque de Rome, qui venait ouvrir les portes du paradis à la race détestée de leurs

---

(1) Je préviens une fois pour toutes que je laisse au mot *roman* son ancienne signification de *livre écrit en français*.

oppresseurs. Et ce fut bien pis, quand Augustin, le chef de la mission, s'avisa de blâmer les formes consacrées de leur liturgie. « De « quel droit, » disaient-ils, « le Pape vient-il dé-« sapprouver nos cérémonies et contester nos « traditions ? Nous ne devons rien aux Romains ; « nous avons été jadis chrétiennés par les pre-« miers disciples de Jésus-Christ, miraculeuse-« ment arrivés d'Asie. Ils ont été nos pre-« miers évêques ; ils ont transmis à ceux qui « leur ont succédé le droit de sacrer et or-« donner les autres. »

Il faut voir, dans le beau livre des *Moines d'Occident*, l'histoire de cette grande et curieuse querelle. L'animosité prit alors d'assez larges proportions pour que les envoyés de Rome fussent accusés par les clercs bretons d'avoir provoqué la ruine et l'incendie du célèbre monastère de Bangor, centre de la résistance à la nouvelle liturgie. Que l'accusation ait ou n'ait pas été fondée, que les motifs de séparation aient été plus ou moins plausibles, il n'en faut pas moins admettre que, pour justifier une si longue obstination, le clergé breton devait alléguer une ancienne tradition qui ne s'accordait pas avec les traditions des autres églises et les décisions de la cour de Rome.

M. le comte de Montalembert, après avoir reconnu l'ancienneté de la légende de l'apostolat de Joseph d'Arimathie (1), refuse cependant, avec M. Pierre Varin, d'admettre que l'Église bretonne ait jamais eu la moindre tendance schismatique. Suivant lui, les Bretons, avant les Anglo-Saxons, croyaient bien devoir les premières semences de la foi à Joseph, « qui « n'aurait emporté de Judée pour tout trésor que « quelques gouttes du sang de Jésus-Christ ; et « c'est ainsi que le midi de la France faisait re- « monter ses origines chrétiennes à Marthe, « à Lazare, à Madeleine. Mais, » ajoute ailleurs le grand écrivain (2), « les usages bretons ne « différaient des usages romains que sur quel- « ques points qui n'avaient aucune importance ; « c'était sur la date à préférer pour la célébra- « tion de la fête de Pâques ; c'était sur la forme « de la tonsure monastique et sur les cérémo- « nies du baptême (3). » Si M. de Montalembert et les autorités qu'il allègue avaient pu devancer l'opinion générale et attacher quelque importance à la lecture du Saint-Graal, ils auraient assurément changé d'opinion ; ils auraient reconnu que les légendes

(1) *Moines d'Occident*, t. III, p. 24, 25.
(2) P. 87.
(3) Bède, après avoir parlé de cette supputation différente du temps pascal, ajoute pourtant : « Alia plurima unitati ecclesiasticæ contraria faciebant. Sed suas potius traditiones universis quæ per orbem concordant ecclesiis, præferebant » (lib. II, ch. 11).

vraies ou fabuleuses de l'arrivée en Espagne et en France de saint Jacques le Mineur, de Lazare, Marthe et Madeleine, pouvaient bien se concilier avec la tradition romaine, mais qu'il en avait été tout autrement de la légende de Joseph, qui, le faisant dépositaire du vrai sang de Jésus-Christ, le présentait comme le premier évêque investi par le Christ du droit de transmettre le sacrement de l'Ordre aux premiers clercs bretons, desquels seuls aurait procédé toute la hiérarchie sacerdotale, dans cette ancienne Église.

Bien que le Vénérable Bede n'ait pas déterminé quels étaient ces sentiments « contraires « à l'église universelle, — ces traditions que « les Bretons et les Scots mettaient au-dessus « de celles qui sont admises par toutes les Égli- « ses du monde, » peut-être dans la crainte de jeter un nouveau brandon dans le feu des résistances, il n'est pas malaisé de voir, dans son livre même, une sorte d'indication des points sur lesquels portait le désaccord. Au livre V, dans le chapitre XXI consacré à rappeler la vie de saint Wilfride, originaire d'Écosse et réformateur de plusieurs monastères, nous voyons le saint, avant même d'être tonsuré, apprendre les Psaumes et quelques autres livres (1). Puis, entré

(1) *Quia acri erat ingenii, didicit citissimè Psalmos et aliquos codices, necdum quidem attonsus.*

dans le monastère de Lindisfarn (1), Wilfride vient à penser, après un séjour de quelques années, que la voie du salut telle que la traçaient les Scots, ses compatriotes, était loin d'être celle de la perfection (2) : il prend donc le parti de se rendre à Rome, pour y voir quels étaient les rites ecclésiastiques et monastiques qu'on y observait. Arrivé dans cette ville, il doit à Boniface, savant archidiacre et conseiller du Souverain Pontife, les moyens d'apprendre dans leur ordre les *quatre Évangiles*, le comput raisonnable de Pâques, « et beaucoup d'autres choses qu'il n'avait pu apprendre dans sa patrie (3). » Arrêtons-nous ici. N'est-il pas singulier de voir Wilfride obligé d'aller à Rome pour y entendre les quatre Évangélistes? et n'est-il pas permis d'en conclure que les Scots, et à plus forte raison les Gallois, mettaient quelque chose au-dessus de ces quatre livres consacrés? En tout cas, on sait qu'ils refusaient de reconnaître le

(1) Aujourd'hui Holy-Island, en Écosse, à quatre lieues de Berwick.

(2) *Animadvertit animi sagacis minimè perfectam esse virtutis viam quæ tradebatur a Scotis.*

(3) *Veniens Romam, ac meditatim rerum ecclesiasticarum quotidiana mancipatus instantia, pervenit ad amicitiam viri sanctissimi Bonifacii... cujus magisterio quatuor Evangeliorum libros ex ordine didicit, computum Paschæ rationabilem et aliâ multa quæ in patria nequiverat, eodem magistro tradente, percepit.*

droit réclamé par les papes de nommer ou désigner leurs évêques. C'etait suivant eux du métropolitain d'York, que devait exclusivement procéder toute la hiérarchie de l'Église bretonne. Comment auraient-ils pu justifier cette prétention, sinon sur la foi d'un cinquième Évangile, ou du moins de seconds *Actes des Apôtres?* MM. Varin et de Montalembert triomphent en nous défiant de trouver, dans la liturgie bretonne, un autre rapport avec l'Église grecque que celui du comput pascal. Mais, d'abord, nous ne savons pas bien toutes les formes de cette liturgie bretonne; puis, nous comprenons sans peine que la tradition de l'apostolat de Joseph d'Arimathie, née peut-être de la possession de quelque relique attribuée à ce personnage, et déposée originairement dans le monastère de Glastonbury, que cette tradition, disons-nous, n'ait rien eu de commun avec les usages et les rites de l'Église byzantine. Les Bretons croyaient simplement avoir été faits chrétiens sans le secours de Rome, et ils ne tenaient qu'à rester indépendants de ce siége suprême.

Voilà donc quel fut le vrai sujet de la résistance du clergé breton aux missionnaires du pape Grégoire. Si les dissidences de ce genre ne constituent pas une tendance au schisme, je ne vois pas trop qu'on ait le droit d'appeler schismatiques les Arméniens, les Moscovites, et les Grecs. J'oserai donc appliquer à M. de Montalembert les paroles que notre romancier adresse au poëte Wace. Si le clergé breton ne lui semble pas avoir jamais décliné la suprématie du souverain pontife, c'est qu'il n'avait pas connaissance du livre du Saint-Graal, dans lequel il eut vu l'origine et les motifs de cette résistance incontestable.

Que les Bretons du sixième siècle aient reconnu pour leurs premiers apôtres les disciples du Sauveur, ou bien seulement le décurion Joseph d'Arimathie, cette tradition est, en tous cas, le fondement de l'édifice romanesque élevé dans le cours du douzième siècle. Passons de l'époque de la première conversion des Anglo-Saxons, à la fin du septième siècle, alors que l'antagonisme des deux Églises, exalté par le massacre des moines de Bangor et le triomphe des Saxons, n'a rien perdu de sa violence. Les deux derniers rois de race bretonne, Cadwallad et Cadwallader, ont été l'un après l'autre chercher un refuge en Armorique : le premier, auprès du roi Salomon (1), dont les vaisseaux le ramenèrent bientôt dans l'île ; le second, auprès du roi Alain

(1) La *Nef de Salomon* dont l'imagination gallo-bretonne a tiré un si merveilleux parti dans le *Saint-Graal* et la seconde partie de *Lancelot*, doit peut-être son inspiration à l'un des vaisseaux fournis par le roi breton Salomon à Cadwallad.

le Long, ou le Gros. Cadwallad, pour quelque temps rétabli, laissa dans les établissements saxons une trace sanglante et prolongée de son retour. Après sa mort, son fils Cadwallader, victime d'une lutte renouvelée, quitta et abandonna la Grande-Bretagne en promettant d'y revenir comme avait fait son père; mais, au lieu d'accepter les secours que semblait lui offrir Alain, il s'en va mourir à Rome, où le Pape le met au rang des saints et lui fait dresser un tombeau, objet de la vénération des pèlerins bretons. Ceux-ci, refoulés dans le pays de Galles, attendaient toujours de leurs princes la fin de la domination étrangère; car les bardes, dont l'influence se confondait avec celle des clercs, avaient annoncé que Cadwallad, d'abord, puis Cadwallader, étaient prédestinés à renouveler les beaux jours d'Artus, et que ce n'était pas en vain que Joseph d'Arimathie avait jadis apporté dans l'île le vase dépositaire du vrai sang de Jésus-Christ.

Je ne sais; mais tout me porte à croire que la tradition de ce vase miraculeux grandit au milieu des circonstances que je viens d'indiquer. Les noms de Cadwallad et d'Alain le roi de la Petite-Bretagne rappellent de trop près ceux de Galaad, chevalier destiné à retrouver le vase, et d'Alain le Gros, qui devait en être le gardien, pour nous permettre d'attribuer au hasard une telle coïncidence. Mais les rois Cadwallad, Cadwallader et Alain le Long, triple fondement de tant d'espérances, étant morts sans que le précieux sang eût été retrouvé, et que les Saxons eussent été chassés, la même confiance ne fut plus sans doute accordée aux bardes, aux devins, quand ils répétèrent que le triomphe des Bretons était seulement retardé, que l'heure de la délivrance sonnerait quand le corps de saint Cadwallader serait ramené en Bretagne, et quand on aurait retrouvé la relique tant regrettée et jusque-là si vainement cherchée.

Geoffroy de Monmouth, tout en se gardant de prononcer le nom de Joseph d'Arimathie et de son plat, s'est rendu l'interprète de ces espérances bretonnes.

« Cadwallader, » dit-il, « avait obtenu du
« roi Alain, son parent, la promesse d'une
« puissante assistance : la flotte destinée à la
« conquête de l'île de Bretagne était déjà prête,
« quand un ange avertit le prince fugitif de re-
« noncer à son entreprise. Dieu ne voulait
« pas rendre aux Bretons leur indépendance
« avant les temps prédits par Merlin : Dieu
« commandait à Cadwallader de partir pour
« Rome, de s'y confesser au Pape, et d'y ache-
« ver pieusement ses jours. A sa mort, il se-
« rait mis au rang des saints, et les Bretons
« verraient la fin de la domination saxonne

« quand sa dépouille mortelle serait ramenée
« en Bretagne et qu'on retrouverait certaines
« reliques saintes (1) qu'on avait enfouies
« pour les soustraire à la fureur des païens. »

Ce fut trente ans environ après la mort du roi Cadwallader, vers l'an 720, qu'un clerc du pays de Galles, prêtre ou ermite, s'avisa d'insérer dans un recueil de leçons ou de chants liturgiques l'ancienne tradition de l'apostolat de Joseph d'Arimathie et du précieux vase dont il avait été dépositaire. Pour donner à ce *Graduel* (voyez Du Cange, à *Gradale*) une incomparable autorité, il annonça que Jésus-Christ en avait écrit l'original, et lui avait ordonné de le copier mot à mot, sans y rien changer. Il avait, dit-il, obéi, et transcrit fidèlement l'histoire de l'amour particulier du Fils de Dieu pour Joseph, de la longue captivité de celui-ci, de sa délivrance miraculeuse, due au fils de l'empereur Vespasien, que la vue de l'image du Sauveur, empreinte sur le voile de la Véronique, avait guéri de la lèpre. Joseph, premier évêque sacré de la main de Jésus-Christ, avait reçu le privilége d'ordonner les autres évêques et de donner commencement à la hiérarchie ecclésiastique. Il était arrivé miracu-

(1) Tunc demum, revelatis etiam cæterorum sanctorum reliquiis, quæ propter paganorum invasionem absconditæ fuerant, amissum regnum recuperarent, etc.

leusement dans l'île de Bretagne, avait marié ses parents aux filles des rois de la contrée nouvellement convertis, et était mort après avoir remis le dépôt du vase précieux à Bron, son beau-frère, qui, plus tard, en avait confié la garde à son petit-fils, le Roi pêcheur. Le *Gradale* finissait par la généalogie, ou, comme dit Geoffroy Gaimar, la *transcendance* des rois bretons, tous issus des compagnons de Joseph d'Arimathie.

Ce livre fut conservé dans la maison religieuse où sans doute il avait été composé ; soit à Salisbury, comme prétend le pseudonyme auteur du livre de *Tristan*, soit plutôt à Glastonbury, que Joseph avait, dit-on, fondée, où l'on croyait posséder son tombeau, où l'on crut ensuite retrouver celui d'Artus. Mais l'influence que cette œuvre audacieuse devait exercer plus tard sur le mouvement littéraire ne fut pas celle que son auteur en avait attendue. Le clergé breton sentit de bonne heure le danger d'en faire usage, et recula devant les conséquences du schisme qu'elle n'eût pas manqué de provoquer. C'eût été rompre en effet avec l'Église romaine, et révoquer en doute les paroles de l'Évangile, qui font de saint Pierre la pierre angulaire de la nouvelle loi. Demeuré secret, le *Graal* breton fut, durant trois siècles, oublié ; du moins n'éveilla-t-il une sorte de curiosité respectueuse que parmi les bardes du pays de Galles. Peut-être même n'en aurait-on jamais parlé, sans les luttes de la papauté et de Henri II, sans le désir qu'eut un instant ce prince de rompre entièrement avec l'Église romaine.

L'auteur du *Liber Gradalis* avait rapporté sa vision à l'année 717. J'aurai bien étonné ceux qui ont jusqu'à présent étudié le roman du Saint-Graal, en avouant que cette date ne me semble pas chimérique, et que je la trouve même en assez bon accord avec la disposition d'esprit où pouvaient et devaient être les Bretons du huitième siècle. Ils avaient cessé de voir dans les deux Cadwallad et dans Alain les libérateurs prédestinés de la Bretagne : mais, bien que la tradition religieuse ne fût plus, dans leur imagination, liée aux aspirations patriotiques, la légende de Joseph était demeurée chère à tous ceux qui tenaient encore à la liturgie nationale. D'ailleurs ils s'étaient résignés à souffrir pour voisins les Anglo-Saxons, qu'ils ne voulaient pas avoir pour maîtres. Les leçons du *Gradale* ne faisaient plus mention de ces vieux ennemis de la race bretonne; elles ne présentaient plus ces noms mystérieux de *Galaad* et du Roi pêcheur comme le reflet, le dernier écho des espérances patriotiques longtemps fondées sur les rois Cadwallad et Cadwallader, sur le prince armoricain Alain le Long. Les traditions qui s'étaient liées un demi-siècle auparavant aux aspirations politiques avaient même perdu dans ce livre leur sens et leur portée. Galaad n'était déjà plus que l'heureux enquêteur, Alain que le gardien prédestiné du vase eucharistique, et le silence de l'auteur laissait croire que les Bretons n'avaient plus rien à attendre de cette relique, bien qu'on lui eût dû tout ce que les Bardes racontaient d'Artus. Mais, comme cet auteur affectait la prétention d'appartenir à la race des anciens rois bretons, il avait eu soin de rassembler les preuves de sa généalogie, depuis Bron, beau-frère de Joseph, jusqu'aux successeurs d'Artus. Or, je le répète, la date de 717, attribuée à la vision, répond à tout ce qu'il est permis de conjecturer des sentiments qui devaient animer les Gallo-Bretons de cette époque. Rien n'y fait disparate, et n'offre la moindre allusion aux tendances, aux événements du douzième siècle, époque de la forme romanesque imprimée aux leçons du *Gradale*. La seule intention qu'on puisse y reconnaître, c'est de constater la séparation de l'Église bretonne et de l'Église romaine, en glorifiant les princes que l'auteur déclarait ses ancêtres et dont un grand nombre de familles galloises prétendaient également descendre.

Occupons-nous maintenant du poëme de Joseph d'Arimathie, première expression française de toutes ces traditions gallo-bretonnes.

Robert de Boron n'eut pas sous les yeux le livre latin qui lui fournissait les éléments de son œuvre, ni le roman en prose, déjà, comme nous dirions, en voie d'exécution. Il en convient lui-même :

> Je n'ose parler ne retraire,
> Ne je ne le porroie faire,
> (Neis se je feire le voloie),
> Se je le grant livre n'aveie
> Où les estoires sont escrites,
> Par les grans clercs feites et dites.
> Là sont li grant secré escrit
> Qu'on nomme le Graal...

C'est-à-dire : « Je n'ose parler des secrets révé-
« lés à Joseph, et je voudrais les révéler que je
« ne le pourrais, sans avoir sous les yeux le
« grand livre où les grands clercs les ont rap-
« portées et qu'on nomme le *Graal*. »

D'ailleurs, en sa qualité de chevalier, il ne devait pas entendre le texte latin, comme il l'a prouvé en transportant au vase de Joseph le nom du livre liturgique ; mais je ne doute pas que le *Gradale* ne fût connu de Geoffroy de Monmouth, bien que dans sa fabuleuse histoire des Bretons il ait évité de dire un seul mot de Joseph d'Arimathie. La position de Geoffroy dut naturellement l'empêcher d'aborder un pareil sujet. Il était moine bénédictin; il aspirait aux honneurs ecclésiastiques, auxquels il ne tarda pas d'arriver : une grande réserve lui était donc commandée à l'égard d'un livre aussi contraire à la tradition catholique.

Pour Robert de Boron, il n'a voulu prendre parti ni pour ni contre les prétentions romaines ou galloises. On lui avait raconté une belle histoire de *Joseph d'Arimathie* et de la *Véronique*, consignée dans « un livre qu'on nom-« mait le Graal, » et d'une table faite à l'imitation de celle où Jésus-Christ avait célébré la Cène : il ne vit dans tout cela rien qui ne fût orthodoxe, et il ne crut pas un instant que l'amour de Jésus-Christ pour Joseph pût porter la moindre atteinte à l'autorité de saint Pierre et de ses successeurs. En un mot, il n'entendit pas malice à toutes ces histoires, et il ne les mit en français que parce qu'elles lui parurent faites pour plaire et pour édifier. Il n'en sera pas de même, comme nous verrons, de l'auteur du roman du *Saint-Graal*, qui, traducteur plus ou moins fidèle, ne craindra pas d'opposer aux droits de la souveraineté pontificale, les fabuleuses traditions de l'Église bretonne.

Maintenant il y a, j'en conviens, quelque

raison d'être étonné qu'un Français du comté de Montbelliart ait, le premier, révélé au continent l'existence d'une légende gallo-bretonne. Mais que savons-nous si Robert de Boron n'avait pas séjourné en Angleterre, ou si, dans un temps où les villes et les châteaux étaient le rendez-vous des jongleurs de tous les pays, quelqu'un de ces pèlerins de la gaie science ne lui avait pas raconté le fond de cette tradition religieuse? En tout cas, nous ne pouvons récuser son propre témoignage ; Robert s'est nommé, et il a nommé le chevalier auquel il soumettait son œuvre. Après avoir conté comment Joseph remit le vase qu'il nomme le *Graal* aux mains de Bron, comment étaient partis vers l'Occident Alain et Petrus : « Il me « faudrait, » ajoute-t-il, « suivre Alain et Pe- « trus dans les contrées où ils abordèrent, et « joindre à leur histoire celle de Moïse préci- « pité dans un abîme; mais

     Je bien croi
Que nus hons nes puet rassembler,
S'il n'a avant oï conter
Dou Graal la plus grant estoire (1),
Sans doute qui est toute voire.
A ce tens que je la retreis,
O mon seigneur Gautier en peis,

(1) La suite des histoires de Petrus, d'Alain et de Moïse, se retrouve en effet dans le roman en prose du Saint-Graal.

Qui de Monthelial esteit,
Unques retreite esté n'aveit
La grant estoire dou Graal,
Par nul home qui fust mortal.
Mais je fais bien à tous savoir
Qui cest livre vourront avoir,
Que se Diex me donne santé
Et vie, bien ai volenté
De ces parties assembler,
Se en livre les puis trouver.
Ausi, come d'une partie
Lesse que je ne retrai mie,
Ausi convenra-il conter
La quinte et les quatre oblier.

C'est-à-dire : « Mais quand je fis, sous les yeux de messire Gautier de Montbéliart, le roman qu'on vient de lire, je n'avais pu consulter la grande histoire du Graal, que nul mortel n'avait encore reproduite. Maintenant qu'elle est publiée, j'avertis ceux qui tiendront à la suite de mes récits, que j'ai l'intention d'en réunir toutes les parties, pourvu que je puisse consulter les livres qui les renferment. »

Je ne crois pas qu'on puisse entendre et développer autrement cet important passage, et j'en conclus que si Robert de Boron écrivit le poëme de Joseph avant la publication du Saint-Graal, c'est dans une tardive révision, seule parvenue jusqu'à nous, qu'il a réclamé le mérite de l'antériorité, afin de se justifier, soit de n'avoir pas suivi et continué la légende, soit d'arriver sans autre transition à l'histoire de Merlin, en attendant la suite des récits commencés dans le Joseph d'Arimathie. Eut-il le temps ou la volonté d'acquitter cette promesse? Je ne sais et n'en ai pas grand souci, puisque nous possédons les romans qu'il n'eût plus alors fait que tourner en vers.

J'ai dit qu'il était originaire du comté de Montbéliart. On trouve en effet, à quatre lieues de la ville de ce nom, un village de Boron, et ce village nous fait en même temps reconnaître un des barons de Montbéliart dans le personnage auprès duquel Robert composa son livre. J'ai longtemps hésité sur le sens qu'il fallait donner à ces deux vers :

> O monseigneur Gautier en peis
> Qui de Montbelial esteit.

En changeant quelque chose au texte, en lisant *Espec* au lieu d'*en peis*, en ne tenant pas compte du second vers, je m'étais demandé s'il ne serait pas permis de retrouver dans le patron de Robert de Boron, Gautier ou Walter Espec, ce puissant baron du Yorkshire, constamment dévoué à la fortune du comte Robert de Glocester, le protecteur de Geoffroy de Monmouth et de Guillaume de Malmesbury (1). Mais,

(1) Ce qui rendait l'attribution séduisante, c'est

après tout, nous n'avions pas le droit, même
au profit de la plus séduisante hypothèse, de
faire violence à notre texte pour donner à
l'Angleterre l'œuvre française d'un auteur français. Walter Espec n'a réellement rien de commun avec la ville de Montbéliart, située à
l'extrémité de l'ancien comté de Bourgogne;
et le nom de Gautier, qui appartenait alors

qu'un autre rimeur contemporain, Geoffroy Gaimar,
nous apprend que Walter Espac ou Espec lui avait
communiqué un livre d'histoires ou généalogies galloises :

>   Il (*Gaimar*) purchassa maint essemplaire,
>   Livres anglcis et par grammaire,
>   Et en romans et en latin;...
>   Il enveiad à Helmeslac
>   Pur le livre Walter Espac;
>   Robers li bons cuens de Glocestre
>   Fist translater icelle geste
>   Solunc les livres as Waleis
>   Qu'il aveient des Bretons reis.
>   Walter Espec la demanda,
>   Li quens Robers li enveia...
>   Geffray Gaimart cest livre escrist
>   Et les transcendances i mist
>   Que li Walleis orent lessié,
>   Que il avoit ains purchassié,
>   U fust à dreit u fust à tort,
>   Le bon livre d'Oxenefort
>   Ki fu Walter l'Arcediaen ;
>   S'en amenda son livre bien.

au plus célèbre des frères du comte de Montbéliart, ne permet pas de méconnaître, dans l'écrivain qui tirait son nom d'un lieu voisin de la ville de Montbéliart, un Français attaché au service de Gautier. Cette conjecture si plausible est d'ailleurs justifiée par le texte d'une rédaction en prose faite peu de temps après la composition originale. Voici comme les vers précédents y sont rendus : « Et au « temps que messire Robers de Boron lou « retrait à monseigneur Gautier, lou preu conte « de Montbeliart, ele n'aveit onques esté escrite « par nul homme. » Et un peu auparavant : « Et messire Robers de Boron qui cest conte « mist en autorité, par le congié de sainte « Église et par la proiere au preu conte de « Montbeliart en cui service il esteit... » Comment, à une époque aussi rapprochée de l'exécution du poëme, le prosateur aurait-il pu commettre la méprise d'attribuer à un chevalier de Gautier de Montbéliart l'œuvre d'un chevalier attaché au baron anglais Walter Espec ?

Reste une dernière incertitude sur le sens qu'on doit attacher à ces mots : *en peis :*

En ce tens que je le retreis
O monseigneur Gautier en peis
Qui de Monbelial esteit.

Remarquons d'abord que l'imparfait *esteit* s'applique assez naturellement à un personnage défunt : d'où la conjecture, qu'au moment où Boron parlait ainsi, Gautier de Montbéliart avait cessé de vivre. Alors ne peut-on reconnaître dans *en peis* le synonyme du latin *in pace,* lu sur tant d'anciennes inscriptions funéraires? (1) Je traduirais donc ainsi : « Au temps « où je travaillais à ce livre avec feu monsei- « gneur Gautier, de la maison de Montbé- « liart. »

Quelques mots maintenant sur ce dernier personnage, qui ne figure pas dans nos biographies dites universelles.

C'était le frère puîné du comte Richard de Montbéliart : il avait pris la croix au fameux tournoi d'Ecry, en 1199. Mais, au lieu de suivre les croisés devant Zara et Constantinople, il les avait devancés pour accompagner son parent Gautier de Brienne en Sicile. Joffroy de Villehardoin, le grand historien de la quatrième croisade, revenant de Venise en France pour y rendre compte du traité conclu avec les Vénitiens, avait rencontré, en passant le mont Cé-

(1) Voyez dans le précieux *Dictionnaire des Antiquités chrétiennes* de l'abbé Martigny, l'article *In pace,* mot que bon nombre d'épitaphes portent simplement, sans l'addition de *requiescat : Urse in pace — Achillen in pace; — Victori, — Donati, in pace.*

nis, le comte Gautier de Brienne, qui « s'en
« aloit en Poulle conquerre la terre sa femme,
« qu'il avoit espousée puis qu'il ot prise la
« crois, et qui estoit fille au roi Tancré. Avec
« lui aloit Gautier de Montbeliart, Robert de
« Joinville et grans partie de la bonne gent de
« Champaigne. Et quant Joffrois leur conta
« coment il avoient exploitié, si en orent
« moult grant joie et disrent : *Vous nous*
« *troverez tout près quant vous venrez.* Mais
« les aventures avienent si com à Nostre Sei-
» gnour plaist ; car onques n'orent povoir
« qu'il assemblassent à leur ost ; dont ce fut
« moult grant domage, quar moult estoient
« preudome et vaillant durement. »

De Pouille Gautier de Montbéliart passa dans l'île de Chypre, où il ne tarda pas à faire un grand établissement en épousant Bourgogne de Lusignan, sœur du roi Amaury. A la mort de ce prince arrivée en 1201, il obtint le bail ou régence du royaume de Chypre pendant la minorité de son neveu, le petit roi Hugon; enfin il mourut lui-même vers 1212, avec la réputation de prince opulent, habile et valeureux, mais sans avoir revu la France, dont il s'était éloigné quatorze ans auparavant.

Ce serait donc avant ce départ, avant l'année 1199, que Robert de Boron aurait composé le poëme de *Joseph d'Arimathie*, et après

1212 qu'il en aurait fait une sorte de révision. Or les romans en prose du *Saint-Graal* et de *Lancelot* sont antérieurs aux poëmes du *Chevalier au Lion*, de la *Charrette* et de *Perceval* qu'ils ont inspirés, et Chrestien de Troyes, auteur de ces poëmes, était mort vers 1190. Les romans en prose ont donc été faits avant cette année 1190 (1), et ont assurément suivi de très-près le *Joseph d'Arimathie*. Ainsi nous arrivons aux dates approximatives de 1160 à 1170 pour le *Joseph* et pour les romans en prose du *Saint-Graal* et de *Merlin*; à 1185 pour le *Chevalier au Lion* et la *Charrette*; enfin à 1214 ou 1215 pour notre remaniement du *Joseph d'Arimathie*.

Je ne prétends pas mettre ces supputations chronologiques à l'abri de toute incertitude; j'attendrai toutefois pour y renoncer qu'on en trouve de plus satisfaisantes. Et je le répète en finissant, si Robert de Boron avait écrit les vers du *Joseph* après la prose du *Saint-Graal*, il ne se serait pas avisé de dire qu'avant lui personne n'avait encore mis à la portée des laïques cette légende du *Saint-Graal*.

(1) M. le professeur Jonckbloet, de La Haye, dans un excellent travail sur les poëmes de Chrestien de Troyes, a mis hors de doute l'antériorité des romans en prose du *Lancelot* et de la *Quête du Graal* sur les poëmes de la *Charrette*, du *Chevalier au Lion* et de *Perceval*.

Avant qu'on soupçonnât l'existence du poëme de *Joseph d'Arimathie*, la critique était en droit de reconnaître l'œuvre de Robert de Boron dans le roman du *Saint-Graal*, qui lui est fréquemment attribué par les assembleurs du treizième siècle. La méprise n'est plus permise depuis que M. Francisque Michel a publié le *Joseph* (1). Le savant philologue le fit imprimer en 1841 (Bordeaux, in-12), avec l'exactitude qu'on était en droit d'attendre de lui. Malheureusement le texte unique qu'il avait reproduit était assez défectueux. Un feuillet en avait été enlevé; un autre semblait y avait été placé par méprise et se rapporter à quelque éloge de la vierge Marie. Mais la rédaction en prose permet de combler ces lacunes et de retrouver le sens des cinquante vers qui appartenaient au feuillet perdu.

J'ai déjà dit un mot de cette rédaction en prose, qui avait dû suivre de bien près le poëme original : sous cette forme, le récit semble avoir été plus goûté. Au moins en conservons-nous un assez grand nombre d'exem-

---

(1) Le seul manuscrit qui l'ait conservé vient de l'abbaye de Saint-Germain des Prés, et porte aujourd'hui, dans la Bibliothèque impériale, le n° 1987. Il est réuni à un texte de l'*Image du monde* de Gautier de Metz; ce qui vient encore à l'appui de l'origine présumée lorraine de la composition.

plaires (1), tandis qu'un seul manuscrit nous a jusqu'à présent révélé l'existence du poëme.

On pourra demander ici quelles raisons de croire que le poëme ait été le modèle suivi par celui qui nous en représente toute la substance en prose. Ces raisons, les voici : malgré l'intention que le prosateur avait de suivre pas à pas le poëme, il en a souvent mal rendu le véritable sens, et quelquefois il y a fait des additions impertinentes. Citons quelques exemples, que j'aurais pu facilement multiplier.

Le poëte, au vers 165, expose comment Jésus-Christ avait donné charge à saint Pierre d'absoudre les pécheurs, et comment saint Pierre avait délégué son pouvoir aux ministres de l'Église :

> A sainte eglise a Dieu doné
> Tel vertu et tel poesté :
> Saint Pierre son commandement
> Redona tout comunalment
> As menistres de sainte eglise ;
> Seur eus en a la cure mise.

Ces vers sont d'un sens plus clair pour nous qu'ils ne le furent pour notre prosateur; car il les rend ainsi :

(1) J'en ai jusqu'à présent reconnu quatre manuscrits : deux dans la Bibliothèque impériale, un à l'Arsenal, un autre dans le précieux cabinet de mon honorable ami M. Ambr.-Firmin Didot.

7.

« C'est pooirs dona nostre Sire sainte Église,
« et les comandemens des menistres dona mes-
« sire sains Pierres. »

Voici qui est plus fort : au vers 473, Robert de Boron avait écrit :

> D'ileques Joseph se tourna,
> Errant à la crois s'en ala,
> Jhesu vit, s'en ot pitié grant...

Puis, s'adressant aux gardiens du corps, Joseph dit, au vers 479 :

> Pilates m'a cest cors donné,
> Et si m'a dit et comandé
> Que je l'oste de cest despit...

Et plus loin encore, vers 503 :

> Ostez Jhesu de la haschie
> Où li encrismé l'ont posé.

Notre prosateur ne va-t-il pas s'imaginer que le mot *despit* (honte, outrage) du vers 482 était le nom particulier de la croix? « Lors
« s'entorna Joseph et vint droit à la croix qu'il
« apeloient *despit*..... Si li comanda que il alast
« au *Despit*, et lou cors Jhesu en ostast. »

Au vers 171, le poëte dit que la mort de Jésus-Christ avait racheté le péché de luxure dont Adam s'était rendu coupable :

> Ainsi fu luxure lavée
> D'ome, de femme, et espurée.

Peut-être le prosateur avait-il lu espousée au lieu d'*espurée*, ce qui l'a conduit à une énorme bévue : « Ainsi lava nostre sire luxure d'homme « et de femme, de pere et de mere par ma- « riage. » Mais le mariage, ayant été institué avant la chute d'Adam, ne devait rien à Jésus-Christ fait homme, et Boron n'avait rien dit de pareil.

C'est encore par suite d'une autre méprise que le prosateur qualifie du titre de comte de Montbéliart messire Gautier, qui ne fut jamais investi de ce fief, régulièrement recueilli par son frère aîné. Il serait superflu de donner d'autres moyens de distinguer le texte original de la mise en prose. D'ailleurs je craindrais de retenir trop longtemps mon lecteur sur une matière aride, en accumulant les arguments en faveur des allégations précédentes. Je dirai seulement qu'une étude opiniâtre m'a fait pénétrer dans les nombreux détours du terrain que j'avais à parcourir; que je crois avoir reconnu l'ordre chronologique des récits, la forme et l'étendue de chaque rédaction, la part qui revient à chacun des auteurs désignés ou anonymes. Je crois marcher sur un fond solide, et l'on peut me suivre avec confiance ; sauf à me confondre plus tard, si l'on parvient à détruire la force des raisons auxquelles je me suis rendu.

LIVRE PREMIER.

LE ROMAN EN VERS

DE

JOSEPH D'ARIMATHIE

PAR ROBERT DE BORON.

LE ROMAN EN VERS

DE JOSEPH D'ARIMATHIE.

Es pécheurs doivent savoir qu'avant de descendre en terre, Jésus-Christ avait fait annoncer par les prophètes sa venue et sa passion douloureuse. Tous jusque-là, rois, barons et pauvres gens, justes et coupables, passaient en enfer à la suite d'Adam et Ève, d'Abraham, Ysaïe, Jérémie. Le démon réclamait leur possession, et croyait avoir sur eux un droit absolu; car la justice éternelle devait être satisfaite. Il fallut que la rançon de notre premier père fût apportée par les trois personnes divines qui sont une seule et même chose. A peine Adam et Ève avaient-ils approché de leurs lèvres le fruit défendu, que, s'apercevant de leur nudité, ils étaient tombés dans le péché d'impureté (1). Dès ce moment s'évanouit le bonheur dont ils jouissaient. Ève conçut dans la douleur, leur postérité fut comme eux soumise à la mort, et le démon réclama de droit la possession de leurs âmes. Pour nous racheter de l'enfer, Notre-Seigneur prit naissance dans les flancs de la vierge Marie. Et quand il voulut être baptisé par saint Jean, il dit : « Tous ceux qui « croiront en moi et recevront l'eau du bap- « tême, seront arrachés au joug du démon, « jusqu'au moment où de nouveaux péchés les « rejetteront dans la première servitude. » Notre-Seigneur fit plus encore pour nous : il institua, comme un second baptême, la confession, par laquelle tout pécheur qui témoignait de son repentir obtenait le pardon de ses nouvelles fautes.

Or, au temps où Notre-Seigneur allait préchant par les terres, le pays de Judée était en partie soumis aux Romains, dont Pilate était

---

(1) Robert de Boron semble penser ici que Dieu avait interdit l'arbre de la science du bien et du mal, parce que la pomme fatale devait ouvrir leur imagination aux appétits charnels, et les priver ainsi de l'innocence dans laquelle ils avaient été créés. « Et ils virent qu'ils étaient nus, » se contente de dire la Genèse.

le bailli. Un prudhomme, nommé Joseph d'Arimathie, rendait à Pilate un service de cinq chevaliers. Dès que Joseph avait vu Jésus-Christ, il l'avait aimé de grand amour, bien qu'il n'osât pas le témoigner par la crainte des mauvais Juifs. Pour Jésus, il avait un petit nombre de disciples ; encore un d'entre eux, Judas, était-il des plus méchants. Judas avait dans la maison de Jésus la charge de sénéchal et touchait, à ce titre, une rente appelée dîme, sur tout ce qu'on donnait au maître. Or il arriva, le jour de la Cène, que Marie la Madeleine entra chez Simon, où Jésus était à table avec ses disciples; elle s'agenouilla aux pieds de Jésus et les mouilla de ses larmes ; puis elle les essuya de ses beaux cheveux, et répandit sur son corps un pur et précieux onguent. La maison fut aussitôt inondée des plus suaves odeurs; mais Judas, loin d'en être touché : « Ces parfums, » dit-il, « valaient bien trois cents deniers ; c'est donc « une rente de trente deniers dont on me fait « tort. » Dès l'heure, il chercha les moyens de réparer ce dommage (1).

(1) « Marie prit ensuite une livre d'huile de senteur d'un nard excellent et de grand prix, elle en lava les pieds de Jésus et les essuya avec ses cheveux ; et la maison fut embaumée de cette liqueur. — Alors Judas l'Iscariote, qui devait le livrer, dit : «Que n'a-t-on vendu

Il sut que dans la maison de l'évêque Chaiphas se tenait une assemblée de Juifs pour y délibérer sur les moyens de perdre Jésus. Il s'y rendit et offrit de livrer son maître, s'ils voulaient lui donner trente deniers. Un Juif aussitôt les tira de sa ceinture et les lui compta. Judas assigna le jour et le lieu où ils pourraient saisir Jésus : « N'allez pas, » dit-il, « pren-
« dre à sa place Jacques, son cousin germain,
« qui lui ressemble beaucoup : pour plus de
« sûreté, vous saisirez celui que je baiserai. »

Le jeudi suivant, Jésus, dans la maison de Simon, fit apporter une grande piscine, dans laquelle il ordonna à ses disciples de mettre les pieds, qu'il lava et qu'il essuya tous ensemble. Saint Jean lui demanda pourquoi il s'était servi de la même eau pour tous. « Cette
« eau, » répondit Jésus, « devient sale comme
« est l'ame de tous ceux dont je l'approche :
« les derniers sont pourtant lavés comme
« les premiers. Je laisse cet exemple à Pierre
« et aux ministres de l'Église. L'ordure de
« leurs propres péchés ne les empêchera pas

cette liqueur trois cents deniers et que ne les a-t-on donnés aux pauvres ? » Ce qu'il dit, non qu'il s'intéressât pour les pauvres, mais parce que c'était un voleur, et qu'étant chargé de la bourse, il avait entre les mains ce qu'on y mettait. » (S. Jean, chap. XI, v. 3.)

« d'enlever celle des pécheurs qui se confes-
« seront à eux (1). »

Ce fut dans cette maison de Simon que les Juifs vinrent prendre Notre-Seigneur. Judas en le baisant leur dit : « Tenez-le bien, car il « est merveilleusement fort. » Jésus fut emmené ; les disciples se dispersèrent. Sur la table était un vase où le Christ avait fait son sacrement (2). Un Juif l'aperçut, le prit et l'emporta dans l'hôtel de Pilate, où l'on avait

---

(1) Passage remarquable qui semble répondre au développement de l'axiome : *Fais ce que je dis, non ce que je fais*. On voit ici que Robert de Boron n'hésite pas à regarder Pierre comme le chef de l'Église. On ne retrouvera plus cela dans le *Saint-Graal*.

(2) Séans ot un vessel mout grant,
  Où Crist faiseit son sacrement.

Il serait naturel d'entendre par ce mot *sacrement* l'institution de l'Eucharistie. Cependant l'auteur semble plutôt désigner ici le bassin dans lequel Jésus-Christ avait lavé ses mains en rendant grâces après le repas. Il y aurait alors une méprise du copiste, qui aurait mis *sacrement* au lieu de *lavement*. On sait que saint Jean est le seul qui ait parlé du *lavement des pieds*, et qu'il n'a rien dit de l'Eucharistie. C'est peut-être parce que les inventeurs de la légende du Graal connaissaient seulement l'Évangile de saint Jean, qu'ils conçurent l'idée d'un vase eucharistique qui donnait cette autre explication de la présence réelle, dans le sacrifice de la messe.

conduit Jésus ; et quand le bailli, persuadé de l'innocence de l'accusé, demanda de l'eau pour protester contre le jugement, le Juif qui avait pris le vase le lui présenta, et Pilate, après s'en être servi, le fit mettre en lieu sûr.

Et quand Jésus fut crucifié, Joseph d'Arimathie vint trouver Pilate et lui dit : « Sire, « je vous ai longtemps servi de cinq chevaliers, « sans en recevoir de loyer ; je viens deman- « der pour mes soudées le corps de Jésus cru- « cifié. — Je l'accorde de grand cœur, » répondit Pilate. Aussitôt Joseph courut à la Croix ; mais les gardes lui en défendirent l'approche. « Car, » disaient-ils, « Jésus s'est « vanté de ressusciter le troisième jour ; s'il a « dit vrai, tant de fois ressuscitera-t-il, tant « de fois le referons-nous mourir. » Joseph revint à Pilate, qui, pour vaincre la résistance des gardes, chargea Nicodème de prêter main-forte. « Vous aimiez donc bien cet homme ! » dit Pilate ; « tenez, voici le vase dans lequel il a « lavé ses mains en dernier ; gardez-le en mé- « moire du juste que je n'ai pu sauver. » Pilate, d'ailleurs, ne voulait pas qu'on pût l'accuser de rien retenir de ce qui avait appartenu à celui qu'il avait condamné.

Ce ne fut pas sans peine que les deux amis triomphèrent de la résistance des gardes. Nicodème était entré chez un fèvre, et, lui ayant

emprunté tenailles et marteau, ils montèrent à la croix, en détachèrent Jésus. Joseph le prit entre ses bras, le posa doucement à terre, replaça convenablement les membres, et les lava le mieux qu'il put. Pendant qu'il les essuyait, il vit le sang divin couler des plaies; et, se souvenant de la pierre qui s'était fendue en recevant le sang que la lance de Longin (1) avait fait jaillir, il courut à son vase, et recueillit les gouttes qui s'échappaient des flancs, de la tête, des mains et des pieds : car il pensait qu'elles y seraient conservées avec plus de révérence que dans tout autre vaisseau. Cela fait, il enveloppa le corps d'une toile fine et neuve, le déposa dans un coffre qu'il avait fait creuser pour son propre corps, et le recouvrit d'une autre pierre que nous désignons sous le nom de tombe.

Jésus, le lendemain de sa mort, descendit en enfer pour délivrer les bonnes gens; puis il ressuscita, se montra à Marie la Madeleine, à ses disciples, à d'autres encore. Plusieurs morts, rappelés à la vie, eurent permission de visiter leurs amis avant de prendre place au Ciel. Voilà les Juifs bien émus, et les soldats chargés de garder le sépulcre bien inquiets

(1) Le nom grec de lance est λόγχη, d'où l'on a fait Longin, nom propre du soldat qui avait ouvert de sa *lance* le côté de Notre-Seigneur.

du compte qu'ils auraient à rendre. Pour échapper au châtiment, ils résolurent de s'emparer de Nicodème et de Joseph et de les faire mourir; puis, si l'on venait leur demander ce qu'ils avaient fait de Jésus, ils convinrent de répondre que c'était aux deux Juifs chargés de le garder de dire ce qu'il était devenu (1).

Mais Nicodème, averti à l'avance, parvint à leur échapper. Il n'en fut pas de même de Joseph, qu'ils surprirent au lit et auquel ils donnèrent à peine le temps de se vêtir, pour l'emmener et le faire descendre à force de coups dans une tour secrète et profonde. L'entrée de la tour une fois scellée, il ne devait plus jamais être question de lui.

Mais au besoin voit-on le véritable ami. Jésus lui-même descendit dans la tour, et se présenta devant Joseph, tenant à la main le vase où son divin sang avait été recueilli. « Joseph, » dit-il, « prends confiance. Je suis le Fils de Dieu, « ton Sauveur et celui de tous les hommes. » — « Quoi ! » s'écria Joseph, « seriez-vous le « grand prophète qui prit chair en la vierge « Marie, que Judas vendit trente deniers, que « les Juifs mirent en croix, et dont ils m'ac- « cusent d'avoir volé le corps ? — Oui ; et pour

---

(1) Cette circonstance se trouve dans l'Évangile de Nicodème.

« être sauvé il te suffit de croire en moi. —
« Ah ! Seigneur, » répondit Joseph, « ayez pitié
« de moi ; me voici enfermé dans cette tour, je
« dois y mourir de faim. Vous savez combien
« je vous ai aimé ; je n'osais vous le dire, par la
« crainte de n'en être pas cru, dans la mau-
« vaise compagnie que je hantais. — Jo-
« seph, » dit Notre-Seigneur, « j'étais au
« milieu de mes amis et de mes ennemis. Tu
« étais des derniers, mais je savais qu'au be-
« soin tu me viendrais en aide, et, si tu n'avais
« pas servi Pilate, tu n'aurais pas obtenu le
« don de mon corps. — Ah ! Seigneur, ne
« dites pas que j'aie pu recevoir un si grand
« don. — Je le dis, Joseph, car je suis aux
« bons comme les bons sont à moi. Je viens à
« toi plutôt qu'à mes disciples, parce qu'aucun
« d'eux ne m'a autant aimé que toi et n'a connu
« le grand amour que je t'ai porté : tu m'as
« détaché de la croix, sans vaine gloire, tu
« m'as secrètement aimé, je t'ai chéri de même,
« et je t'en laisse un précieux témoignage en te
« rapportant ce vase, que tu garderas jusqu'au
« moment où je t'apprendrai comment tu
« devras en disposer. »

Alors Jésus-Christ lui tendit le saint vaisseau
en ajoutant : « Souviens-toi que trois personnes
« devront en avoir la garde, l'une après l'autre.
« Tu le posséderas le premier, et, comme tu as

« droit à de bonnes soudées, jamais on n'of-
« frira le sacrifice sans faire mémoire de ce
« que tu fis pour moi.

« — Seigneur, » reprit Joseph, « veuillez
« m'éclaircir ces paroles.

« — Tu n'as pas oublié le jeudi où je fis la
« Cène chez Simon avec mes disciples. En bé-
« nissant le pain et le vin, je leur dis qu'ils
« mangeaient ma chair avec le pain, et qu'ils
« buvaient mon sang avec le vin. Or il sera fait
« mémoire de la table de Simon en maints
« pays lointains : l'autel sur lequel on offrira
« le sacrifice sera le sépulcre où tu me déposas;
« le corporal sera le drap dont tu m'avais en-
« veloppé ; le calice rappellera le vase où tu
« recueillis mon sang ; enfin le plateau (ou pa-
« tène) posé sur le calice signifiera la pierre dont
« tu scellas mon sépulcre.

« Et maintenant, tous ceux auxquels il sera
« donné de voir d'un cœur pur le vase que je
« te confie, seront des miens : ils auront satis-
« faction de cœur et joie perdurable. Ceux qui
« pourront apprendre et retenir certaines pa-
« roles que je te dirai auront plus de pouvoir
« sur les gens, et plus de crédit près de
« Dieu. Ils n'auront jamais à craindre d'être
« déchus de leurs droits, d'être mal jugés, et
« d'être vaincus en bataille, quand leur cause
« sera juste. »

« Je n'oserais, » dit ici Robert de Boron,
« conter ni transcrire les hautes paroles ap-
« prises à Joseph, et je ne le pourrais faire,
« quand j'en aurais la volonté, si je n'avais par-
« devers moi le grand livre, écrit par les grands
« clercs, et où l'on trouve le grand secret
« nommé le Graal. »

Jésus-Christ ne quitta pas Joseph sans l'avertir qu'il serait un jour affranchi de sa prison. Il y demeura plus de quarante ans; on l'avait complétement oublié en Judée, quand arriva dans la ville de Rome un pèlerin, jadis témoin de la prédication, des miracles et de la mort de Jésus. L'hôte qui l'hébergeait lui apprit que Vespasien, le fils de l'Empereur, était atteint d'une affreuse lèpre qui le forçait à vivre séparé de tous les vivants. Il était renfermé dans une tour sans fenêtre et sans escalier, et chaque jour on déposait sur une étroite lucarne le manger qui le soutenait. « Ne sauriez-vous, » ajouta l'hôte, « indiquer un remède à sa maladie ? — Non, » répondit le pèlerin, « mais je sais qu'au pays d'où je viens,
« il y avait dans ma jeunesse un grand pro-
« phète qui guérissait de tous les maux. Il se
« nommait Jésus de Nazareth. Je l'ai vu re-
« dressant les boiteux, illuminant les aveugles,
« rendant sains les gens pourris de lèpre. Les
« Juifs le firent mourir; mais, s'il vivait encore,

« je ne doute pas qu'il n'eût le pouvoir de
« guérir Vespasien. »

L'hôte alla conter le tout à l'Empereur, qui voulut entendre lui-même le pèlerin. Il apprit de lui que la chose s'était passée en Judée, dans la partie romaine de la contrée soumise à l'autorité de Pilate. « Sire, » dit le pèlerin, « envoyez de vos plus sages conseillers pour en-
« querre ; et, si je suis trouvé menteur, faites-
« moi trancher la tête. »

Les messagers furent envoyés avec recommandation, dans le cas où les récits du pèlerin seraient trouvés sincères, de chercher les objets qui pouvaient avoir appartenu au prophète injustement condamné.

Pilate, auquel ils s'adressèrent, leur raconta les enfances de Jésus, ses miracles, la haine des Juifs, les vains efforts qu'il avait faits pour l'arracher de leurs mains, l'eau qu'il avait demandée pour protester contre sa condamnation et le don fait à l'un de ses chevaliers du corps du prophète. « J'ignore, » ajouta-t-il,
« ce que Joseph est devenu : personne ne m'en
« a parlé, et peut-être les Juifs l'ont-ils tué,
« noyé, ou mis en prison. »

L'enquête faite en présence des Juifs justifia le récit de Pilate, et les messagers, ayant demandé si l'on n'avait pas conservé quelque objet venant de Jésus : « Il y a, » répondit un

Juif, « une vieille femme nommé Verrine qui garde son portrait ; elle demeure dans la rue de l'École. »

Pilate la fit venir, et, tout bailli qu'il était, fut contraint de se lever, quand elle parut devant lui. La pauvre femme, effrayée et craignant un mauvais parti, commença par nier qu'elle eût un portrait ; mais, quand les messagers l'eurent assurée de leurs bonnes intentions et lui eurent appris qu'il s'agissait pour eux de trouver un remède à la lèpre du fils de l'Empereur, elle dit : « Pour rien au monde je ne
« vendrais ce que je possède : mais, si vous
« jurez de me le laisser, j'irai volontiers à
« Rome avec vous et j'y porterai l'image. »

Les messagers promirent ce que Verrine souhaitait et demandèrent à voir la précieuse image. Elle alla ouvrir une huche, en tira une guimpe, et, l'ayant couverte de son manteau, revint bientôt vers les envoyés de Rome, qui se levèrent comme avait fait auparavant Pilate. « Écoutez, » dit-elle, « comment je la reçus : je
« portais ce morceau de fine toile entre les
« mains, quand je fis rencontre du prophète
« que les Juifs menaient au supplice. Il avait
« les mains liées d'une courroie derrière le dos.
« Ceux qui le conduisaient me prièrent de lui
« essuyer le visage, je m'approchai, je passai
« mon linge sur son front ruisselant de sueur,

« puis je le suivis : on le frappait à chaque pas
« sans qu'il exhalât de plaintes. Rentrée dans
« ma maison, je regardai mon drap, et j'y vis
« l'image du saint prophète. »

Verrine partit avec les messagers. Arrivée devant l'Empereur, elle découvrit l'image, et l'Empereur s'inclina par trois fois, bien qu'il n'y eût là ni bois, ni or, ni argent (1). Jamais il n'avait vu d'image aussi belle. Il la prit, la posa sur la lucarne qui tenait à la tour de son fils, et Vespasien n'eut pas plutôt arrêté les yeux sur elle qu'il se trouva revenu dans la plus parfaite santé.

Ne demandez pas si le pèlerin et Verrine furent grandement récompensés de ce qu'ils avaient dit et fait. « L'image fut conservée à
« Rome comme relique précieuse ; on la vénère
« encore aujourd'hui sous le nom de la *Véro-*
« *nique.* » Pour le jeune Vespasien, son premier vœu fut de témoigner de sa reconnaissance, en vengeant le prophète auquel il devait la santé. L'Empereur et lui parurent bientôt en Judée à la tête d'une armée nombreuse. Pilate fut mandé, et, pour prévenir la défiance des Juifs, Vespasien le fit conduire en prison comme

---

(1) La peinture, au douzième siècle, employait constamment l'or sur les tablettes qui recevaient le dessin et la couleur, soit pour remplir les fonds, soit pour varier les vêtements.

accusé d'avoir voulu soustraire Jésus au supplice. Les Juifs, persuadés qu'on entendait les récompenser, vinrent à qui mieux mieux se vanter d'avoir eu grande part à la mort de Jésus. Quel ne fut pas leur effroi quand ils se virent eux-mêmes saisis et chargés de chaînes ! L'Empereur fit attacher à la queue des chevaux indomptés trente des plus coupables. « Rendez-nous le prophète Jésus, » leur dit-il, « ou nous « vous traiterons tous de même. » Ils répondirent : « Nous l'avions laissé prendre par Joseph, « c'est à Joseph seul qu'il faudrait le demander. » Les exécutions continuèrent ; il en mourut un grand nombre. « Mais, » dit un d'entre eux, « m'accorderez-vous la vie si j'indique où l'on « a mis Joseph ? » — « Oui, » dit Vespasien, « tu éviteras à cette condition la torture et « conserveras tes membres. » Le Juif le conduisit au pied de la tour où Joseph était enfermé depuis quarante-deux ans. « Celui, » dit Vespasien, « qui m'a guéri, peut bien avoir conser-« vé la vie de son serviteur. Je veux pénétrer « dans la tour. »

On ouvre la tour, il appelle ; personne ne répond. Il demande une longue corde, et se fait descendre dans les dernières profondeurs ; alors il aperçoit un rayon lumineux et entend une voix : « Sois le bienvenu, Vespasien ! que viens-« tu chercher ici ? — Ah ! Joseph, » dit

Vespasien en l'embrassant, « qui donc a pu te
« conserver la vie et me rendre la santé ? » —
« Je te le dirai, » répond Joseph, « si tu con-
« sens à suivre ses commandements. » —
« Me voici prêt à les entendre. Parle.

« — Vespasien, le Saint-Esprit a tout créé,
« le ciel, la terre et la mer, les éléments, la
« nuit, le jour et les quatre vents. Il a fait aussi
« les archanges et les anges. Parmi ces der-
« niers il s'en trouva de mauvais, pleins d'or-
« gueil, de colère, d'envie, de haine, de men-
« songe, d'impureté, de gloutonnerie. Dieu
« les précipita des hauteurs du ciel ; ce fut
« une pluie épaisse qui dura trois jours et trois
« nuits (1). Ces mauvais anges formaient trois
« générations : la première est descendue en
« Enfer : leur soin est de tourmenter les âmes.
« La seconde s'est arrêtée sur la terre : ils s'at-
« tachent aux femmes et aux hommes pour les
« perdre et les mettre en guerre avec leur
« Créateur ; ils tiennent registre de nos péchés
« afin qu'il n'en soit rien oublié. Ceux de la

(1) Milton, je ne sais d'après quelle autorité, a prolongé de six jours le temps que les mauvais anges mirent
à descendre du haut des cieux dans le fond des enfers :

> Nine times the space that measures day and night
> To mortal men, he with his horrid crew
> Lay vainquished, rolling in the fiery gulf...
> (Book I.)

« troisième génération séjournent dans l'air :
« ils prennent diverses formes, usent de flèches
« et de lances, dont ils percent les âmes des
« hommes pour les détourner de la droite voie.
« Telle est leur généalogie. Pour les anges de-
« meurés fidèles, ils ont leur hôtel dans le ciel
« et ne sont plus soumis à la tentation des
« mauvais esprits. »

Joseph dit ensuite comment, pour combler le vide laissé dans le Paradis par la désobéissance des anges, Dieu avait créé l'homme et la femme; comment le grand Ennemi, ne le pouvant souffrir, avait ménagé la chute de nos premiers parents, et comment il se croyait assuré de les entraîner dans le même abîme, le Paradis ne pouvant supporter la moindre souillure. Mais Dieu avait envoyé son Fils sur la terre pour fournir la rançon exigée par la Justice. « C'est
« ce Fils que les Juifs ont fait mourir, qui nous
« a rachetés des tourments d'Enfer, qui m'a
« sauvé et qui t'a guéri. Crois donc à ses com-
« mandements, et reconnais que Dieu, Père,
« Fils et Saint-Esprit, sont une seule et même
« chose. »

Vespasien n'hésita pas à confesser les vérités qu'on lui apprenait. Il remonta, fit dépecer la tour, d'où sortit Joseph entièrement sain de corps et d'esprit. « Voici Joseph que vous ré-
« clamez, » dit-il aux Juifs, « c'est à vous

« maintenant à me rendre Jésus-Christ » Ils ne surent que répondre, et Vespasien ne tarda plus à faire d'eux bonne et sévère justice. On cria par son ordre qu'il donnerait trente Juifs pour un denier à qui voudrait les acheter. Quant à celui qui avait indiqué la prison de Joseph, on le fit entrer en mer avec toute sa famille dans un vaisseau sans agrès qui les porta là où Dieu voulut les conduire.

C'est ainsi que Vespasien vengea la mort de Notre-Seigneur.

Or Joseph avait une sœur appelée Enigée, mariée à un Juif nommé Bron : les deux époux, en apprenant que Joseph était encore vivant, accoururent et lui crièrent merci. « Ce n'est
« pas à moi qu'il la faut demander, mais à Jésus
« ressuscité, auquel vous devez croire. » Ils accordèrent tout ce qu'on voulait et décidèrent leurs amis à suivre leur exemple. « Et
« maintenant, » dit Joseph, « si vous êtes sin-
« cères, vous abandonnerez vos demeures, vos
« héritages ; vous me suivrez et nous quitterons
« le pays. » Ils répondirent qu'ils étaient prêts à l'accompagner partout où il voudrait les conduire.

Joseph les mena en terres lointaines; ils y demeurèrent un grand espace de temps, fortifiés par ses bons enseignements. Ils s'adonnaient à la culture des champs D'abord tout alla comme ils voulaient, tout prospérait chez eux ; mais un temps vint où Dieu parut se lasser de les favoriser ; rien ne répondait plus à leurs espérances. Les blés se desséchaient avant de mûrir, et les arbres cessaient de donner des fruits. C'était la punition du vice d'impureté auquel plusieurs d'entre eux s'abandonnaient. Dans leur affliction, ils s'adressèrent à Bron, le beau-frère de Joseph, et le prièrent d'obtenir de Joseph qu'il voulût bien leur dire si leur malheur venait de leurs péchés ou des siens.

Joseph eut alors recours au saint vaisseau. Il s'agenouilla tout en larmes, et, après une courte oraison, pria l'Esprit-Saint de lui apprendre la cause de la commune adversité. La voix du Saint-Esprit répondit : « Joseph, le péché ne « vient pas de toi ; je vais t'apprendre à sépa- « rer les bons des mauvais. Souviens-toi qu'é- « tant à la table de Simon, je désignai le dis- « ciple qui devait me trahir. Judas comprit « sa honte et cessa de converser avec mes dis- « ciples. A l'imitation de la Cène, tu dresseras « une table, tu commanderas à Bron, l'époux « de ta sœur Enigée, d'aller pêcher dans la « rivière voisine et de rapporter ce qu'il y « prendra. Tu placeras le poisson devant le « vase couvert d'une toile, justement au milieu « de la table. Cela fait, tu appelleras ton peu- « ple; quand tu seras assis précisément à la

« place que j'occupais chez Simon, tu diras à
« Bron de venir à ta droite, et tu le verras
« laisser entre vous deux l'intervalle d'un siége.
« C'est la place qui représentera celle que Ju-
« das avait quittée. Elle ne sera remplie que
« par le fils du fils de Bron et de ta sœur
« Enigée.

« Quand Bron sera assis, tu diras à ton peu-
« ple que, s'ils ont gardé leur foi en la sainte
« Trinité, s'ils ont suivi les commandements
« que je leur avais transmis par ta bouche, ils
« peuvent venir prendre place et participer à
« la grâce que Notre-Seigneur réserve à ses
« amis. »

Joseph fit ce qui lui était commandé. Bron alla pêcher, et revint avec un poisson que Joseph plaça sur la table, auprès du saint vaisseau. Puis Bron ayant, sans en être averti, laissé une place vide entre Joseph et lui, tous les autres approchèrent de la table, les uns pour s'y asseoir, les autres pour regretter de n'y pas trouver place. Bientôt ceux qui étaient assis furent pénétrés d'une douceur ineffable qui leur fit tout oublier. Un d'entre eux, cependant, nommé Petrus, demanda à ceux qui étaient restés debout s'ils ne sentaient rien des biens dont lui-même était rempli. « Non, rien, » répondirent-ils. — « C'est apparemment, » dit Petrus, « que vous êtes salis du vilain péché

« dont Notre-Seigneur veut que vous receviez
« la punition. »

Alors, couverts de honte, ils sortirent de la maison, à l'exception d'un seul, nommé Moïse, qui fondait en larmes et faisait la plus laide chère du monde. Joseph cependant commanda à ses compagnons de revenir chaque jour participer à la même grâce, et c'est ainsi que fut faite la première épreuve des vertus du saint vaisseau.

Ceux qui étaient sortis de la maison refusaient de croire à cette grâce qui remplissait de tant de douceurs le cœur des autres : « Que
« sentez-vous donc ? » disaient-ils en se rapprochant d'eux, « quelle est cette grâce dont vous
« nous parlez ? Ce vaisseau dont vous nous van-
« tez les vertus, nous ne l'avons pas vu. —
« Parce qu'il ne peut frapper les yeux des pé-
« cheurs. — Nous laisserons donc votre com-
« pagnie ; mais que pourrons-nous dire à ceux
« qui demanderont pourquoi nous vous avons
« quittés ? — Vous direz que nous autres som-
« mes restés en possession de la grâce de Dieu,
« Père, Fils et Saint-Esprit. — Mais comment
« désignerons-nous le vase qui semble vous tant
« agréer ? — Par son droit nom, » répondit Petrus, « vous l'appellerez *Gréal*, car il ne sera
« jamais donné à personne de le voir sans le
« prendre en *gré*, sans en ressentir autant de
« plaisir que le poisson quand de la main qui le

« tient il vient à s'élancer dans l'eau. » Ils retinrent le nom qu'on leur disait et le répétèrent partout où ils allèrent, et depuis ce temps on ne désigna le vase que sous le nom de *Graal* ou *Gréal*. Chaque jour, quand les fidèles voyaient arriver l'heure de tierce, ils disaient qu'ils allaient à la grâce, c'est-à-dire à l'office du *Graal*.

Or Moïse, celui qui n'avait pas voulu se séparer des autres bons chrétiens, et qui, rempli de malice et d'hypocrisie, séduisait le peuple par son air sage et la douleur qu'il témoignait, Moïse fit prier instamment Joseph de lui permettre de prendre place à la table. « Ce n'est
« pas moi, » dit Joseph. « qui accorde la grâce.
« Dieu la refuse à ceux qui n'en sont pas di-
« gnes. Si Moïse veut essayer de nous tromper,
« malheur à lui ! — Ah ! Sire, » répondent les autres, « il témoigne tant de douleur de ne
« pas être des nôtres (1), que nous devons l'en
« croire. — Eh bien ! » dit Joseph, « je le de-
« manderai pour vous. »

Il se mit à genoux devant le Graal et demanda pour Moïse la faveur sollicitée.

« Joseph, » répondit le Saint-Esprit, « voici
« le temps où sera faite l'épreuve du siége placé

---

(1) C'est ici qu'un feuillet du manuscrit a été enlevé. Nous le suppléons à l'aide de la rédaction en prose.

« entre toi et Bron. Dis à Moïse que, s'il est tel
« qu'il le prétend, il peut compter sur la grâce
« et s'asseoir avec vous. »

Joseph étant retourné vers les siens : « Dites
« à Moïse que, s'il est digne de la grâce, nul ne
« peut la lui ravir; mais qu'il ne la réclame pas
« s'il ne le fait de cœur sincère. — Je ne re-
« doute rien, » répond Moïse, « dès que Joseph
« me permet de prendre siége avec vous. »
Alors ils le conduisirent au milieu d'eux, dans la
salle où la table était dressée.

Joseph s'asseoit, Bron et chacun des autres,
à leur place accoutumée. Alors Moïse regarde,
fait le tour de la table et s'arrête devant le siége
demeuré vide à la droite de Joseph. Il avance, il
n'a plus qu'à s'y asseoir : aussitôt voilà que
le siége et lui disparaissent comme s'ils n'a-
vaient jamais été, sans que le divin service
soit interrompu. Le service achevé, Petrus
dit à Joseph : « Jamais nous n'avons eu tant
« de frayeur. Dites-nous, je vous prie, ce que
« Moïse est devenu. — Je l'ignore, » répondit Joseph, « mais nous pourrons le savoir
« de Celui qui nous en a déjà tant appris. »

Il s'agenouilla devant le vaisseau : « Sire,
« aussi vrai que vous avez pris chair en la vierge
« Marie (1) et que vous avez bien voulu souf-

---

(1) Ici finit la lacune dans le poëme.

« frir la mort pour nous, que vous m'avez dé-
« livré de prison et que vous avez promis de
« venir à moi quand je vous en prierais, ap-
« prenez-moi ce que Moïse est devenu, pour
« que je puisse le redire aux gens que vous
« avez confiés à ma garde. »

« Joseph, » répondit la voix, « je t'ai dit
« qu'en souvenir de la trahison de Judas, une
« place doit rester vide à la table que tu fon-
« dais. Elle ne sera pas remplie avant la venue
« de ton petit-neveu, fils du fils de Bron et
« d'Enigée.

« Quant à Moïse, j'ai puni son hypocrisie et
« l'intention qu'il avait de vous tromper. Comme
« il ne croyait pas à la grâce dont vous étiez
« remplis, il espérait vous confondre. On ne
« parlera plus de lui avant le temps où viendra le
« délivrer celui qui doit remplir le siége vide (1).

« Désormais, ceux qui désavoueront ma com-
« pagnie et la tienne réclameront le corps de
« Moïse et auront grand sujet de l'accuser (2). »

---

(1) Tout cela a été changé dans la seconde composition, le *Saint Graal*. Ce n'est plus le petit-fils de
Bron, petit-neveu de Joseph, qui doit remplir le siége
vide, c'est Galaad, à la suite des temps. Avant lui,
Lancelot doit ouvrir le gouffre où fut précipité Moïse
qu'il ne délivrera pas.

(2)   Qui recréront ma compagnie
            Et la teue, ne doute mie,

Or Bron et Enigée avaient douze enfants qui, devenus grands, les embarrassèrent. Enigée pria son époux de demander à Joseph ce qu'ils devaient en faire. — « Je vais, » répondit Joseph, « consulter le Saint Vaisseau. » Il se mit à genoux, et cette fois un ange fut chargé de lui répondre. « Dieu, » dit-il, « fera pour tes ne-
« veux ce que tu peux désirer. Il leur permet
« à tous de prendre femmes, à la condition de
« se laisser conduire par celui d'entre eux qui
« n'en prendra pas. »

Bron, quand ces paroles lui furent rapportées, réunit ses enfants et leur demanda quelle vie ils voulaient mener. Onze répondirent qu'ils désiraient se marier. Le père leur chercha et trouva des femmes auxquelles il les unit dans

De Moyses se clameront
Et durement l'accuseront.

Le dernier vers jette un peu d'incertitude sur le sens. Le texte en prose rend ainsi le passage : *Et cil qui recroiront ma compagnie clameront la sepulture cors Moys.* Cet endroit semble rappeler d'un côté l'épître de saint Jude, vers 5 et 9; de l'autre l'Évangile saint Matthieu, ch. XXIII, § 1, 2 et 3:

« Jésus, parlant au peuple et à ses disciples, dit :
« — Les Scribes et les Pharisiens sont sur la *chaire*
« *de Moïse*. — Observez et faites ce qu'ils diront, mais
« ne faites pas comme eux; car ils disent et ne font
« pas. »

les formes primitives de sainte Église (1). Il leur recommanda de garder loyalement la foi de mariage, et d'être toujours purs et unis de cœur et de pensées.

Un seul, nommé Alain, dit qu'il se laisserait écorcher avant de prendre femme. Bron le conduisit à son oncle Joseph, qui l'accueillit en riant : « Alain doit m'appartenir, » dit-il; « je « vous prie, ma sœur et mon frère, de me le « donner. » — Alors, le prenant entre ses bras : « Mon beau neveu, » dit-il, « réjouissez-vous, « Notre-Seigneur vous a choisi pour glorifier « son nom. Vous serez le chef de vos frères, et « vous les gouvernerez. »

Il revint au Graal, pour demander comment il devait instruire son neveu. « Joseph, » répondit la voix, « ton neveu est sage et prêt à recevoir « tes instructions. Tu lui feras confidence du « grand amour que je te porte et à tous ceux « qui sont endoctrinés sagement. Tu lui con- « teras comment je vins en terre pour y souffrir « mort honteuse ; comment tu lavas mes plaies « et reçus mon sang dans ce vaisseau ; et com- « ment j'ai fait le plus précieux don à toi, à « ton lignage et à tous ceux qui voudront mé-

---

(1) Prisrent les selonc la viez loi,
  Tous sans orgueil et sans bufoi,
  En la forme de sainte Église.
        (V. 295.)

« riter d'y avoir part. Grâce à ce don, vous
« serez bien accueillis partout, vous ne déplairez
« à personne; je soutiendrai votre cause dans
« toutes les cours, et vous n'y serez jamais con-
« damnés pour des délits que vous n'aurez pas
« commis. Quand Alain sera instruit de tout
« cela, apporte le saint vaisseau; montre-lui le
« sang qui sortit de mon corps; avertis-le des
« ruses qu'emploie l'ennemi pour décevoir ceux
« que j'aime : surtout, qu'il se garde de colère,
« la colère aveugle les hommes et les éloigne
« de la bonne voie : qu'il se défie des plaisirs
« de la chair et n'hésite pas à glorifier mon
« nom devant tous ceux dont il approchera. Il
« aura la garde de ses frères et sœurs; il les
« conduira dans la contrée la plus reculée de
« l'Occident.

« Demain, quand vous serez tous assemblés,
« une grande clarté descendra sur vous, vous
« apportera un bref à l'adresse de Petrus, pour
« l'avertir de prendre congé de vous. Ne lui dé-
« signez pas la route à suivre; lui-même vous
« indiquera celle qui conduit aux Vaus d'A-
« varon (1); il y demeurera jusqu'à l'arrivée du

(1) Ces Vaus d'Avaron, vers Occident, rappellent les fontaines d'*Alaron* que le poëme de Merlin place en Grande-Bretagne :

Sic Bladudus eos, regni dum sceptra teneret,
Constituit nomenque suæ consortis *Alaron* (v. 873).

« fils d'Alain, qui lui révélera la vertu de ton
« saint vaisseau, et lui apprendra ce que Moïse
« est devenu. »

Joseph fit ce qui lui était commandé. Il enseigna le jeune Alain, que Dieu remplit de sa grâce. Il lui conta ce qu'il savait lui-même de Jésus-Christ et ce que la voix lui en avait encore appris.

Puis, le lendemain, ils furent tous au service du Graal, et virent descendre du ciel une main lumineuse qui déposa le bref sur la sainte table. Joseph le prit, et appelant Petrus : « Beau frère,
« Jésus, qui nous racheta d'enfer, vous a nommé
« son messager. Voici le bref qui vous revêt de
« cet office : apprenez-nous de quel côté vous
« pensez aller. — Vers Occident, » répond Petrus, « dans une terre sauvage, nommée les
« Vaus d'Avaron; c'est là que j'attendrai tout
« de la bonté de Dieu. »

Cependant les onze enfants de Bron, conduits par Alain qu'ils agréèrent pour leur guide, avaient pris congé de leurs parents. Ils se rendirent en terres lointaines, annonçant à tous ceux qu'ils rencontraient le nom de Jésus. Partout Alain gagnait la faveur de ceux qui l'écoutaient.

Mais Petrus, cédant aux prières de ses amis, consentait à demeurer un jour de plus au milieu d'eux. Et l'ange du Seigneur dit à Joseph :

« Petrus a bien fait de retarder son départ; Dieu
« veut le rendre témoin des vertus du Graal.
« Bron, que le Seigneur avait déjà choisi pour
« pêcher le poisson, gardera le Graal après toi.
« Il apprendra de toi comment il se doit main-
« tenir, et quel amour Jésus-Christ eut pour
« toi. Tu lui diras les paroles douces, pré-
« cieuses et saintes appelées *les secrets du Graal*.
« Puis tu lui remettras le saint vaisseau, et dé-
« sormais ceux qui voudront lui donner son
« vrai nom l'appelleront *le Riche Pêcheur*. »
Puis l'ange du Seigneur ajouta : « Tous tes
« compagnons doivent se diriger vers l'Occi-
« dent : Bron, le Riche Pêcheur, prendra la
« même route et s'arrêtera où le cœur lui dira. Il
« y attendra le fils de son fils, pour lui re-
« mettre le vase et la grâce attachée à sa pos-
« session. Celui-ci en sera le dernier déposi-
« taire. Ainsi se trouvera accompli le symbole
« de la bienheureuse Trinité, par les trois pru-
« d'hommes qui auront eu le vase en garde.
« Pour toi, après avoir remis le Graal à Bron,
« tu quitteras le siècle et entreras dans la joie
« perdurable réservée aux amis de Dieu (1). »

(1) Il y a une sorte de contradiction entre ces vers :

Et tu, quant tout ce fait aras,
Dou siecle te departiras,
Si venras en parfaite joie

Joseph fit ce que lui commandait la voix. Le lendemain, après le service du Graal, il apprit à tous ses compagnons ce qu'il avait entendu, à l'exception de la parole sacrée que Jésus-Christ lui avait révélée dans la prison; parole seulement transmise au Riche Pêcheur, qui la mit en écrit avec d'autres secrets que les laïques ne doivent pas entendre.

Le troisième jour après le départ de Petrus, Bron, désormais gardien du Graal, dit à Joseph : « J'ai la volonté de m'éloigner, je te demande « congé de le faire. — De grand cœur, » répond Joseph, « car ta volonté est celle de « Dieu. » C'est ainsi qu'il se sépara du Riche Pêcheur, dont on a depuis tant parlé (1).

> Qui as boens est et si est moie;
> Ce est en pardurable vie... (V. 3395.)

et ce qu'on lit plus loin, après le récit du départ de Bron :

> Ainsi Joseph se demoura...
> En la terre là ù fu nez :
> Et Joseph si est demourés. (V. 3455.)

Mais ces derniers vers sont transposés et peut-être sottement ajoutés. En tous cas, que Joseph soit retourné en Syrie ou soit mort après le départ de Bron, d'Alain et de Petrus, on voit que Robert ne le faisait pas aborder en Albion.

(1)   Dont furent *puis* maintes paroles
    Contées, qui ne sont pas folles.
        (V. 3457.)

Messire Robert de Boron dit : « Maintenant
« il conviendrait de savoir conter ce que devint
« **Alain**, le fils de **Bron** ; en quelle terre il par-
« vint ; quel héritier put naître de lui, et quelle
« femme put le nourrir. — Il faudrait dire la vie
« que **Petrus** mena, en quels lieux il aborda,
« en quels lieux on devra le retrouver. — Il
« faudrait apprendre ce que **Moïse** devint, après
« avoir été si longuement perdu ; — puis enfin où
« alla le **Riche Pêcheur**, où il s'arrêtera et
« comment on pourra revenir à lui.

« Ces quatre choses séparées, il faudrait les
« réunir et les exposer, chacune comme elles
« doivent l'être : mais nul homme ne les pour-
« rait assembler, s'il n'a d'abord entendu conter
« les autres parties de la grande et véridique
« histoire du **Graal** ; et dans le temps où je la
« retraçais (1), avec feu monseigneur **Gautier**,
« qui était de **Mont-Belial**, elle n'avait encore
« été retracée par nulle personne mortelle.
« Maintenant je fais savoir à tous ceux qui au-
« ront mon œuvre que, si Dieu me donne vie et
« santé, j'ai l'intention de reprendre ces quatre
« parties, pourvu que j'en trouve la matière en
« livre. Mais, pour le moment, je laisse non-
« seulement la branche que j'avais jusque-là

---

(1)   Et ce tens que je la *retreis*,...
      Unques *retraite* esté n'aveit.

« poursuivie, mais même les trois autres qui
« en dépendaient, pour m'attacher à la cin-
« quième, en promettant de revenir un jour
« aux précédentes. Car, si je négligeais d'en
« avertir, je ne sais personne au monde qui ne
« dût les croire perdues, et qui pût deviner
« pourquoi je les aurais laissées. »

TRANSITION.

ᴇʟ est le premier livre ou, pour mieux parler, l'introduction primitive de tous les Romans de la Table ronde. Après l'histoire de *Joseph d'Arimathie*, Robert de Boron, laissant en réserve la suite des aventures d'Alain, de Bron, de Petrus et de Moïse, aborde une autre *laisse* ou branche, celle de *Merlin*, dont nous trouverons la seule forme entièrement conservée, dans le roman en prose du même nom.

Mais occupons-nous d'abord du roman en prose du *Saint-Graal*, deuxième forme de la légende de *Joseph* que Robert de Boron avait versifiée.

Ce n'est plus, comme dans le poëme, un interprète plus ou moins exact de la légende galloise du *Graal;* c'est l'auteur du *Graal* qui, parlant en son nom, va rapporter à Jésus-Christ lui-même la rédaction, la communication du livre.

Cet auteur ne se nomme pas, et nous a donné de sa réserve trois raisons peu satisfaisantes. S'il se faisait connaître, dit-il, on aurait peine à croire que Dieu eût révélé d'aussi grands secrets à une personne aussi humble; on n'aurait pas pour le livre le respect qu'il mérite; enfin on rendrait l'auteur responsable des fautes et des méprises que peuvent commettre les copistes. Ces raisons, dis-je, ne sont pas bonnes. Dieu, qui lui ordonnait de transcrire le livre, ne lui avait pas en même temps recommandé de cacher son nom; s'il avait été jugé digne de recevoir une telle faveur, il ne devait pas prendre souci de ce qu'en diraient les envieux; enfin la crainte des méprises et des interpolations que pouvaient commettre les copistes ne devait pas lui causer plus d'inquiétude qu'elle n'en avait causé à Moïse, aux Apôtres, à tant d'auteurs sacrés ou profanes. Il ne s'est pas nommé, pour entourer sa prétendue révélation d'un mystère plus impénétrable; mais c'est là ce qu'il ne pouvait dire : seulement il eût pu se dispenser d'alléguer d'autres excuses.

Il s'est donné pour un prêtre, retiré dans un ermitage éloigné de tous chemins frayés. Laissons-le maintenant parler en abrégeant son récit :

« Le jeudi saint de l'année 717, après avoir achevé l'office de Ténèbres, je m'endormis, et bientôt je crus entendre d'une voix éclatante ces mots : *Éveille-toi : écoute d'une trois, et de trois une.* J'ouvris les yeux, je me vis entouré d'une splendeur extraordinaire. Devant moi se tenait un homme de la plus merveilleuse beauté : « As-tu bien compris mes « paroles ? » dit-il. — « Sire, je n'oserais l'as-« surer. — C'est la reconnaissance de la Tri-« nité. Tu doutais que dans les trois personnes « il n'y eût qu'une seule déité, une seule puis-« sance. Peux-tu maintenant dire qui je suis ? « — Sire, mes yeux sont mortels ; votre grande « clarté m'éblouit, et la langue d'un homme ne « peut exprimer ce qui est au-dessus de l'hu-« manité. »

« L'inconnu se baissa vers moi et souffla sur mon visage. Aussitôt mes sens se développèrent, ma bouche se remplit d'une infinité de langages. Mais, quand je voulus parler, je crus voir jaillir de mes lèvres un brandon de feu qui arrêta les premiers mots que je voulus prononcer. « Prends confiance, » me dit l'inconnu. « Je suis la source de toute vérité, la fon-« taine de toute sagesse. Je suis le Grand Maî-« tre, celui dont Nicodème a dit : *Nous savons* « *que vous êtes Dieu.* Je viens, après avoir « confirmé ta foi, te révéler le plus grand « secret du monde. »

« Alors il me tendit un livre qui eût aisément tenu dans le creux de la paume : « Je te con-« fie, » dit-il, « la plus grande merveille que

« l'homme puisse jamais recevoir. C'est un livre
« écrit de ma main, qu'il faut lire du cœur, au-
« cune langue mortelle ne pouvant en prononcer
« les paroles sans agir sur les quatre éléments,
« troubler les cieux, agiter les airs, fendre la
« terre et changer la couleur des eaux. C'est
« pour tout homme qui l'ouvrira d'un cœur
« pur la joie du corps et de l'âme, et quiconque
« le verra n'aura pas à craindre de mort su-
« bite, quelle que soit même l'énormité de ses
« péchés. »

« La grande lumière que j'avais eu déjà tant de peine à soutenir s'accrut alors au point de m'aveugler. Je tombai sans connaissance, et, quand je sentis mes esprits revenir, je ne vis plus rien autour de moi, et j'aurais tenu pour songe ce qui venait de m'arriver, si je n'eusse retrouvé dans ma main le livre que le Grand Maître m'avait donné. Je me relevai alors, rempli d'une douce joie; je fis mes prières, puis je regardai le livre et y trouvai au premier titre : *C'est le commencement de ton lignage.* Après l'avoir lu jusqu'à Prime (1), il me sembla l'avoir à peine commencé, tant il y avait de lettres dans ces petites pages. Je lus encore jusqu'à Tierce, et continuai à suivre les

---

(1) Six heures du matin. — *Tierce* répond à neuf; *Sexte, None* et *Vêpres* à midi, trois et six heures.

degrés de mon lignage et le récit de la bonne vie de ceux qui m'avaient précédé. Auprès d'eux, je n'étais qu'une ombre d'homme, tant j'étais loin de les égaler en vertu. En avançant dans le livre, je lus : *Ici commence le saint Graal.* Puis, le troisième titre : *C'est le commencement des Peurs.* Puis un quatrième titre : *C'est le commencement des Merveilles.* Un éclair brilla devant mes yeux, suivi d'un coup de tonnerre. La lumière persista, je n'en pus soutenir l'éclat, et tombai une seconde fois sans connaissance.

« J'ignore combien de temps je demeurai ainsi. Quand je me relevai, je me trouvai dans une obscurité profonde. Peu à peu le jour revint, le soleil reprit sa clarté, je me sentis pénétré des odeurs les plus délicieuses, et j'entendis les plus doux chants que j'eusse encore entendus; les voix d'où ils partaient semblaient me toucher, mais je ne les voyais ni ne pouvais les atteindre. Elles louaient Notre-Seigneur et disaient en refrain : *Honneur et gloire au Vainqueur de la mort, à la source de la vie perdurable!*

« Ces paroles huit fois répétées, les voix s'arrêtèrent; j'entendis un grand bruissement d'ailes, suivi d'un parfait silence : il ne resta que les parfums dont la douceur me pénétrait.

« None arriva, je me croyais encore aux premières lueurs du matin. Alors je fermai le livre et commençai le service du vendredi saint. On ne consacre pas ce jour-là, parce que Notre-Seigneur l'a choisi pour y mourir. En présence de la réalité, on ne doit pas recourir à la figure; et, si l'on consacre les autres jours, c'est en mémoire du vrai sacrifice du vendredi (1).

« Comme je me disposais à recevoir mon Sauveur et que j'avais déjà fait trois parts de pain, un ange vint, me prit par les mains et me dit : « Tu ne dois pas employer ces trois parts, avant « d'avoir vu ce que je vais te montrer. » Alors il m'éleva dans les airs, non en corps, mais en esprit, et me transporta dans un lieu où je fus inondé d'une joie que nulles langues ne sauraient exprimer, nulles oreilles entendre, nuls cœurs ressentir. Je ne mentirais pas en disant que j'étais au troisième ciel où fut transporté saint Paul; mais, pour n'être pas accusé de vanité, je dirai seulement que là me fut découvert le grand secret que, suivant saint Paul, aucune parole humaine ne pourrait exprimer. L'ange me dit : « Tu as vu de grandes merveilles, pré- « pare-toi à la vue de plus grandes. » Il me porta plus haut encore, dans un lieu cent fois

---

(1) « Car là où la vérité vient, la figure doit arrières
« estre mise. Les autres jours sacre-l'en en remem-
« brance de ce que il fu sacrefiés. Mais à celui jour du
« saint venredi fu-il veraiement sacrefiés; car il n'i a
« point de senifiance, puis que li jours est venus que il fu
« voirement sacrefiés. »

plus clair que le verre, et cent fois plus étincelant de couleurs. Là j'eus vision de la Trinité, de la distinction du Père, du Fils et du Saint-Esprit, et de leur réunion dans une même forme, une même déité, une même puissance. Que les envieux ne me reprochent pas d'aller ici contre l'autorité de saint Jean l'Évangéliste, quand il nous a dit que *les yeux mortels ne verront et ne pourront voir jamais le Père éternel*; car saint Jean entendait les yeux du corps, tandis que l'âme peut voir, quand elle est séparée du corps, ce que le corps l'empêcherait d'apercevoir.

« Comme j'étais en telle contemplation, je sentis le firmament trembler, au bruit du plus éclatant tonnerre. Une infinité de Vertus célestes entourèrent la Trinité, puis se laissèrent tomber comme en pâmoison. L'ange alors me prit et me ramena où il m'avait pris. Avant de rendre à mon âme son enveloppe ordinaire, il me demanda si j'avais vu de grandes merveilles. — « Ah! si grandes, » répondis-je, « que nulle langue ne pourrait les raconter. — « Reprends donc ton corps, et, maintenant que « tu n'as plus de doutes sur la Trinité, va di- « gnement recevoir celui que tu as appris à « connaître. »

L'ermite, ainsi rentré en possession de son corps, ne vit plus l'ange, mais seulement le livre,

qu'il lut après avoir communié et qu'il déposa dans la châsse où l'on enfermait la boîte aux hosties. Il ferma le coffre à la clef, retourna dans son *habitacle*, et ne voulut plus toucher au livre avant d'avoir chanté le service de Pâques. Mais quelle fut sa surprise et sa douleur quand, après l'office, il ouvrit la châsse et ne l'y retrouva plus, quoique la porte n'en eût pas été défermée ! Bientôt une voix lui apporta ces paroles : « Pourquoi t'étonner que ton livre
« ne soit plus où tu l'avais enfermé ? Dieu
« n'est-il pas sorti du sépulcre sans en re-
« muer la pierre ? Voici ce que le Grand Maître
« te commande : demain matin, après avoir
« chanté la messe, tu déjeuneras, puis entreras
« dans le sentier qui mène au grand chemin.
« Ce chemin te conduira à celui de la Prise,
« auprès du Perron. Tu te détourneras un peu
« et prendras vers la droite le sentier qui conduit
« au carrefour des Huit Voies, dans la plaine de
« Valestoc. Arrivé à la fontaine de Pleurs, où
« fut jadis la grande tuerie, tu trouveras une
« bête étrange chargée de te guider. Quand tes
« yeux la perdront de vue, tu entreras dans la
« terre de Norgave (1), et là sera le terme de
« ta quête. »

(1) Je n'ai retrouvé la trace d'aucun de ces noms de lieu. Je suis assez disposé à les croire défigurés.

« Le lendemain, » reprend ici l'ermite, « je fis ce qui m'était commandé. Je sortis de mon habitacle en faisant le signe de la croix sur la porte et sur moi. Je passai le Perron, arrivai au Val des morts, que je reconnus aisément pour y avoir autrefois vu combattre les deux meilleurs chevaliers du monde. Je marchai pendant une lieue galloise (1) et j'arrivai au carrefour : devant moi, sur le bord d'une fontaine, s'élevait une croix, et sous la croix gisait la bête dont l'ange m'avait parlé. En me voyant, elle se leva ; plus je la regardais, moins je reconnaissais sa nature. Elle avait la tête et le cou d'une brebis, de la blancheur de la neige tombée. Ses pieds, ses jambes, étaient d'un chien noir, sa croupe et son corps d'un renard, son poil et sa queue d'un lion. Dès qu'elle me vit faire le signe de la croix, elle se leva, gagna le carrefour et prit à droite la première voie. Je la suivis d'aussi près que mon âge et ma faiblesse le permettaient : à l'heure de Vêpres, elle quitta le grand chemin frayé pour aborder une longue coudrière, dans laquelle elle marcha jusqu'à la chute du jour. Alors nous nous enfonçâmes dans une vallée profonde ombragée d'une épaisse forêt. Nous arrivâmes ainsi de-

---

(1) « Une lieuve galesche. » Je crois que ces lieues sont les milles, dont les Anglais ont le bon sens de préférer le nom traditionnel à celui de *double kilomètre*.

vant une loge (1) : à la porte se tenait un vieillard en habit de religion. Le prud'homme en me voyant ôta son chaperon, se mit à genoux, et demanda ma bénédiction. — « Je suis, » lui dis-je, « un pécheur comme vous, et ne puis « vous la donner. » Mais j'eus beau faire, il ne se leva qu'après avoir été béni. Alors il me prit par la main, me conduisit dans sa loge et me fit partager son repas. J'y reposai la nuit, et le lendemain, après avoir chanté, comme le bon homme m'en avait prié, je me remis en chemin, et trouvai à la fin de l'enclos la bête qui m'avait conduit jusque-là. Je continuai à la suivre dans la forêt, et nous arrivâmes, vers midi, dans une belle lande (2) : là s'élevait le Pin dit *des aventures*, sous lequel coulait une belle fontaine, dont le sable était rouge comme feu ardent, et l'eau froide comme glace. Chaque jour elle devenait à trois reprises verte comme émeraude et amère comme fiel. La bête se coucha sous le Pin : comme j'allais m'asseoir auprès d'elle, je vis venir à moi sur un cheval en sueur un valet qui, descendant près de la fontaine, détacha de son cou une toile et

---

(1) Ancien synonyme de petit logis. Il est encore usité par les bûcherons et forestiers.

(2) Ce mot reviendra si souvent qu'il faut le conserver : c'est une terre non cultivée, comme il y en avait tant alors.

me dit à genoux : « Madame vous salue, celle
« qui dut au Chevalier au cercle d'or sa déli-
« vrance (1), le jour que celui que bien con-
« naissez vit la grande merveille. Elle vous
« envoie à manger. » Il développa la toile, en
tira des œufs, un gâteau blanc et chaud, un
hanap et un barillet plein de cervoise. Je mangeai avec appétit, puis je dis au valet de recueillir ce qui restait et de le reporter à la
dame en lui rendant grâce de son envoi.

« Le valet s'éloigna, et je repris mon chemin
à la suite de la bête. Nous sortîmes du bois au
déclin du jour, et arrivâmes à un carrefour,
devant une croix de bois. Là s'arrêta la bête :
j'entendis un bruit de chevaux, puis parurent
trois chevaliers. « Bien êtes-vous venu ! » me
dit le premier en descendant; il me prit par la
main, me pria de venir héberger chez lui.
« Emmenez les chevaux, » dit-il à son écuyer.
Je suivis les deux chevaliers jusqu'à l'hôtel. Le
premier crut me reconnaître à un signe que
j'avais sur moi; il m'avait vu dans un lieu qu'il
me nomma. Mais je ne voulus rien lui dire de
ce que j'avais en pensée, si bien qu'il n'insista
pas et se contenta de me recevoir aussi bien
que possible.

« Je repartis le matin, et reconnus la bête à la

(1) « Requéist de sa perde » (ms. 759), « reçut »
ms. 747.

porte de mon hôte, en prenant congé. Vers l'heure de Tierce, nous trouvâmes une voie qui conduisait à l'issue de la forêt, et je vis, au milieu d'une grande prairie, une belle église appuyée sur de grands bâtiments, devant une eau qu'on appelait le *Lac de la Reine*. Dans l'église étaient de belles nonnes qui chantaient l'office de tierce à haute et agréable voix. Elles m'accueillirent, me firent chanter à mon tour, puis me donnèrent à déjeuner ; mais en vain me prièrent-elles de séjourner : je pris congé d'elles et rentrai dans la forêt à la suite de la bête. Quand vint le soir, je jetai les yeux sur une dalle au bord du chemin ; et j'y aperçus des lettres fermées que je m'empressai de déplier ; j'y lus : « Le Grand Maître te mande « que tu achèveras ta quête, cette nuit même. » Je me tournai vers la bête, et ne la vis plus ; elle avait disparu. Je me repris à lire les lettres où j'appris ce qui me restait à faire.

« La forêt commençait à s'éclaircir : sur un tertre à demi-lieue de distance s'élevait une belle chapelle, d'où j'entendis partir une clameur épouvantable. Je hâtai le pas, j'arrivai à la porte, en travers de laquelle était étendu de son long un homme entièrement pâmé. Je fis devant son visage le signe de la croix ; il se leva, et je m'aperçus à ses yeux égarés qu'il avait le diable au corps. Je dis au démon de sortir, mais il me répondit qu'il n'en ferait rien, qu'il était venu de par Dieu, et que de par Dieu seul il sortirait. J'entrai alors dans la chapelle, et la première chose que je vis sur l'autel fut le livre que je cherchais. J'en rendis grâce à Notre-Seigneur et le portai devant le forcené. Le diable alors se prit à hurler : « N'avance pas davantage, » criait-il, « je vois bien qu'il me faut partir; mais je ne « le puis, à cause du signe de la croix que tu « as fait sur la bouche de cet homme. » — « Cherche, » répondis-je, « une autre issue. » Il s'échappa par le bas, en poussant des hurlements hideux, comme s'il eût renversé sur son passage tous les arbres de la forêt. Je pris alors entre mes bras le forcené, et le portai devant l'autel, où je le gardai toute la nuit. Le matin je lui demandai ce qu'il voulait manger. — « Ma « nourriture ordinaire. — Et quelle est-elle? « — Des herbes, des racines, des fruits sau- « vages. Voilà trente-trois ans que je suis « ermite, et depuis neuf ans je n'ai pas mangé « autre chose. »

« Je le laissai, pour dire mes heures et chanter ma messe : quand je revins, il dormait; je m'assis près de lui et je cédai au sommeil. Je crus voir en dormant un vieillard qui, passant devant moi, déposait pommes et poires dans mon giron. Je trouvai à mon réveil ce vieillard, qui en me donnant de ses fruits m'annonça que, tous les jours de ma vie, le Grand Maître me ferait le même envoi. Je réveillai l'autre prud'homme et lui présentai un fruit qu'il mangea très-volontiers, comme celui qui de longtemps n'avait rien pris. Je restai huit jours avec lui, ne trouvant rien que de bon dans ce qu'il disait et faisait. En prenant congé, il m'avoua que le démon s'était emparé de lui pour le seul péché qu'il eût commis depuis qu'il avait pris l'habit religieux. Voyez un peu la justice de Notre-Seigneur : ce prud'homme le servait depuis trente-trois ans le mieux qu'il pouvait ; pour un seul péché, le démon prit possession de lui, et, s'il était mort sans l'avoir confessé, il serait devenu la proie de l'enfer ; tandis que le plus méchant homme, s'il fait à la fin de ses jours une bonne confession, rentre pour jamais en grâce avec Dieu, et monte dans le Paradis.

« Je repris le chemin de mon ermitage avec le livre qui m'était rendu. Je le déposai dans la châsse où d'abord je l'avais mis ; je fis le service de Vêpres et Complies, je mangeai ce que le Seigneur me fit apporter, puis je m'endormis. Le Grand Maître vint à moi durant mon somme et me dit : « Au premier jour ouvrable
« de la semaine qui commence demain, tu te
« mettras à la transcription du livret que je t'ai
« donné ; tu finiras avant l'Ascension. Le monde
« en sera saisi ce jour-là même où je montai

« au Ciel. Tu trouveras dans l'armoire placée
« derrière l'autel ce qu'il faut pour écrire. »
« Le matin venu, j'allai à l'armoire, et j'y trouvai
ce qui convient à l'écrivain, encre, plume, parchemin et couteau. Après avoir chanté ma
messe, je pris le livre, et, le lundi de la quinzaine
de Pâques, je commençai à écrire, en partant
du crucifiement de Notre-Seigneur, ce que
l'on va lire (1). »

(1) Il y a dans ce préambule plusieurs points très-obscurs qui pourraient bien être autant d'interpolations, et se rattacher à l'intention qu'avaient les Assembleurs de faire du prêtre, auteur de la légende latine, le fils de Nascien, ou Nascien, dont on va bientôt parler. Ainsi l'allusion au combat mortel « des deux plus vaillants chevaliers du monde, » ainsi le « chemin de Pleurs, » peuvent s'appliquer au dernier épisode des romans de la Table ronde. Après la mort du roi Artus, Nascien, ou le fils de Nascien, aurait renoncé aux armes pour prendre l'habit religieux, et c'est alors qu'il aurait eu la vision qui lui ordonnait de transcrire le livre divin du Graal. Rien n'était assurément plus absurde que de faire d'un prêtre du huitième siècle le contemporain d'autres personnages appartenant les uns au premier, les autres au cinquième siècle de notre ère. Mais, au temps de Philippe-Auguste, on ne reculait pas encore devant de pareilles énormités. Les siècles passés ne semblaient former qu'une seule et grande époque, où se réunissaient toutes les célébrités de l'histoire; comme dans la toile peinte par Paul Delaroche pour l'hémicycle de l'École des Beaux-Arts.

LIVRE II.

LE
SAINT-GRAAL.

LE
SAINT-GRAAL.

I.

JOSEPH ET SON FILS JOSEPHE ARRIVENT A SARRAS. — SACRE DE JOSEPHE. — PREMIER SACRIFICE DE LA MESSE.

Nous ne nous arrêterons pas sur le début du Saint-Graal : il est, à peu de chose près, le même que celui du poëme de Robert de Boron. Le romancier s'évertue pour la première fois, en supposant que Joseph avait été marié, que sa femme se nommait Enigée (1) et qu'il avait eu un

(1) Non sa sœur, comme dans le poëme. Var. Eliab.

fils dont le nom différait du sien par l'addition d'un *e* final. Josephe, dans tout le cours du récit, dominera Joseph ; il sera l'objet de toutes les grâces divines et le souverain pontife de la religion nouvelle. Baptisé par saint Philippe évêque de Jérusalem, il avait nécessairement plus de quarante ans quand Vespasien tira de prison son père.

Nous quittons le poëme de Robert de Boron pour suivre les deux Joseph et leurs parents, nouvellement baptisés, sur le chemin qui conduit à Sarras, ville principale d'un royaume du même nom qui confinait à l'Égypte. C'est de cette ville, qui devait une des premières adopter la fausse religion de Mahomet, que tirent leur nom ceux qui croient aujourd'hui à ce faux prophète.

Ils n'emportaient avec eux d'autre trésor, d'autres provisions, que la sainte écuelle rendue par Jésus-Christ lui-même à Joseph d'Arimathie : Joseph à la présence de cette précieuse relique avait dû de ne pas sentir la faim ni la soif : les quarante années de sa captivité n'avaient été qu'un instant pour lui. Avant d'arriver à Sarras, il avait entendu le Fils de Dieu lui commander, comme autrefois Dieu le Père à Moïse, de faire une arche ou châsse, pour y enfermer ce vase. Les chrétiens qu'il conduisait devaient faire à l'avenir leurs dévotions devant l'arche. A Joseph et à son fils seuls le droit de l'ouvrir, de regarder dans le vase, de le prendre dans leurs mains. Deux hommes choisis entre tous devaient porter l'arche sur leurs épaules, toutes les fois que la caravane serait en marche.

En arrivant à Sarras, Joseph apprit que le roi du pays, Évalac le Méconnu, était en guerre avec le roi d'Égypte Tolomée (1), et qu'il venait d'être vaincu dans une grande bataille. Doué du don de l'éloquence, Joseph se présenta devant lui pour lui déclarer que, s'il voulait reprendre l'avantage sur les Égyptiens, il devait renoncer à ses idoles et reconnaître Dieu en trois personnes. Son discours présente un excellent résumé des dogmes de la foi chrétienne; rien n'y paraît oublié, et c'est encore la doctrine exposée dans nos catéchismes.

Évalac eut la nuit suivante une vision qui lui fit comprendre le Dieu trinitaire, la seconde Personne revêtue de l'enveloppe mortelle et conçue dans le sein d'une Vierge immaculée. Le Saint-Esprit vint en même temps avertir Joseph que son fils Josephe était choisi

---

(1) Tolomeus ou *Tholomée* est le nom francisé *Ptolémée;* car les syllabes initiales *pto, sta, spa, stra*, répugnaient à l'ancienne langue française : on supprimait alors la première consonne, ou on la faisait précéder de la voyelle *e*, qui rendait la prononciation supportable.

pour garder le saint vase ; qu'il serait ordonné prêtre de la main de Jésus-Christ; qu'il aurait le pouvoir de transmettre le sacerdoce à ceux qu'il en jugerait dignes, comme ceux-ci le transmettraient à leur tour, dans les contrées où Dieu les établirait (1).

Le Saint-Esprit dit à Joseph : « Quand « l'aube prochaine éclairera l'arche, quand tes « soixante-cinq compagnons auront fait leurs « génuflexions devant elle, je prendrai ton « fils, je l'ordonnerai prêtre, je lui donnerai « ma chair et mon sang à garder. »

Et le lendemain, la même voix divine, parlant

---

(1) « Cil qui tel ordre auront, des ores en avant le re- « chevront de Josephe par toutes les terres où je metrai « et toi et ta semence. » Voilà le point où l'Église bretonne se séparait de l'Église catholique. Elle ne voulait pas que ses prélats reçussent leur consécration du Pape de Rome, et réclamait ce droit en faveur de l'archevêque d'York, élu lui-même par le peuple et le clergé breton. Mais cette prétention schismatique, ne menaçant pas d'être contagieuse et n'ayant pas empêché le souverain pontife, au moins à partir de la fin du dixième siècle, de présider au choix ou de sanctionner l'élection des prélats gallois et bretons, la cour de Rome, toujours sage et prudente, ne s'éleva pas contre l'exposition romanesque des origines de l'Église bretonne. Armée de l'incomparable autorité de l'Évangile: *Tu es Petrus, et super hanc petram*, etc., elle laissa dire les romanciers, et ne rechercha pas le livre latin sur lequel ils s'appuyaient sans en divulguer le texte original.

aux chrétiens assemblés : « Écoutez, nouveaux
« enfants ! Les anciens prophètes eurent le don
« de mon Saint-Esprit; vous l'obtiendrez égale-
« ment, et vous aurez bien plus encore, car vous
« aurez chaque jour mon corps en votre com-
« pagnie, tel que je le revêtis sur la terre. La
« seule différence, c'est que vous ne me verrez
« pas en cette semblance. O mon serviteur Jo-
« sephe ! je t'ai jugé digne de recevoir en ta
« garde la chair et le sang de ton Sauveur. Je
« t'ai reconnu pour le plus pur des mortels et
« le plus exempt de péchés, le mieux dégagé
« de convoitise, d'orgueil et de mensonge : ton
« cœur est chaste, ton corps est vierge; reçois
« le don le plus élevé que mortel puisse sou-
« haiter : seul tu le recevras de ma main, et
« tous ceux qui l'auront plus tard devront le
« recevoir de la tienne. Ouvre la porte de
« l'arche, et demeure ferme à la vue de ce qui
« te sera découvert. »

Alors Josephe ouvrit l'arche en tremblant de tous ses membres.

Il vit dedans un homme vêtu d'une robe plus rouge et plus éclatante que le feu ardent. Tels étaient aussi ses pieds, ses mains et son visage.

Cinq anges l'entouraient, vêtus de même, et portant chacun six ailes flamboyantes. L'un tenait une grande croix sanglante; le second trois clous d'où le sang paraissait dégoutter; le troisième une lance dont le fer était également rouge de sang ; le quatrième étendait devant le visage de l'homme une ceinture ensanglantée ; dans la main du cinquième était une verge tortillée, également humide de sang. Sur une bande que les cinq anges tenaient développée, il y avait des lettres qui disaient : *Ce sont les armes avec lesquelles le Juge de tout le monde a vaincu la mort;* et sur le front de l'homme d'autres lettres blanches : *En cette forme viendrai-je juger toutes choses, au jour épouvantable.*

La terre sous les pieds de l'homme paraissait couverte d'une rosée sanglante qui la rendait toute vermeille.

Et l'arche semblait avoir alors dix fois sa première étendue. Les cinq anges circulaient sans peine dans l'intérieur autour de l'homme, qu'ils contemplaient les yeux remplis de larmes.

Josephe, ébloui de tout ce qu'il voyait, ne put prononcer une parole ; il s'inclina, baissa la tête et restait tout abîmé dans ses pensées, quand la voix céleste l'appela ; aussitôt il releva le front et vit un autre tableau.

L'homme était attaché sur la croix que tenaient les cinq anges. Les clous étaient entrés dans ses pieds et dans ses mains ; la ceinture serrait le milieu de son corps, sa tête retombait sur la poitrine ; on eût dit un homme dans les angoisses de la mort. Le fer de la lance pénétrait dans le côté, d'où jaillissait un ruisselet d'eau et de sang; sous les pieds était l'écuelle de Joseph, recueillant le sang qui dégouttait des mains et du côté ; elle en était remplie au point de donner à croire qu'elle allait déborder.

Puis les clous parurent se détacher, et l'homme tomber à terre la tête la première. Alors Josephe, d'un mouvement involontaire, se jeta en avant pour le soutenir: comme il avançait un pied dans l'arche, cinq anges s'élancèrent, les uns vibrant contre lui la pointe de leurs épées, les autres élevant leurs lances comme prêtes à le frapper. Il essaya pourtant de passer, tant il avait à cœur de venir en aide à celui qu'il reconnaissait déjà pour son Sauveur et son Dieu; mais la force invincible d'un ange le retint malgré lui.

Comme il demeurait immobile, Joseph, incliné à quelque distance, s'inquiétait de voir son fils arrêté au seuil de l'arche : il se leva et se rapprocha de lui. Mais Josephe, le retenant de la main : « Ah ! père, » dit-il, « ne me touche pas, « ne m'enlève pas de la gloire où je suis. L'Es- « prit-Saint me transporte par-delà la terre. » Ces mots redoublèrent la curiosité du père, et, sans égard pour la défense, il se laissa tomber à genoux devant l'arche, en cherchant à découvrir ce qui se passait à l'intérieur.

Il y vit un petit autel couvert d'un linge blanc sous un premier drap vermeil. Sur l'autel étaient posés trois clous et un fer de lance. Un vase d'or en forme de hanap occupait la place du milieu. La toile blanche jetée sur le hanap ne lui permit pas de distinguer le couvercle et ce qu'il enfermait. Devant l'autel, il vit trois mains tenir une croix vermeille et deux cierges, mais il ne sut pas reconnaître à quels corps ces mains appartenaient.

Il entendit un léger bruit ; une porte s'ouvrit et laissa voir une chambre dans laquelle deux anges tenaient, l'un une aiguière, l'autre un gettoir ou aspersoir. Après eux venaient deux autres anges portant deux grands bassins d'or, et à leur cou deux toiles de merveilleuse finesse. Trois autres portaient des encensoirs d'or illuminés de pierres précieuses, et de leur autre main des boîtes pleines d'encens, de myrrhe et d'épices dont la suave odeur se répandait à l'entour. Ils sortirent de la chambre les uns après les autres. Puis un septième ange, ayant sur son front des lettres qui disaient : *Je suis appelé la force du haut Seigneur*, tenait dans ses mains un drap vert comme émeraude qui enveloppait la sainte écuelle. Trois anges allèrent à sa rencontre portant des cierges dont la flamme produisait les plus belles couleurs du monde. Alors Josephe vit paraître Jésus-Christ lui-même sous l'apparence qu'il avait en pénétrant dans sa prison, et tel qu'il s'était levé du sépulcre. Seulement son corps était enveloppé des vêtements qui appartiennent au sacerdoce.

L'ange chargé du gettoir puisa dans l'aiguière, et en arrosa les nouveaux chrétiens; mais les deux Joseph pouvaient seuls le suivre des yeux.

Alors Joseph s'adressant à son fils : « Sais-tu
« maintenant, beau fils, quel homme conduit
« cette belle compagnie ? — Oui, mon père;
« c'est celui dont David a dit au Psautier : « *Dieu*
« *a commandé à ses anges de le garder par-*
« *tout où il ira.* »

Tout le cortége passa devant eux et parcourut les détours du palais que le roi Évalac avait mis à leur disposition; palais que Daniel, jadis, dans une intention prophétique, avait appelé le Palais spirituel. Et quand ils arrivaient devant l'arche et avant d'y rentrer, chacun des anges s'inclinait une première fois pour Jésus-Christ, debout dans le fond; une seconde fois pour l'arche.

Notre-Seigneur s'approchant alors de Josephe : « Apprends, » lui dit-il, « l'intention
« de cette eau que tu as vu jeter de part et
« d'autre. C'est la purification des lieux où le
« mauvais esprit a séjourné. La présence du

« Saint-Esprit les avait déjà sanctifiés, mais j'ai
« voulu te donner l'exemple de ce que tu feras,
« partout où mon service sera célébré. —
« Mon Seigneur, » demanda Josephe, « com-
« ment l'eau pourra-t-elle purifier, si elle n'est
« pas elle-même purifiée ? — Elle le sera
« par le signe de la rédemption que tu lui im-
« poseras, en prononçant ces paroles : *Que ce*
« *soit au nom du Père, du Fils et du Saint-*
« *Esprit!*

« Maintenant je vais te conférer la grâce su-
« prême que je t'ai promise ; le sacrement de
« ma chair et de mon sang, que, cette pre-
« mière fois, mon peuple verra clairement,
« pour que tous puissent, devant les rois et les
« princes du monde, témoigner que je t'ai
« choisi pour être le PREMIER PASTEUR de mes
« nouvelles brebis, et pour établir les pasteurs
« chargés de nommer ceux qui, dans les âges
« suivants, gouverneront mon peuple. Moïse
« avait conduit et gouverné les fils d'Israël
« par la puissance que je lui avais donnée: de
« même seras-tu le guide et le gardien de ce
« nouveau peuple : ils apprendront de ta bou-
« che comment ils me doivent servir, et com-
« ment ils pourront demeurer dans la vraie
« créance. »

Jésus-Christ prit alors Josephe par la main
droite et l'attira vers lui. Tout le peuple as-

semblé le vit clairement ainsi que les anges dont il était environné.

Et quand Josephe eut fait le signe de la croix, voilà qu'un homme aux longs cheveux blancs sortit de l'arche, portant à son cou le plus riche et le plus beau vêtement que jamais on put imaginer. En même temps parut un autre homme, jeune et de beauté merveilleuse, tenant dans l'une de ses mains une crosse, dans l'autre une mitre de blancheur éclatante. Ils couvrirent Josephe du vêtement épiscopal, en commençant par les sandales, puis le reste du costume, depuis ce temps-là consacré. Ils assirent le nouveau prélat dans une chaire dont on ne pouvait distinguer la matière, mais étincelante des plus riches pierreries que la terre ait jamais fournies (1).

Alors tous les anges vinrent devant lui. Notre-Seigneur le sacra et l'oignit de l'huile prise dans l'ampoule que tenait celui des anges qui l'avait arrêté précédemment au seuil de l'arche.

(1) Ici le romancier ajoute que cette chaire était encore de son temps conservée dans la ville de Sarras, sous le nom de Siége spirituel. Jamais homme n'eut la témérité de s'y asseoir sans être frappé de mort ou privé de quelqu'un de ses membres. Plus tard, le roi d'Égypte Oclefaus essayera vainement de la mouvoir : quand il voudra s'y asseoir, les yeux lui voleront de la tête; il sera, le reste de ses jours, privé de l'usage de ses membres.

De la même ampoule fut prise l'onction qui, plus tard, servit à sacrer les rois chrétiens de la Grande-Bretagne jusqu'au père d'Artus, le roi Uter-Pendragon. Notre-Seigneur lui mit ensuite la crosse en main, et lui passa dans un de ses doigts l'anneau que nul mortel ne pourrait contrefaire, nulle force de pierre séparer. « Josephe, » lui dit-il, « je t'ai oint et sacré « évêque en présence de tout mon peuple. Ap-« prends le sens des vêtements que je t'ai choi-« sis : les sandales avertissent de ne pas faire « un pas inutile, et de tenir les pieds si nets « qu'ils n'entrent dans nulle maligne souillure, « et ne marchent que pour donner conseil « et bon exemple à ceux qui en auraient be-« soin.

« Les deux robes qui couvrent la première « jupe sont blanches, pour répondre aux deux « vertus sœurs, la chasteté et la virginité. Le « capuchon qui enferme la tête est l'emblème, « et de l'humilité qui fait marcher le visage in-« cliné vers la terre, et de la patience que les « ennuis et les contrariétés ne détournent pas « de la droite voie.

« Le nœud suspendu au bras gauche indique « l'abstinence; on le place ainsi parce que « le propre de ce bras est de répandre, comme « le propre du bras droit est de retenir. Le « lien du col, semblable au joug des bœufs,

« signifie obéissance à l'égard de toutes les
« bonnes gens. Enfin la chape ou vêtement
« supérieur est vermeille, pour exprimer la
« charité, qui doit être brûlante comme le
« charbon ardent.

« Le bâton recourbé que doit tenir la main
« gauche a deux sens : vengeance et miséri-
« corde. Vengeance pour la pointe qui le ter-
« mine ; miséricorde en raison de sa courbure.
« L'évêque doit en effet commencer par ex-
« horter charitablement le pécheur : mais, s'il
« le voit trop endurci, il ne doit pas hésiter à
« le frapper.

« L'anneau passé au doigt est le signe du
« mariage contracté par l'évêque avec l'É-
« glise, mariage que nulle puissance ne peut
« dissoudre.

« Le chapeau cornu signifie confession. Il
« est blanc, en raison de la netteté que l'absolu-
« tion donne. Les deux cornes répondent l'une
« au repentir, l'autre à la satisfaction : car l'ab-
« solution ne porte ses fruits qu'après la satis-
« faction ou pénitence accomplie. »

Après ces enseignements, Notre-Seigneur avertit Josephe qu'en l'élevant à la dignité d'évêque, il le rendait responsable des âmes dont il allait avoir la direction. Et dans le même temps qu'il le chargeait du gouvernement des âmes, il laissait à son père le soin de gouverner les corps et de pourvoir à tous les besoins de la compagnie (1).

« Avance maintenant, Josephe, » ajouta Notre-Seigneur, « viens offrir le sacrifice de ma chair « et de mon sang, à la vue de tout mon peuple. » Tous alors virent Josephe entrer dans l'arche, et les anges aller et venir autour de lui. Ce fut le premier sacrement de l'autel. Josephe mit peu de temps à l'accomplir; il ne dit que ces paroles de Jésus-Christ à la Cène : *Tenez et mangez, c'est le vrai corps qui sera tourmenté pour vous et pour les nations.* Puis, en prenant le vin : *Tenez et buvez, c'est le sang de la loi nouvelle, c'est mon propre sang, qui sera répandu en rémission des péchés.* Il prononça ces paroles en posant le pain sur la patène du calice; soudain le pain devint chair, le vin sang. Il vit clairement entre ses mains le corps d'un enfant dont le sang paraissait recueilli dans le calice. Troublé, interdit à cette vue, il ne savait plus que faire : il demeurait immobile, et les larmes coulaient de ses yeux en abondance. Notre-Seigneur lui dit : « Démembre « ce que tu tiens, et fais-en trois pièces. » — « Ah! Seigneur, » répondit Josephe, « ayez « pitié de votre serviteur! Jamais je n'aurai la

---

(1) C'est la distinction du pouvoir temporel et du pouvoir spirituel.

« force de démembrer si belle créature ! — « Fais mon commandement, » reprit le Seigneur, « ou renonce à ta part dans mon héri-
« tage. »

Alors Josephe sépara la tête, puis le tronc du reste du corps, aussi facilement que si les chairs eussent été cuites; mais il n'obéit qu'avec crainte, soupirs et grande abondance de larmes.

Et comme il commençait à faire la séparation, tous les anges tombèrent à genoux devant l'autel et demeurèrent ainsi jusqu'à ce que Notre-Seigneur dit à Josephe : « Qu'attends-tu « maintenant? Reçois ce qui est devant toi, « c'est-à-dire ton Sauveur. » Josephe se mit à genoux, frappa sa poitrine et implora le pardon de ses péchés. En se relevant, il ne vit plus sur la patène que l'apparence d'un pain. Il le prit, l'éleva, rendit grâces à Notre-Seigneur, ouvrit la bouche et voulut l'y porter ; mais le pain était devenu un corps entier : il essaya de l'éloigner de son visage ; une force invincible le fit pénétrer dans sa bouche. Dès qu'il fut entré, il se sentit inondé de toutes les douceurs et suavités les plus ineffables. Il saisit ensuite le calice, but le vin qui s'y trouvait renfermé, et qui s'était, en approchant de ses lèvres, transformé en véritable sang.

Le sacrifice achevé, un ange prit le calice et la patène et les mit l'un sur l'autre. Sur la pa-

tène se trouvaient plusieurs apparences de morceaux de pain. Un second ange posa ses deux mains sur la patène, l'éleva et l'emporta hors de l'arche. Un troisième prit la toile et suivit le second. Dès qu'ils furent hors de l'arche et à la vue de tout le peuple, une voix dit : « Mon
« petit peuple nouvellement régénéré, j'apporte
« la rançon; c'est mon corps qui, pour te
« sauver, voulut naître et mourir. Prends garde
« de recevoir avec recueillement cette fa-
« veur. Nul n'en peut être digne, s'il n'est pur
« d'œuvres et de pensées, et s'il n'a ferme
« créance. »

Alors l'ange qui portait la patène s'agenouilla ; il reçut dignement le Sauveur, et chacun des assistants après lui. Tous, en ouvrant la bouche, reconnaissaient, au lieu du morceau de pain, un enfant admirablement formé. Quand ils furent tous remplis de la délicieuse nourriture, les anges retournèrent dans l'arche et déposèrent les objets dont ils venaient de se servir. Josephe quitta les habits dont Notre-Seigneur l'avait revêtu, referma l'arche, et le peuple fut congédié.

Pour complément de cette grande cérémonie, Josephe, appelant un de ses cousins nommé Lucain, dont il connaissait la prud'homie, le chargea particulièrement de la garde de l'arche, durant la nuit et le jour. C'est à l'exemple de Lucain qu'on trouve encore aujourd'hui, dans les grandes églises, un ministre désigné sous le nom de *trésorier*, chargé de la garde des reliques et des ornements de la maison de Dieu.

II.

ÉVALAC, ROI DE SARRAS. — SERAPHE, SON SEROURGE. — THOLOMÉE SERASTE, ROI D'ÉGYPTE. — BAPTÊME D'ÉVALAC ET DE SERAPHE, SOUS LES NOMS DE MORDRAIN ET DE NASCIEN. — VOYAGE DE MORDRAIN. — L'ILE DU PORT PÉRILLEUX.

LE roi de Sarras, Évalac, était surnommé le Méconnu, parce qu'on ne savait rien de sa famille et de sa patrie. Il en avait fait mystère à tout le monde ; aussi Josephe le surprit-il grandement en lui rappelant l'histoire de ses premières années, et comment il était fils d'un savetier (1) de la ville de Meaux, en France. Quand la nouvelle s'était répandue dans le monde du prochain

---

(1) « D'un afaitierre de viex soliers. »

avénement du Roi des rois, l'empereur César Auguste, assiégé des plus vives inquiétudes, s'était préparé à combattre celui qu'il pensait devoir être un conquérant. Il avait ordonné de lever un denier par tête dans toute l'étendue de l'Empire ; et comme la France passait pour nourrir la plus fière des nations soumises à Rome, il lui avait demandé cent chevaliers, cent jeunes demoiselles, filles de chevaliers, et cent enfants mâles âgés de moins de cinq ans. Le choix dans Meaux était tombé sur les deux filles du comte de la ville, nommé Sevin, et sur le jeune Évalac. On les conduisit à Rome, où bientôt furent remarquées la bonne grâce et la beauté de l'enfant, si bien que personne ne doutait de sa naissance généreuse. Sous le règne de Tibère, il fut attaché au service du comte Félix, gouverneur de Syrie, et avait trouvé grâce devant lui ; le comte l'avait armé chevalier en lui confiant le commandement de ses hommes d'armes. On parla beaucoup alors de ses prouesses ; mais un jour, s'étant pris de querelle avec le fils du gouverneur, il le tua et s'enfuit pour éviter la vengeance du père. Le roi d'Égypte, Tholomée Seraste (1), lui offrit alors

(1) Le surnom de Seraste semble une corruption du mot *Sebastos*, souverain, qu'on lit sur les monnaies grecques des Ptolémées à la suite de leur nom. Quant à Félix, on sait qu'il fut réellement procurateur de Syrie.

des soudées, et lui dut la conquête du royaume de Sarras, qui confinait à l'Égypte. Pour le récompenser, il l'investit de la couronne de Sarras, sous la condition d'un simple hommage.

Mais Évalac, dans la suite, avait voulu se rendre indépendant. Afin de punir sa désobéissance, Tholomée étant entré dans ses États l'eût apparemment détrôné, sans la protection miraculeuse du Dieu des chrétiens. Grâce au bouclier marqué d'une croix que Josephe lui remit, grâce aux exploits du duc Seraphe, son serourge ou beau-frère, Évalac triompha de ce puissant ennemi, Tholomée fut vaincu. Le roi de Sarras, plusieurs fois averti par des songes longuement racontés et expliqués, reconnut l'impuissance de ses idoles, et reçut des mains de Josephe le baptême avec le nom de Mordrain (1); son exemple fut imité par Seraphe, qui, sous le nom de Nascien, devait être l'objet des prédilections divines. Mais, avant de suivre dans leurs voyages ces princes nouvellement convertis, il faut dire un mot de la reine Saracinthe, femme de Mordrain.

D'ailleurs le choix de la ville de Meaux et les éloges donnés à la France n'offrent-ils pas déjà une présomption en faveur de l'origine française de l'auteur?

(1) Ce nom aurait signifié, suivant notre romancier *tardif en créance.* Saracinthe, *pleine de foi.* Le porte-étendard Clamacides, *gonfalonier de N.-S.*

C'étai lo filtie du duc d'Orcanie, et la sœur de Seraphe ou Nascien. Il y avait trente ans qu'un saint ermite nommé Saluste l'avait convertie, et, depuis qu'elle était devenue reine de Sarras, elle n'attendait qu'un moment favorable pour essayer d'ôter le bandeau qui couvrait les yeux de son époux. Mais l'honneur de répandre la *bonne nouvelle* dans cette contrée était réservé aux deux Joseph. Nous citerons un seul trait de leurs travaux apostoliques.

Tandis que le père baptisait les gens du royaume de Sarras, le fils suivait Nascien en Orcanie et faisait aux idoles une guerre impitoyable. Dans le temple de la ville d'Orcan était une figure posée sur le maître-autel. Josephe dénoua sa ceinture et se plaça devant elle, en conjurant le démon d'en sortir d'une façon visible; en même temps il jeta la ceinture autour du cou de l'idole, et la traîna en dehors du temple jusqu'aux pieds de Mordrain. Le diable poussait des cris aigus qui faisaient accourir de tous côtés la foule. « Pourquoi me tourmenter « ainsi? » disait-il à Josephe. — « Tu le sauras: « mais j'apprends en ce moment la mort de « Tholomée Seraste, dis-moi pourquoi tu l'as « tué. — Je répondrai, si tu me desserres le « cou. » Josephe, lâchant la ceinture et prenant l'idole par le haut de la tête : « Parle « maintenant. — Je voyais les miracles que

« Dieu opérait, j'étais témoin du baptême
« d'Évalac, je craignais pour l'âme de Tho-
« lomée ; alors je pris la figure d'un messager
« et je vins lui dire qu'Évalac voulait le faire
« pendre ; que je le garantirais, s'il voulait se
« donner à moi. Il me fit hommage : je pris la
« forme d'un griffon, il monta sur moi en
« croupe ; et quand je me fus élevé à une cer-
« taine hauteur, je le laissai choir et se casser
« les os. »

Josephe remit alors sa ceinture au cou de
l'idole, et la promena par toutes les rues de la
ville. « Voilà, » disait-il à la foule, « voilà les
« dieux dont vous aviez peur ! Frappez vos
« poitrines et reconnaissez un seul Dieu en
« trois personnes ! » Ensuite il demanda au
diable son nom : « Je suis Ascalaphas, chargé
« de porter aux gens et de répandre dans le
« monde les méchants bruits, les fausses nou-
« velles. »

Tout n'était pas fini avec Ascalaphas. La plupart des habitants d'Orcan avaient accepté le baptême, les autres avaient résolu de quitter le pays pour s'y soustraire. Ils avaient pris un mauvais parti : à peine eurent-ils franchi les portes de la ville qu'ils tombèrent frappés de mort. Josephe, auquel on apprit cette nouvelle, accourut; le premier objet qu'il aperçut fut le démon qu'il venait de conjurer, et qui gambadait sur

les corps de toutes ces victimes. « Regarde, Jo-
« sephe, » criait Ascalaphas, « regarde comme
« je sais venger ton Dieu de ses ennemis ! —
« Et qui t'en a donné le droit ? — Jésus-
« Christ lui-même. — Tu as menti ! » Disant
ces mots, il courut à lui dans l'intention de le
lier. Mais un ange au visage ardent lui ferma
le passage et lui perça la cuisse d'une lance
dont le fer demeura dans la plaie. « Cela, »
dit-il, « t'apprendra à ne plus retarder le bap-
« tême des bonnes gens, pour aller au secours
« des ennemis de ma loi. » A douze jours de là,
Nascien, curieux indiscret, voulut voir ce que
contenait la sainte écuelle : il souleva la patène
et comprit toutes les merveilles qui devaient
advenir dans le pays choisi pour être le dépositaire de cette précieuse relique. Il fut puni d'un
aveuglement subit. Mais l'ange qui avait blessé
Josephe reparut et, prenant en main le fût de la
lance dont le fer était demeuré dans la plaie, il
l'approcha de Josephe, le posa sur le fer dont
elle était séparée. Da la plaie sortirent de grosses
et nombreuses gouttes de sang ; l'ange les recueillit, en humecta le bout du fût, et le rejoignit au fer, de façon qu'on ne put désormais deviner que l'arme eût été tronquée. Seulement,
à l'entrée de la période aventureuse, on verra
les gouttes de sang s'échapper de la lance,
et l'arme ira blesser un autre homme du

même lignage et de même vertu que Josephe. C'est là ce que la seconde partie du livre de *Lancelot* devra nous raconter. L'ange vint ensuite à Nascien, humecta ses yeux d'une certaine liqueur, et lui rendit la vue que son indiscrétion lui avait fait perdre (1).

Josephe, guéri de la plaie angélique, acheva la conversion de tous les gens de Sarras et d'Orcanie. Des soixante-deux, soixante-cinq ou soixante-douze parents sortis avec lui de Jérusalem, il en sacra trente-trois, comme évêques d'autant de cités dans ces deux contrées. Les autres, après avoir été ordonnés prêtres, furent dispersés dans les villes moins importantes.

Il découvrit ensuite les lieux où reposaient les corps de deux ermites à l'un desquels la reine Saracinthe, femme de Mordrain, avait dû sa conversion. Un livret conservé dans chacune des fosses disait, le premier : « Ci gist Saluste « de Bethléem, le beau sergent de Jésus-Christ, « qui fut trente-sept ans ermite, et ne mangea « plus aucune viande accommodée de la main « des hommes. » Le second : « Ci gist Her- « moines, de Tarse, qui vécut trente-quatre « ans et sept mois, sans changer une fois de

---

(1) Cette punition de la curiosité de Nascien, géminée avec la punition de Mordrain, est renouvelée dans un des chapitres suivants.

« souliers ni de vêtements. » Les deux corps furent transportés, l'un à Sarras, l'autre en Orcanie, et devinrent l'objet d'une dévotion que des miracles multipliés ne laissèrent pas ralentir.

Josephe eut ensuite à purifier le roi Mordrain, nouvellement converti, d'une dernière souillure qui avait résisté à l'eau du baptême. Ce prince avait fait depuis longtemps construire dans les parois de sa chambre une cellule réservée à certaine idole féminine dont il était épris. C'était, dit le roman, une image de beauté merveilleuse que le roi habillait lui-même des robes les plus riches. Dès que la reine Saracinthe était levée, il prenait une petite clef qui pénétrait dans une fissure imperceptible de la muraille, atteignait un petit maillet qu'elle écartait pour laisser une grande barre de fer se dresser en permettant d'ouvrir une porte secrète. Le roi tirait alors à lui l'idole et lui faisait partager sa couche. Quand il en avait eu son plaisir, il la faisait rentrer dans sa cellule, la porte se refermait, et sur le maillet retombait la barre de fer qui la rendait impénétrable à tous. Il y avait quinze ans qu'il se complaisait dans cette honteuse habitude, quand un songe dont Josephe lui donna l'explication lui prouva que rien ne pouvait rester caché aux amis de Dieu. Il confessa son crime, fit venir la reine, son serourge et Josephe, puis, en leur présence, jeta l'idole dans les flammes en témoignant le plus grand repentir.

Ce fut le dernier acte de Josephe dans le pays de Sarras. Une voix céleste l'avertit de prendre congé du roi et d'emmener avec lui la plupart de ses compagnons pour aller prêcher la foi nouvelle chez les Gentils. Dans le cours de ce grand voyage, les denrées venant à leur manquer, il s'agenouilla devant l'arche du saint vase pour implorer le secours de Dieu. Alors eut lieu le repas spirituel dont Robert de Boron avait parlé le premier, mais qu'il avait eu soin de distinguer de la communion eucharistique. Dans notre roman, les deux tables ici n'en font réellement qu'une, et l'hérésie se trouve parfaitement accentuée. On en va juger.

La voix dit à Joseph : « Fais mettre les nappes
« sur l'herbe fraîche : que ton peuple se place à
« l'entour. Quand ils seront disposés à manger,
« dis à ton fils Josephe de prendre le vase, et
« de faire avec lui trois fois le tour de la nappe.
« Aussitôt ceux qui seront purs de cœur seront
« remplis de toutes les douceurs du monde. Ils
« feront de même, chaque jour, à l'heure de
« Prime. Mais, dès qu'ils auront cédé au vilain
« péché de luxure, ils perdront la grâce d'où
« leur arrivait tant de délices. Quand tu auras

« ainsi établi le premier repas, tu iras vers ta
« femme Enigée, et tu la connaîtras charnelle-
« ment. Elle concevra un fils qui recevra en
« baptême le nom de Galaad le Fort. Il aura
« grande force et foi robuste : si bien qu'il pré-
« vaudra contre tous les mécréants de son temps. »

Joseph fit ce qui lui était commandé, et son fils, ceint d'une étole bénite, après avoir fait les trois tours vint s'asseoir à la droite de son père, mais en laissant entre deux l'intervalle d'une place. Puis il posa le vase couvert d'une patène et de cette toile fine que nous appelons corporal (1). Tous furent aussitôt remplis de la grâce divine au point de n'avoir rien qu'il leur pût venir en pensée de désirer. Le repas achevé, Josephe replaça le Graal dans l'arche, comme il y était auparavant (2).

Le lendemain de ce grand jour, la voix dit à Josephe : « Va-t'en droit à la mer : il te faut
« aller habiter la terre promise à ta lignée :

---

(1) Corporal, linge bénit que le prêtre étend sur l'autel pour mettre le calice dessus et ensuite l'hostie. (Dictionnaire de l'Académie.)

(2) Il importe de remarquer que cet épisode n'est pas conservé dans le second texte, qui a servi de modèle aux imprimés. Là, les compagnons de Joseph trouvent dans le bois, sans le demander, les meilleures viandes, et le Saint-Esprit ne parle à Joseph que pour lui ordonner de coucher avec sa femme Éliab. Comparez le ms. 749, f° 90. et l'éd. de Ph. Lenoir, 1523, f° 89.

« quand tu seras arrivé sur le rivage, à défaut
« de navire, tu avanceras le premier, étendras
« ta chemise en guise de nef : elle se dévelop-
« pera en raison du nombre de ceux qui seront
« exempts de péché mortel. »

Josephe, arrivé sur le bord de la mer, ôta de son dos la chemise, et l'ayant étendue sur l'eau, monta le premier sur l'une des manches, puis son père Joseph sur l'autre. Devant eux se placèrent Nascien et les porteurs de l'arche ; les flots qui les soutenaient ne mouillèrent pas même la plante de leurs pieds. Enigée, Bron, Éliab et leurs douze enfants, montèrent sur le milieu de la chemise, qui s'étendit en proportion du nombre de ceux qui arrivaient ; leur exemple décida tous les autres. Ils se trouvèrent ainsi au nombre de cent quarante-huit. Deux juifs à demi convertis, Moïse et Simon son père, bien que peu confiants dans la vertu de la chemise, voulurent essayer d'y passer : à peine avaient-ils fait trois pas que les flots les entourèrent et que les autres gens demeurés sur le rivage eurent grand'peine à les recueillir. Pour Josephe et tous ceux qui l'avaient suivi, ils s'éloignèrent, malgré les prières de ceux qui étaient demeurés à terre, et qui les conjuraient d'attendre. « Ah ! folles gens, » leur dit Josephe, « le péché de luxure vous a re-
« tardés. Vous n'êtes pas à la fin de vos peines ;

« faites pénitence et méritez de nous rejoindre
« bientôt. »

Après quelques jours de traversée, Josephe et ses compagnons abordèrent dans la Grande-Bretagne, où nous les prierons de nous attendre, pour nous donner le temps de retourner aux autres personnages du roman, et d'abord au roi Mordrain.

Il avait été, peu de jours après le départ de Josephe, visité par un nouveau songe qui lui exposa d'une façon très-claire pour nous, mais pour lui très-obscure, la destinée glorieuse des enfants qui devaient naître de lui et de Nascien, son serourge. Comme il en demandait vainement l'explication à ceux qui l'entouraient, voilà qu'une tempête effroyable ébranle le palais; il est pris aux cheveux par une main sortant d'un nuage, et transporté au milieu des mers sur une roche aiguë, située à dix-sept journées de Sarras. Grande fut la douleur des barons du pays en apprenant qu'il avait disparu. Nascien fut accusé de l'avoir tué, dans l'espoir de régner à sa place. Excités par un traître chevalier nommé Calafer, les barons saisirent Nascien et le jetèrent en prison, en lui déclarant qu'il n'en sortirait pas avant que le roi Mordrain ne leur fût rendu.

La roche aride sur laquelle celui-ci avait été déposé était appelée la Roche du Port périlleux.

Elle se dressait au milieu de la mer, sur la ligne qui de la terre d'Égypte conduit directement à l'Irlande. Si loin que l'œil pouvait s'étendre, on apercevait à droite les côtes d'Espagne, à gauche les terres qui formaient la dernière ceinture de l'Océan. Quelques débris de constructions annonçaient pourtant que la Roche avait été jadis habitée. Elle avait en effet servi longtemps de repaire à un insigne brigand nommé Focart, qui sur la plus haute pointe avait fait dresser un château où pouvaient héberger vingt de ses compagnons; mais, comme ils étaient ordinairement trois ou quatre fois plus nombreux, les autres se tenaient dans plusieurs galères arrêtées sous un petit abri couvert, et, toutes les nuits, ils allumaient un grand brandon pour avertir les vaisseaux de passage de venir se reposer dans cet îlot, comme dans un port de salut. Mais les abords en étaient si dangereux que les bâtiments se brisaient contre les rochers, de sorte que les passagers ne pouvaient échapper soit à la fureur des flots, soit à celle des brigands, qui mettaient à mort ceux que la mer n'avait pas engloutis.

Focart jouissait du fruit de ses crimes, quand le grand Pompée, empereur, passa de Grèce en Syrie, après avoir mis sous le joug de Rome tout l'Orient. En apprenant le mauvais repaire de la Roche du Port périlleux, il jura de purger la terre de ces odieux brigands, et ne perdit pas un moment pour mettre en état de voguer une petite flotte bien garnie de bons et vaillants chevaliers. Il savait quels écueils bordaient la Roche, et il sut les éviter en approchant à la nuit serrée. Focart n'en fut pas moins averti de son approche, et, donnant le signal aux larrons qui ne quittaient pas les galères, il entra lui-même dans une d'elles et commanda l'attaque de la flottille romaine. Mais les soldats de Pompée s'étaient munis de grands crocs, avec lesquels ils abordèrent les galères, l'épée à la main, et parvinrent à couler la plus redoutable. Les autres furent abandonnées, et les brigands regagnèrent à grande peine la Roche, où les Romains les poursuivirent en tâtonnant çà et là. De la hauteur, Focart faisait tomber sur eux d'énormes poutres et d'autres débris de mâts qui tuèrent une partie des assaillants et contraignirent les autres à regagner les vaisseaux. Mais, au point du jour, Pompée reprit l'offensive : malgré l'âpreté du lieu et les difficultés de la montée, les Romains forcèrent les brigands à chercher un refuge dans une caverne creusée sous leur château, et qu'ils fermèrent de toutes les planches et bruyères qu'ils avaient accumulés. Pompée y fit mettre le feu; alors, pour éviter d'être étouffés, Focart ordonna de verser de grandes tonnes d'eau sur les flammes, qui, prenant la direction opposée, contraignirent les Romains à reculer à leur tour. Les brigands sortirent et reprirent l'offensive. Les soldats de Pompée, forcés de reculer l'un sur l'autre, avaient peine à défendre leur vie. L'empereur Pompée seul ne quitta pas la place : revêtu de ses armes, il attendit Focart, s'élança la hache à la main sur lui, finit par l'abattre et lui trancher la tête. Cependant les Romains, honteux d'avoir un instant abandonné leur empereur, étaient revenus à la charge; les brigands ne leur opposèrent plus qu'une faible résistance. Tous furent mis à mort, leurs corps jetés à la mer, et, depuis ce temps, le Port périlleux cessa d'être l'effroi des navigateurs ; mais son approche inspirait toujours une certaine terreur, et personne ne s'avisait d'y aborder.

Ce fut là peut-être le plus insigne exploit de Pompée : jamais il n'avait fait plus grande preuve de courage et d'intrépidité. L'histoire cependant n'en a pas parlé, parce que ce grand homme avait quelque honte des indignes ennemis qui lui avaient donné tant de peine à détruire (1). En reprenant le chemin de Rome,

(1) On peut admettre que ce récit est inspiré par ce que le romancier savait de la guerre faite par Pompée aux pirates qui infestaient la Méditerranée.

il passa par Jérusalem, et ne craignit pas de faire du temple de Salomon l'étable de ses chevaux. Dans la cité sainte était alors un vieillard pieux et sage; ce fut le père du prêtre Siméon, qui devait plus tard recevoir la sainte Vierge quand elle présenta son Fils. Cet homme alla trouver Pompée et s'écria : « Malheur à « moi qui ai vu les enfants de Dieu manger « dehors, et les chiens assis à la table qui leur « était préparée ! Malheur à moi qui ai vu les « lieux saints devenir des chambres privées à « l'usage des porcs ! » Puis, s'adressant à l'empereur : « Pompée, » lui dit-il, « on voit bien « que tu as fréquenté Focart et que tu l'as « choisi pour modèle; mais ton impiété a courroucé le Tout-Puissant, et tu sentiras le poids « de sa vengeance. » A compter de ce jour, la victoire abandonna Pompée : il n'entra plus dans une seule ville qu'il n'en sortît honteusement; il ne livra plus de combats qu'il ne fût jeté hors des lices. Sa première gloire fut oubliée, et l'on ne se souvint plus que de ses revers.

Telle était donc la Roche du Port périlleux, sur laquelle le roi Mordrain avait été transporté. Plus il regardait autour de lui, plus il perdait l'espoir de vivre en un tel lieu. Tout à coup il voit approcher une petite nef, d'une forme singulièrement agréable. Le mât, les voiles et les cordages étaient de la blancheur

de la fleur de lis, et au-dessus de la nef était dressée une croix vermeille. Quand elle eut touché la roche, un nuage de délicieuses odeurs se répandit à l'entour et parvint jusqu'à Mordrain, déjà rassuré par la vue de la croix. Un homme de la plus excellente beauté se leva dans la nef, et demanda au roi qui il était, d'où il venait, et comment il se trouvait là. « Je suis « chrétien, » répondit Mordrain, « mais j'i- « gnore comment je me trouve ici; et vous, « beau voyageur, vous plairait-il de m'ap- « prendre ce que vous êtes et ce que vous « savez faire? — Je suis, » répondit l'inconnu, « menestrel d'un métier qui n'a pas « son pareil. Je sais faire d'une femme laide et « d'un homme laid la plus belle des femmes « et le plus beau des hommes. Tout ce que l'on « sait, on l'apprend de moi; je donne au pauvre « la richesse, la sagesse au fou, la puissance « au faible. » — « Voilà, » dit Mordrain, « d'admirables secrets; mais ne me direz-vous « pas qui vous êtes? » — « Qui veut justement « m'appeler me nomme Tout en tout. »
— « C'est, » dit Mordrain, « un beau nom; « bien plus, il me semble par le signe dont « votre nef est parée que vous êtes chrétien. — « Vous dites vrai, sachez que sans cela il « n'y a pas d'œuvre parfaitement bonne. Ce « signe vous assure contre tous les maux;

« malheur à qui s'accompagnerait d'une autre
« bannière; il ne pourrait venir de Dieu. »

Mordrain, en l'écoutant, sentait son corps pénétré de mille douceurs : il oubliait qu'il était privé depuis deux jours de toute nourriture. « Pourriez-vous m'apprendre, » lui dit-il, « si je « dois être tiré d'ici ou y demeurer toute ma « vie? — Eh quoi ! » répondit l'inconnu, « n'as-« tu pas ta créance en Jésus-Christ, et ne sais-tu « pas qu'il n'oublie jamais ceux qui l'aiment? Il « les chérit plus qu'ils ne s'aiment eux-mêmes; « comment, avec un si bon et si puissant gar-« dien, s'inquiéter du lendemain ?

« Ne fais pas comme ceux-là qui disent : Dieu « a trop affaire ailleurs pour avoir le temps de « penser à moi, et s'il voulait s'occuper d'une si « faible créature, il n'y suffirait jamais. Ceux « qui parlent ainsi sont plus hérétiques que po-« pelicans. »

Ces paroles jetèrent Mordrain dans une profonde et délicieuse rêverie. Quand il releva la tête, il ne vit plus la nef ni le bel homme qui la conduisait ; tout avait disparu. Combien alors il regretta de ne pas l'avoir assez regardé ! car il ne doutait plus que ne ce fût un messager de Dieu ou Dieu lui-même.

Tournant alors ses regards vers Galerne (1),

---

(1) Le nord-ouest.

il vit approcher une seconde nef, richement équipée; les voiles en étaient noires ainsi que tous les agrès; elle semblait avancer d'elle-même et sans aucun secours. Quant elle eut touché le bord de la roche, une femme se leva, dont la beauté lui parut des plus merveilleuses. Comme il lui eut donné la bienvenue : « Je l'ai, » répondit la belle dame, « puisque je trouve en-
« fin l'homme que je cherchais. Oui, j'ai dé-
« siré t'entretenir, Evalac, depuis que je suis au
« monde. Laisse-moi te conduire, te faire con-
« naître un lieu plus délicieux que tout ce que tu
« as jamais rêvé. — Grand merci, dame, » répondit Mordrain, « j'ignore comment je suis
« ici et dans quelle intention ; mais je sais que
« j'en dois sortir par la volonté de celui qui
« m'y transporta. — Viens avec moi ; » reprit la dame ; « viens partager tout ce que je pos-
« sède. — Dame, si riche que vous soyez,
« vous n'avez pas le pouvoir d'un homme qui
« passa naguère ici : vous ne pourriez comme lui
« faire d'un pauvre un riche, d'un insensé un
« sage. D'ailleurs, sans le signe de la croix, il
« m'a dit qu'on ne saurait rien faire de bien, et
« je ne le vois pas sur vos voiles. — Ah ! » reprit la dame, « quelle erreur ! Et tu le sais
« mieux que personne, puisque tu as éprouvé
« une infinité d'ennuis et de mécomptes, de-
« puis que tu as pris cette nouvelle créance.

« Tu as renoncé à toutes les joies, à tous les
« plaisirs ; souviens-toi des épouvantes de ton
« palais : Séraphe, ton serourge, en a perdu le
« sens et n'a plus que quelques jours à vivre.
« — Quoi ! sauriez-vous d'aussi tristes nouvelles
« de Nascien ? — Oui, je les sais ; à l'ins-
« tant même où tu fus enlevé, il a été mortel-
« lement frappé : il me serait pourtant aisé de
« te rendre tes domaines et ta couronne ; il te
« suffirait de venir avec moi, pour éviter de
« mourir ici de faim. Je connais bien celui qui
« prétendait faire de noir blanc, et d'un méchant
« un prud'homme : c'est un enchanteur. Jadis
« il fut amoureux de moi : je ne l'écoutai pas, et
« sa jalousie lui fait chercher les moyens
« de priver mes amis des plaisirs que je leur
« offre. » Ces paroles firent une grande im-
pression sur Mordrain ; en la voyant instruite
de ce qui lui était arrivé, il ne pouvait se défendre de croire un peu ce qu'elle annonçait.
« Qu'as-tu donc à rêver ? » lui dit encore la
dame, « approche et laisse-toi conduire dans
« un lieu où tes vrais amis t'attendent. Mais
« hâte-toi, car je m'en vais. » Mordrain ne
trouvait rien à répondre, n'osant ni résister ni
condescendre à ce qu'elle lui demandait. Cependant la dame leva l'ancre et s'éloigna, disant à
demi-voix : « Le meilleur arbre est celui qui
« porte des fruits tardifs. » Ces mots tirèrent

Mordrain de sa rêverie; il releva la tête, vit les flots s'agiter, une horrible tempête s'élever, et la nef disparaître dans un tourbillon écumeux.

Comme il regrettait de n'avoir pas demandé à cette belle dame qui elle était et d'où elle sortait, il revint sur tout ce qu'elle lui avait dit; que jamais il n'aurait de joie ni de paix tant qu'il garderait sa créance : il se représenta les richesses, les honneurs et les prospérités qu'il avait longtemps eus, les terreurs, les ennuis qui l'accompagnaient depuis qu'il avait reçu le baptême, si bien que le trouble de son cœur le fit tomber presque en désespérance.

Pour comble d'épouvante, la mer fut battue d'une horrible tempête. Mordrain, dans la crainte d'être submergé par les flots déchaînés, gravit péniblement la roche jusqu'à l'entrée sombre de la caverne. Il voulait y entrer pour se mettre à couvert des vents, de la pluie et des vagues, quand il se sentit arrêté par une force invincible, comme si deux mains l'eussent violemment retenu par les cheveux. La nuit vint, il se crut engouffré dans un abîme sans fond; à force de souffrir, il cessa de sentir et tomba dans une faiblesse dont il ne revint qu'au retour du jour, quand la mer se fut calmée et que la pluie, la grêle et les vents se furent apaisés. Alors il fit le signe de la croix, s'inclina vers Orient, dans la direction de Jérusalem, et pria longuement. Comme il se relevait, il vit revenir à lui la nef et le bel homme qui l'avait une première fois visité.

Celui-ci lui reprocha ses doutes et la complaisance avec laquelle il s'était laissé prendre à la beauté d'une femme. Il devait s'en rapporter, non pas à ses yeux, mais au cri de son cœur. Le cœur seul devait être interrogé, car les yeux sont la vue du corps, et le cœur seul est la vue de l'âme. « Cette femme qui t'a sem-
« blé si belle et si richement vêtue l'était cent
« fois davantage quand elle avait entrée dans
« ma maison ; elle y avait tout à souhait, rien
« ne lui était refusé : je l'ai réellement beau-
« coup aimée ; mais elle espéra devenir plus
« grande et plus puissante que moi-même. Son
« orgueil la perdit, je la chassai de ma cour,
« et depuis ce temps elle cherche à se venger
« sur tous ceux auxquels j'accorde mes grâces
« particulières ; tous les moyens lui sont bons
« pour les rendre aussi coupables et aussi mal-
« heureux qu'elle-même. »

Après le départ du Saint-Esprit, car c'était Dieu lui-même, la belle femme revint, ou plutôt le démon qui avait pris cette forme. Elle sut encore ébranler un instant la foi de Mordrain en lui annonçant mensongèrement la mort de Seraphe et de Saracinthe, en lui découvrant les immenses richesses dont sa nef était remplie ; mais elle ne le décida pas à la suivre. Le lendemain, Mordrain, exténué de faim et de lassitude, vit assez près de lui un pain noir qu'il se hâta de saisir. Comme il le portait avidement à ses lèvres, il entendit un immense bruissement dans les airs, comme si tous les habitants du ciel se fussent réunis sur sa tête. Un oiseau des plus merveilleux lui arracha le pain des mains. Il avait la tête d'un serpent noir et cornu, les yeux et les dents rouges comme charbons embrasés, le cou d'un dragon, la poitrine d'un lion, les pieds d'un aigle, et deux ailes dont l'une, placée au haut de la poitrine, avait la force et l'apparence de l'acier, aussi tranchante que le glaive le mieux effilé ; l'autre, au milieu des reins, était blanche comme la neige et bruyante comme la tempête, agitant les branches des plus grands arbres. Enfin l'extrémité de sa queue présentait une épée flamboyante capable de foudroyer tout ce qu'elle touchait.

Les docteurs disent que cet oiseau apparaît seulement dans le cas où le Seigneur veut inspirer au pécheur qu'il aime une épouvante salutaire. A son approche, tous les autres oiseaux du ciel prennent la fuite, comme les ténèbres devant le soleil. Sa nature est de rester seul sur la terre. Ils naissent pourtant au nombre de trois et sont conçus sans accouplement.

Quand la mère a pondu trois œufs, elle sent en elle une froideur glaciale, si bien que, pour les faire éclore, elle a recours à une pierre nommée piratite, que l'on trouve dans la vallée d'Ébron, et dont la propriété est d'échauffer et brûler tout ce qui vient à la frotter. Si elle est doucement touchée, elle retient sa chaleur première, et dès que l'oiseau l'a trouvée, il la lève avec précaution, la dépose sur son nid, et la frotte assez pour qu'elle embrase le nid et fasse éclore les œufs. Bientôt, enflammée par le mouvement qu'elle s'est donné, la mère est réduite dans une cendre que ses nouveau-nés dévorent à défaut d'autres aliments. Ils naissent deux mâles et une femelle : le désir de posséder la femelle rend les deux frères ennemis mortels. Ils s'attaquent, se déchirent et meurent des coups terribles qu'ils se sont mutuellement portés. Si bien que la femelle, restée seule, se reproduit comme on vient de voir : on lui donne le nom de Serpeliou.

Il est fâcheux qu'un oiseau si merveilleux et si rare ne vienne ici que pour effrayer le pauvre roi Mordrain et pour lui enlever son pain bis. Mais à ces moments d'angoisse succédèrent des heures plus riantes : le roi, sans avoir mangé, se trouva parfaitement rassasié : le bel homme revint le visiter à plusieurs reprises, et pourtant ses exhortations ne l'empêchèrent pas de céder

à une dernière séduction de la belle femme ; mais il avait déjà tant souffert ! Il se voyait transporté sur une roche aride et hideuse, dont une partie venait de se fendre et tomber avec fracas dans la mer ; à la grêle la plus dure, à la gelée la plus rude, succédait une température embrasée ; pas un abri contre les vents, la gelée, la grêle, les ardeurs plus insupportables encore d'un soleil de plomb : devant lui, une nef aux brillantes couleurs qui lui promettait un doux abri, la plus somptueuse abondance de toutes choses, l'amour de la plus belle femme du monde. Il avait été inaccessible à tant de séductions. Les orages avaient cessé, la grande ardeur du jour était tombée, l'air était redevenu pur et serein, quand il vit approcher une grande nef au châtelet de laquelle étaient suspendus deux écus ; c'étaient, il n'en douta pas, le sien et celui de Nascien, son serourge. Il entendit les hennissements de son cheval qu'il n'eut pas de peine à reconnaître, à la façon dont il piaffait et grattait des pieds. La nef ayant touché la roche, Mordrain s'en approcha et la vit remplie d'hommes noblement vêtus ; le premier chevalier qu'il aperçut était le frère de son sénéchal tué dans la dernière bataille d'Orcan. Le chevalier salua le roi : « Sire, » lui dit-il en pleurant, « j'apporte de tristes nou-
« velles : vous avez perdu le meilleur de vos

« amis, le duc Seraphe, votre serourge. Il est
« là, mort, dans cette nef. » En même temps il
lui tendit la main, le fit entrer dans la nef, lui
montra la bière qui semblait recouvrir le corps
de Nascien, puis leva le drap qui le cachait et
Mordrain reconnut la figure de son beau-frère.
Il tomba sans connaissance : quand il revint à
lui, la Roche du Port périlleux était à si grande
distance qu'à peine pouvait-il encore la distinguer comme un point dans l'espace. Heureusement la douleur ne l'empêcha pas de faire
le signe de la croix, et soudain disparurent les
hommes et les femmes qu'il avait vus, la bière
même et ce qu'elle contenait. Il demeura seul
dans la nef, regrettant l'illusion qui l'avait fait
contrevenir aux ordres de Dieu en quittant la
Roche du Port périlleux.

Alors apparut le bel homme qui l'avait si
souvent réconforté de bonnes paroles : « Essuie
« tes larmes, » lui dit-il, « mais prépare-toi
« à de nouvelles épreuves. D'abord tu ne mangeras pas avant d'être réuni à Nascien, et ta
« délivrance suivra de près son arrivée. C'est
« l'esprit de mensonge qui t'annonçait sa mort;
« c'est le démon qui, sous la forme d'une
« belle femme, puis sous celle d'un chevalier,
« était enfin parvenu à te pousser dans cette
« nef: le signe de la croix dont tu as su
« t'armer fit disparaître les mauvais esprits.

« Garde-toi mieux à l'avenir de tels artifices. »

Le bel homme disparut, et la nef vogua sur les flots, pendant deux jours et deux nuits. Le troisième jour, Mordrain vit approcher un homme que deux oiseaux soutenaient à fleur d'eau ; cet homme, en les abordant, fit sur la mer un grand signe de croix, puis de ses deux mains arrosa toutes les parties de la nef. « Mor-
« drain, » dit-il, « apprends quel est ton gar-
« dien, de par Jésus-Christ. Je suis Saluste,
« celui qui te doit une belle église dans la
« ville de Sarras. L'Agneau me charge de te
« découvrir le sens du dernier songe que tu as
« fait, avant de quitter tes États. Tu vis jaillir
« de la poitrine de ton neveu un grand lac d'où
« sortaient huit fleuves également purs et lim-
« pides; puis un neuvième plus pur et plus
« grand que les autres. Un homme de la sem-
« blance du vrai Dieu crucifié entra dans ce
« lac, y lava ses pieds et ses bras. Du lac il
« passa dans les huit premiers fleuves, et, quand
« il vint au neuvième, il ôta le reste de ses vê-
« tements, et s'y plongea tout-à-fait. Or le
« lac indique le fils qui naîtra de ton neveu,
« et que Dieu visitera toujours, en raison de ses
« bonnes pensées et de ses bonnes œuvres. De
« ce fils descendront en droite ligne et l'un de
« l'autre huit personnages héritiers de la bonté
« de leur premier auteur. Mais le neuvième

« l'emportera sur eux tous, en vertu, en mé-
« rite, en valeur, en grands faits d'armes;
« Jésus-Christ se baignera tout à fait dans ses
« œuvres : et si le songe t'a fait voir le Seigneur
« entièrement nu avant de se joindre à lui,
« c'est qu'il entend lui découvrir tous ses mys-
« tères, ne rien avoir de caché pour lui et
« lui permettre enfin de pénétrer tous les se-
« crets du Graal (1). »

Saint Saluste, ayant ainsi parlé, disparut.

Telles furent les aventures du roi Évalac devenu Mordrain, jusqu'au jour où il retrouvera les personnages qui composent sa famille. Nous reviendrons à lui quand nous aurons dit les non moins surprenantes épreuves réservées à Nascien son serourge, à Saracinthe sa femme, à Celidoine son neveu. Le récit en est fort long dans le roman; nous l'abrégerons, autant que nous le pourrons sans nuire à la clarté de l'ensemble de la composition.

(1) Nous nous étions contenté d'indiquer ce songe, page 200.

III.

AVENTURES DE NASCIEN. — L'ILE TOURNOYANTE. — LA NEF DE SALOMON.

On a vu que Nascien avait été accusé de la disparition de son beau-frère, le roi Mordrain. Calafer, le plus méchant de ses accusateurs, l'avait fait jeter en prison avec son jeune fils, l'aimable Célidoine. Mais il ne put l'y retenir longtemps ; Nascien, favorisé d'un songe prophétique, vit une main entr'ouvrir la voûte de son cachot, le saisir par les cheveux et le transporter à treize journées de sa ville d'Orbérique, dans une île que nous allons décrire. A quelque temps de là, l'impie Calafer fut lui-même foudroyé, après avoir vu le jeune Célidoine échapper miraculeusement à la mort qu'il lui réservait. Nous suivrons d'abord Nascien dans les lieux où la main mystérieuse vient de le déposer.

C'était une île située au milieu de la mer d'Occident ; les gens du pays l'appelaient l'île Tournoyante, et ce n'était pas sans raison, ainsi qu'on va l'exposer; car ici l'on n'avance rien qu'on n'en donne l'explication : sans cela on ne verrait dans le Graal qu'un enlacement de paroles, et l'on n'en garderait qu'une idée confuse ; mais dans ce livre, qui est l'histoire de toutes les histoires, il ne faut laisser aucun doute sur rien de ce qu'on rapporte.

Avant le commencement de toutes choses, les quatre éléments confondus n'étaient qu'une masse inerte et sans forme arrêtée. Le fondateur du monde (1) disposa d'abord le ciel, dont il fit le séjour du feu, la voûte et la dernière limite de l'univers. Entre le feu, qui de sa nature est extrêmement léger, et la terre, qui est extrêmement lourde, il plaça l'air, puis creusa des lits plus ou moins vastes pour recueillir les eaux. Mais, avant cette séparation, chacun des éléments, en luttant et en se pénétrant, avait perdu quelque chose de ses propriétés naturelles ; c'était une sorte de rouille, d'écume ou de scorie, qui tenait de tous les quatre, et formait comme une cinquième substance de tout ce que les autres avaient rejeté. Or l'harmonie établie par le divin Créateur aurait été trou-

---

(1) *Li establissieres del monde.* On voit que notre auteur croyait à l'éternité des quatre éléments, de ce que nous appelons la Matière.

blée, si l'on n'avait pu se débarrasser de ce fâcheux résidu.

Et comme cette masse, où se confondait la légèreté de l'air et du feu avec la pesanteur, la froideur de l'eau et de la terre, se trouvait également repoussée par la terre et par le ciel, en faisant d'inutiles efforts pour se rattacher à l'un ou à l'autre, il lui arriva de planer un jour sur la mer d'Occident, entre l'île Onagrine et le port au Tigre. Là se rencontre une énorme masse d'aimant, et l'on sait que l'aimant a la propriété d'attirer le fer. La rouille ferrugineuse qui formait une grande partie de la masse fut ainsi retenue par cette roche sous-marine, mais non pas assez pour vaincre toute résistance de la part du résidu des autres éléments; si bien que, l'air et le feu tendant à s'élever, l'eau à s'étendre, la terre à s'abaisser et la rouille ferrugineuse à suivre l'aimant, il résulta de ces efforts contraires une sorte d'état stationnaire pour la masse, et d'agitation pour ses diverses parties. Retenue par l'aimant, elle pivota sur elle-même, d'après les évolutions du ciel et des constellations. Ainsi, par le mouvement en sens contraire de son quadruple élément, igné, vaporeux, liquide et terrestre, fut-elle condamnée à une sorte de tourmente perpétuelle. Voilà pourquoi ce rebut des Éléments avait reçu le nom de l'île Tournoyante. Sa longueur n'était pas moindre de douze cent quatre-vingts stades, et sa largeur de huit cent douze stades. Le stade est la seizième partie d'une lieue (1); l'île Tournoyante avait donc quatre-vingts lieues de large sur quatre-vingt-sept de longueur.

Au reste, ajoute ici notre conteur, le Livre ne garantit pas que l'île Tournoyante ne fût encore d'une plus grande étendue ; il se contente d'affirmer qu'elle avait au moins celle qu'il lui assigne. Le Graal dit quelquefois moins, mais jamais plus que la vérité. Nul mortel assurément ne connaîtra tout-à-fait ce que renferme le Graal, mais au moins pouvons-nous promettre qu'on n'y trouvera jamais rien qui s'écarte de la vérité. Et qui oserait douter des paroles écrites par Jésus-Christ lui-même, c'est-à-dire par la source de toutes les vérités ? On sait que Notre-Seigneur, avant de monter au ciel, avait seulement deux fois tracé des lettres. La première fois, quand il fit la digne oraison de la Patenôtre ; il la traça de son pouce sur la pierre. La seconde fois, quand, les Juifs ayant amené la femme adultère, il écrivit sur le sable : « Que celui de vous tous qui est sans péché lui

---

(1) Ce calcul est juste ; et la mention des stades (*estas*) semble indiquer pour cette légende une origine grecque ou byzantine.

« jette la première pierre. » Puis, un instant après, il ajouta : « Ah ! terre, comment oses-tu « accuser la terre ! » Comme s'il eût écrit : « Homme, fait de si vile argile, comment « peux-tu punir chez les autres les péchés que « tu es si disposé toi-même à commettre ! »

Et vous ne trouverez pas un seul clerc assez téméraire pour dire que Jésus-Christ, tant qu'il fut enveloppé des liens de la chair humaine, ait écrit autre chose. Mais, depuis sa résurrection, il écrivit le Saint-Graal. Grande serait donc la folie qui révoquerait en doute ce qu'on lit dans une histoire tracée de la propre main du Fils de Dieu, quand il eut dépouillé le corps mortel et revêtu la céleste majesté (1).

Nascien, après avoir longtemps examiné les lieux, descendit vers le point où la mer lui semblait plus proche, et, quand il aperçut les flots, il distingua en même temps, dans la plaine liquide, une nef qui arrivait à lui. Plus elle approchait, plus il la voyait grande et somptueuse. Elle parut jeter l'ancre sur le ri-

---

(1) La hardiesse et la témérité de ces derniers paragraphes sont réellement inconcevables. On ose ainsi placer le *Saint-Graal* au-dessus des Évangiles, puisque ceux-ci furent seulement écrits sous l'inspiration, et non de la propre main de Jésus-Christ. « Mais, » ajoute ici le prétendu secrétaire de Dieu, « il convient de revenir « aux paroles de la véritable histoire, à laquelle ce « qu'on vient de lire a été ajouté. »

vage; alors il s'étonna de ne voir et de n'entendre personne sur le pont, et voulut juger par lui-même si la beauté de l'intérieur répondait à celle du dehors. Mais il fut arrêté par une inscription chaldéenne dont le sens était :

Toi qui veux entrer ici, prends garde d'avoir une foi parfaite. Il n'y a ici que foi et vraie créance. Si tu faiblis sur ce point, n'espère jamais de moi le moindre secours.

Nascien réfléchit un instant, et ne trouva dans son esprit aucun doute sur la vraie créance; il mit hardiment le pied dans la nef. Il la visita dans toutes ses parties, et ne put retenir son admiration de la voir si belle, si somptueuse et si solidement construite. Revenant sur ses pas, il vit, dans le milieu de la salle principale, de longs rideaux blancs qu'il souleva : ils entouraient un lit beau, grand et riche. Sur le chevet était posée une couronne d'or; aux pieds, une épée qui jetait grande clarté, étendue en travers du lit et à demi tirée du fourreau. La poignée était faite d'une pierre qui semblait offrir la réunion de toutes les couleurs, et chacune de ces couleurs avait, ainsi qu'on le dira plus tard, une vertu particulière. La poignée de l'épée (1) était faite de

---

(1) L'enhoudeure.

deux côtes, fournies l'une par le serpent nommé Palaguste, qu'on trouve surtout dans le pays de Calédonie : quand on la touche, on devient insensible à l'ardeur du soleil, on a toujours le corps frais et dispos. L'autre côte venait d'un poisson de grandeur médiocre, nommé Cortenans, et qu'on trouve dans le fleuve d'Euphrate. Celui qui la touche oublie aussitôt les sujets qu'il avait eus jusque-là de tristesse ou de joie, pour être tout entier à la pensée qui lui avait fait saisir l'épée. Le drap vermeil sur lequel cette épée était placée laissait voir des lettres qui disaient : *Je suis merveilleuse à voir, plus merveilleuse à connaître. Le privilége de m'employer n'appartiendra qu'à un seul, lequel surpassera en bonté tous les autres hommes qui sont nés ou à naître.*

Nascien lut ensuite les lettres tracées sur la partie découverte de la lame ; elles disaient : *Que nul ne soit assez hardi pour achever de me tirer, s'il ne sait mieux frapper que personne. Tout autre serait puni de sa témérité par une mort soudaine.*

Il examina ensuite le fourreau, dont il ne put reconnaître la véritable matière. Il était de la couleur d'une feuille de rose, et portait une inscription en lettres d'or et d'azur. Quant aux bandes ou *renges* qui tenaient le fourreau, elles étaient tout à fait indignes d'un si noble emploi; on eût dit de la mauvaise étoupe de chanvre, si bien qu'en les prenant pour lever l'épée, on n'aurait pas manqué de les déchiqueter. Voici le sens des lettres tracées sur le fourreau :

Qui me portera devra être le plus preux de tous les hommes; et tant qu'il portera ces renges autour du corps, il n'aura pas à craindre d'être honni. Malheur à qui voudra remplacer les renges; il attirera sur lui les plus grandes calamités. Il n'est réservé de les changer qu'à la main d'une femme, fille de roi et de reine. Elle seule pourra les remplacer par une chose qu'elle portera sur elle et qu'elle aimera le plus. Elle nous donnera, à l'épée et à moi, le vrai nom qui nous appartient.

Et Nascien, ayant voulu voir encore si les deux côtés de l'épée étaient semblables, y porta la main et tourna la lame dans l'autre sens. Il vit qu'elle était de couleur de sang, et qu'on lisait sur la partie que le fourreau n'enfermait pas : *Qui plus me prisera aura le plus sujet de se plaindre de moi. Qui devrait me trouver la plus favorable me trouvera la plus dangereuse, au moins pour la première fois.*

Tels étaient donc le lit, la couronne, l'épée et ses renges. Mais il y avait encore trois fuseaux dont l'intention semblera plus merveilleuse.

Le premier était dressé au milieu du bois de lit. Du côté opposé s'en trouvait un autre dressé de la même manière. Un troisième était posé en travers du lit et comme chevillé aux deux autres. De ces fuseaux, le premier était blanc comme la neige, le second vermeil comme sang ; on eût dit le troisième fait de la plus belle émeraude. Ces couleurs ne devaient rien à l'invention humaine. Et, comme on pourrait douter de ce qu'on vient de dire, il est à propos d'en expliquer le sens et la véritable origine. Cela nous écartera un peu de notre sujet, mais l'histoire en est agréable à entendre ; d'ailleurs, de la connaissance de ces fuseaux dépend celle de la nef.

Quand Ève la pécheresse, prêtant l'oreille aux conseils de l'Ennemi, eut cueilli le fruit défendu, elle arracha de l'arbre, avec la seconde pomme, le rameau auquel elle était attachée. Adam la prit, et laissa le rameau entre le mains d'Ève, qui le garda sans y penser, comme il arrive souvent à ceux qui retiennent en main une chose qu'ils auraient aussi bien pu laisser tomber. A peine eurent-ils mangé le fruit, que leur nature fut transformée : ils se regardèrent, rougirent à la vue de leur chair, et se hâtèrent de couvrir de la main leurs parties honteuses.

Ève cependant avait toujours le rameau à la main. En sortant du paradis, elle le regarda; il était du plus beau vert, et, comme il venait de l'arbre funeste, occasion de leur perte, elle dit qu'en souvenir de son péché, elle le conserverait tant qu'elle pourrait, et le placerait dans un lieu où elle irait souvent le voir, pour y pleurer sa désobéissance. Comme il n'y avait pas encore de huche ou de boîte où l'on pût renfermer quelque chose, elle piqua le rameau en terre, et se promit de ne pas l'oublier.

La tige crût aussitôt et prit racine; mais nous devons le dire : tant qu'Ève le tint à la main, il était pour elle une enseigne de réparation, et lui représentait la postérité qu'elle devait avoir. Dans l'état où Dieu l'avait créée et mise dans le Paradis, elle devait demeurer vierge, n'étant pas vouée à la mort; mais, après sa chute et celle d'Adam, le genre humain devait se perpétuer par elle; et, le rameau lui paraissant une image de sa postérité, elle lui souriait en disant : « Ne vous désolez pas; « vous n'avez pas à jamais perdu l'héritage « dont nous vous avons privés. » Maintenant, si l'on demande pourquoi ce ne fut pas Adam qui emporta du Paradis le rameau, l'homme étant de plus haute nature que la femme, nous répondrons que la femme dut le retenir, parce que par elle était la vie perdue, et par elle devait-elle être recouvrée.

Le rameau devint un grand arbre : sa tige, ses branches, ses feuilles et son écorce furent de la blancheur de la neige tombée. La blancheur est la couleur de la chasteté. Et vous devez savoir ici qu'entre virginité et chasteté, la distance est grande. La première est un don qui appartient à toute femme qui n'a jamais subi d'assemblage charnel; la seconde est une haute vertu propre à celles qui n'ont jamais eu le moindre désir de cet assemblage, telle qu'Ève était encore, le jour qu'elle fut chassée du Paradis et qu'elle planta le rameau en terre.

La beauté, la vigueur de l'arbre sous lequel ils aimaient à se reposer, les engagea bientôt à en détacher quelques autres rameaux qu'ils plantèrent, et qui prirent également racine. Ils en formèrent une espèce de forêt, et tous conservèrent la blancheur éclatante de celui dont ils venaient. Or, il arriva qu'un jour (c'était, dit la sainte bouche de Jésus-Christ, un vendredi), comme ils reposaient à l'ombre du premier arbre, ils entendirent une voix qui leur ordonnait de se réunir charnellement. Mais telle fut leur confusion et leur vergogne, qu'ils ne purent supporter la vue ni même la pensée d'une œuvre aussi vilaine, l'homme ici n'étant pas moins honteux que la femme. Ils se regardèrent longtemps sans avoir le courage d'aller au delà, si bien que notre sire eut pitié de leur embarras. Et comme il avait la ferme volonté de former l'humain lignage et de lui donner la place que la dixième légion de ses anges avait perdue par son orgueil, il fit descendre sur eux un nuage qui ne leur permit pas de se voir l'un l'autre.

Étonnés de cette obscurité sondaine, qu'ils attribuèrent à la bonté de Dieu, ils s'appelèrent de la voix et, sans se voir, se rapprochèrent, se touchèrent, et enfin se joignirent charnellement. Alors ils sentirent quelque allégement de leur péché; Adam avait engendré, Ève avait conçu Abel le juste, celui qui rendit toujours loyalement à son créateur ce qu'il lui devait.

Au moment de cette conception, l'arbre, qui avait été jusque-là d'une blancheur éclatante, devint vert et de la couleur de l'herbe des prés. Pour la première fois il commença à fleurir et porter des fruits. Et tous ceux qui, à compter de ce moment, descendirent de lui, furent comme lui de couleur verte. Mais ceux qu'il avait produits avant la conception d'Abel restèrent blancs et privés de fleurs et de fruits.

Cet arbre et ceux qui en vinrent conservèrent leur verdure jusqu'au temps où Abel devint pour son frère Caïn un objet de haine et de jalousie. Un jour, comme Abel avait conduit ses brebis assez loin du manoir de son père, et près de l'arbre de vie enlevé du Paradis terrestre; la grande chaleur du jour l'engagea à se reposer sous l'ombrage de cet arbre. Comme il commençait à sommeiller, il entendit venir Caïn, et se levant aussitôt : « Soyez le bien-« venu, mon frère! » dit-il. L'autre lui rendit son salut, en l'invitant à se rasseoir; mais, comme Abel se tournait pour le faire, Caïn, tirant un couteau recourbé, le lui plongea dans la poitrine. Il était né le vendredi, et ce fut un autre jour de vendredi qu'il reçut la mort.

Notre-Seigneur maudit Caïn, mais il ne maudit pas l'arbre sous lequel Abel avait été tué. Seulement il lui ôta sa couleur verte et le rendit entièrement vermeil, en mémoire du sang qu'il avait vu répandre. Il ne produisit plus ni fleurs ni fruits; nul de ses rameaux ne reprit en terre; d'ailleurs ce fut le plus bel arbre qu'on pût voir.

Tous ces arbres, les blancs, qui étaient nés avant la conception d'Abel, les verts, produits avant le crime de Caïn, et l'arbre vermeil, unique de sa couleur et nommé d'abord arbre de mort, puis arbre de vie, puis arbre d'aide et de confort, tous ces arbres, disons-nous, subsistèrent et ne perdirent leurs vertus ni leur beauté, à l'époque du déluge; ils conservaient encore leur premier éclat au temps où régna le grand roi Salomon, fils de David. Dieu avait donné à ce roi sens et discrétion outre mesure d'homme; il savait tout ce qu'on peut savoir de la force des herbes, du mouvement des étoiles, de la vertu des pierres précieuses; et cependant il fut tellement aveuglé et déçu par la beauté d'une femme, qu'il en oublia ce qu'il devait à Dieu. Il devinait bien que cette femme le trompait et lui faisait toutes les hontes qu'elle pouvait imaginer; mais il l'aimait trop pour avoir la force de s'en garder, tant il est vrai que toute la science de l'homme ne saurait empêcher la femme de le décevoir, quand elle en a pris la résolution; et ce n'est pas d'aujourd'hui qu'on peut en voir la preuve, mais à partir du commencement du monde.

Voilà pourquoi Salomon a dit, dans son livre appelé Paraboles : « J'ai fait le tour du « monde; j'ai parcouru les mers et les terres « habitées; je n'ai pas rencontré une prude « femme. » Le soir même où il avait écrit cela, il entendit une voix céleste qui dit : « Salo-« mon, ne prends pas en tel dédain les femmes; « si le mal vint d'abord par la première dans le « monde, une autre doit un jour apporter aux « hommes plus de joie qu'ils n'avaient éprouvé « de peines. Par la femme sera guérie la bles-

« sure faite par la femme. Et c'est de ton li-
« gnage que la guérison viendra. »

Cette vision le fit repentir de ce qu'il avait dit et pensé à la honte des femmes. Il se mit alors à chercher, à consulter toutes les écritures, et parvint enfin à pressentir la venue de la bonne sainte Marie, dans le sein virginal de laquelle devait être conçu l'Homme-Dieu. Il se réjouit en pensant que cette dame bienheureuse appartiendrait à son lignage, mais un seul doute lui restait : serait-elle la dernière de sa postérité? La nuit suivante, une voix lui vint ôter ses inquiétudes : « Salomon, » dit-elle, « longtemps
« après la Vierge bienheureuse, un chevalier,
« le dernier de ta race, passera en sainteté de
« mœurs, en vaillance de chevalerie, tous ceux
« qui auront été ou seront avant ou après lui.
« Le soleil n'efface pas mieux les rayons de la
« lune, Josué, ton serourge, n'est pas plus au-
« dessus de tous les autres chevaliers de ton
« temps (1), que celui-ci n'effacera et ne sur-
« montera la bonté, la prouesse de tous les
« chevaliers de tous les siècles. »

Tout ravi que fût Salomon de ces nouvelles,

(1) On voit que notre auteur ne connaissait que par ouï dire la sainte Bible : autrement, Josué, devenu, de par les poëtes du moyen âge, un des Neuf preux, ne serait pas ici le contemporain de Salomon, et, bien plus, son beau-frère.

il regrettait encore que l'avénement de ce chevalier fût remis à une époque trop éloignée pour lui laisser la moindre espérance de le voir. Deux mille ans et plus devaient séparer son siècle de celui de son dernier et glorieux descendant. Si seulement il pouvait trouver un moyen de lui faire savoir que sa venue avait été prévue et pressentie! Il rêvait jour et nuit à cela, si bien que sa femme s'aperçut de ses préoccupations; elle en prit ombrage, pensant qu'il avait peut-être découvert quelqu'une de ses ruses et tromperies. Une nuit qu'elle le vit mieux disposé, plus enjoué que d'ordinaire, elle lui demanda quel était le sujet de ses longues rêveries. Salomon savait que nul homme n'était capable de résoudre la difficulté qui le tourmentait; mais peut-être, se dit-il, la femme, dont l'esprit est plus subtil, y parviendrait-elle. Il lui découvrit donc toute sa pensée, ce qu'il avait deviné, et ce que la voix céleste lui avait appris; enfin son désir de faire parvenir au dernier chevalier de son lignage la preuve que le roi Salomon avait prédit ses hauts faits et connu le temps de son avénement.

« Sire, » fait alors la dame, « je vous de-
« mande trois jours pour penser à ce que vous
« m'avez dit. » Et, la troisième nuit venue :
« J'ai, » dit-elle, « longuement cherché com-
« ment le dernier chevalier de votre lignage

« pourrait savoir que vous avez prévu son
« avénement, et voici le moyen que j'ai trouvé :
« vous manderez tous les charpentiers de votre
« royaume ; quand ils seront réunis, vous leur
« ordonnerez de construire une nef d'un bois
« qui ne puisse redouter de l'eau ou du temps
« la moindre pourriture, avant quatre mille
« ans. Pendant qu'ils disposeront cette nef, je
« me chargerai du reste. »

Salomon prit confiance en ces paroles. Le lendemain, il manda les charpentiers, auxquels il donna ses ordres ; la nef fut construite en six mois. La dame alors : « Sire, puisque ce
« chevalier doit passer en prouesse tous ceux
« qui furent ou qui après lui seront, il con-
« viendrait de lui préparer une arme égale-
« ment supérieure à toutes les autres armes,
« et qu'il porterait en votre remembrance. —
« Où trouver une telle arme ? » demanda Salomon. — « Je le vous dirai. Il y a, dans le
« temple que vous avez fait bâtir en l'honneur
« de Jésus-Christ, l'épée du roi David, votre
« père. C'est la meilleure et la plus précieuse
« qu'on ait jamais forgée : prenez-la, séparez-la
« de sa poignée et de sa garde. Vous qui con-
« naissez la force des herbes et la vertu des
« pierres, vous ferez une poignée d'un mé-
« lange de pierres précieuses tellement subtil
« que personne ne puisse distinguer l'une de

« l'autre, ni douter qu'elle ne soit faite d'une « matière unique. La poignée, le fourreau, « répondront à l'excellence de l'épée. Et quant « aux renges, je me réserve le soin de les « fournir. »

Salomon fit tout ce que lui conseillait sa femme : il tira du Temple l'épée de David, en fabriqua lui-même la poignée; mais, au lieu de fondre ensemble un grand nombre de pierres, il en choisit une seule qui réunissait toutes les couleurs qu'on peut imaginer. Et, regardant alors l'épée, le fourreau, la garde et la poignée, ainsi qu'il était parvenu à les réunir, il fut convaincu que jamais chevalier n'avait possédé une arme pareille. « Plaise à Dieu main- « tenant, » s'écria-t-il, « que nulle autre main « que celle de l'incomparable chevalier auquel « elle est destinée ne se hasarde à la tirer du « fourreau, sans en être aussitôt puni ! — Salo- « mon, » dit alors une voix, « ton désir sera « exaucé. Nul ne tirera cette épée qu'il n'ait « sujet de s'en repentir, si ce n'est celui auquel « elle est destinée. »

Restait à tracer sur l'épée les lettres qui devaient la faire distinguer de toutes les autres, et à fabriquer les renges qui devaient la joindre au côté de celui qui la posséderait. Salomon traça les inscriptions. Quant aux renges, la femme du roi les apporta. Elles étaient laides, misérables, faites de chanvre si mal lié qu'on ne pouvait y suspendre l'épée sans que bientôt elle ne dût s'en détacher. « Y pensez-vous? » dit Salomon; « jamais la plus vile épée ne tint « à d'aussi viles renges. — C'est pour cela que « j'entends les joindre à la plus merveilleuse de « toutes les épées. Dans les temps à venir, une « demoiselle saura bien les changer contre « d'autres plus dignes de la soutenir. Et l'on « reconnaîtra ici l'influence des deux femmes « dont je vous entends parler; car, de même « que la Vierge bienheureuse réparera le tort « de notre première mère, ainsi la demoiselle « ôtera les renges qui déshonorent votre épée, « et les remplacera par les plus belles et les « plus précieuses du monde. » Plus la dame parlait, et plus Salomon s'émerveillait de la subtilité de son esprit et de la justesse de ses inventions. Il fit alors transporter dans la nef un lit du bois le plus précieux, sur lequel il mit, comme on a vu, la couronne et l'épée du roi David.

Mais la dame aperçut qu'il manquait encore quelque chose à la perfection de l'œuvre. Elle conduisit des charpentiers devant l'arbre de vie sous lequel Abel avait été tué : « Vous « voyez, » leur dit-elle, « cet arbre vermeil, « et ces autres arbres, les uns blancs, les « autres verts; vous allez en couper trois fu-

« seaux, l'un vermeil, l'autre vert et l'autre
« blanc. » Les charpentiers hésitèrent, parce
que, jusqu'alors, personne n'avait eu la hardiesse de toucher à la première de ces tiges.
Mais enfin, cédant aux menaces de la dame,
ils l'entamèrent de leurs cognées. Quelle ne fut
pas leur surprise quand ils en virent jaillir des
gouttes de sang, abondantes comme si elles
fussent sorties d'un bras d'homme nouvellement coupé ! Ils n'osaient continuer, mais il
fallut obéir à de nouvelles injonctions de la
dame. Les trois fuseaux furent portés dans la
nef, et disposés comme on a vu : « Sachez, »
dit la dame, « que personne ne verra ces trois
« fuseaux sans penser au paradis terrestre, à la
« naissance et à la mort d'Abel. » Comme elle
disait ces mots, on apprit que les charpentiers
qui avaient tranché les fuseaux étaient frappés
d'aveuglement. Salomon accusa justement sa
femme de leur malheur et déposa dans la nef
un bref où ces lignes étaient tracées :

« *O bon chevalier, qui dois être le dernier de
ma race, si tu veux conserver paix, vertu et
sagesse, garde-toi de la subtilité des femmes.
Rien n'est plus à craindre que la femme. Si tu
la crois, ton sens ni ta prouesse ne t'empêcheront pas d'être trompé.* »

Puis, au chevet du lit et sous la couronne,
il mit un autre bref exposant les vertus de la

nef, du lit, des fuseaux et de l'épée, enfin l'intention qu'avait eue le roi Salomon en la faisant construire. Cette intention ne suffisait pas pour expliquer la véritable signification de l'œuvre ; la voix céleste crut devoir le lui révéler dans un songe : « Cette nef, » dit-elle, re-
« présentera ma nouvelle maison et sera l'image
« de l'Église, dans laquelle on ne doit pas
« entrer si l'on n'est simple de foi, pur de
« péché, ou du moins repentant des outrages
« que l'on aurait commis envers la majesté de
« Dieu. Les nefs ordinaires ont été faites pour
« contenir ceux qui veulent passer d'un rivage
« à un autre rivage ; la nef de sainte Église est
« destinée à soutenir les chrétiens sur la mer
« du monde, pour les conduire au port de salut,
« qui est le ciel. »

Salomon, ayant alors recouvert sa nef d'un drap de soie que la pourriture ne pouvait atteindre, la fit transporter sur la rive de mer la plus prochaine. Puis on dressa près de là par son ordre plusieurs pavillons qu'il vint occuper, lui, sa femme et une partie de leurs gens.

Le Roi ne fut pas longtemps sans souhaiter d'entrer dans la nef, en la voyant si belle et si remplie de précieux objets ; mais il fut retenu par une voix qui lui cria : « Arrête, si tu ne
« veux mourir ; laisse la nef flotter à l'aventure.
« Elle sera vue maintes fois avant d'être ren-

« contrée par celui qui doit en découvrir tous
« les mystères. »

Alors le vent enfla les voiles, la nef prit le large, et se perdit bientôt dans le lointain.

Telle était donc la nef qui s'était arrêtée devant l'île Tournoyante où le duc Nascien venait d'être transporté. Sa grande foi lui avait permis d'y entrer et de bien considérer le lit, la couronne et l'épée. Mais il ne put conserver jusqu'à la fin sa robuste créance, et, à la vue des trois fuseaux qui, suivant les lettres, étaient de la couleur primitive du bois qui les avait fournis : « Non, » dit-il, « je ne puis me persuader que
« tant de merveilles soient réelles : il faut qu'il
« y ait ici quelque chose de mensonger. » A peine eut-il prononcé ces mots que la nef s'entr'ouvrit sous ses pieds et le laissa glisser dans la mer. Heureusement il se hâta de recommander son âme à Dieu, et, à force de nager, il regagna l'île Tournoyante, d'où il était passé dans la nef: alors il demanda pardon à Dieu, pria beaucoup, s'endormit, et, quand il se réveilla, il ne vit plus la nef de Salomon, qui avait poursuivi sa route.

Nous laisserons Nascien dans l'île Tournoyante, et nous vous parlerons de son fils.

Célidoine était né sous les plus heureuses

influences célestes. Le soleil était en plein midi quand sa mère l'avait mis au monde ; aussitôt on avait vu l'astre rebrousser chemin vers l'horizon, et la lune paraître au couchant dans tout son éclat. On en conclut que l'enfant aurait toutes les vertus et toute la science que pouvait avoir un homme, et on lui donna le nom de Célidoine, c'est-à-dire, donné par le ciel.

Cet enfant, que l'odieux Calafer avait fait enfermer dans le même souterrain que son père, avait été délivré d'une façon non moins miraculeuse. Après l'enlèvement de Nascien, dont nous avons parlé, le tyran avait ordonné que l'on précipitât Célidoine du sommet de la plus haute tour d'Orbérique : à peine les bourreaux de Calafer l'eurent-ils laissé tomber que neuf mains dont les corps étaient cachés par un nuage l'arrêtèrent et le transportèrent au loin. C'est à quelques jours de là que la foudre céleste avait atteint Calafer.

Les traversées de Célidoine offrent moins d'incidents que celles de Mordrain et de Nascien. Les neuf mains qui l'avaient enlevé le conduisent dans une île lointaine où vient aborder le roi de Perse Label, dont il explique les songes multipliés, dont il prédit la mort prochaine et qu'il décide à recevoir le baptême, la veille de sa mort. Puis, abandonné dans une légère nacelle à la merci des flots par les Persans qui lui reprochaient d'avoir converti leur souverain, il fait rencontre de la nef de Salomon, dans laquelle il lui est permis d'entrer et qui le conduit dans l'île Tournoyante où il retrouve son père Nascien. Après s'être mutuellement raconté leurs aventures précédentes, ils rentrent dans la nef de Salomon qui les mène dans une autre île habitée par un cruel géant. Nascien, pour le combattre, va prendre l'épée de David, qu'il tire de son mystérieux fourreau ; mais aussitôt la poignée s'en détache et la lame tombe à terre devant lui. Il reconnaît alors qu'il a témérairement agi en voulant se servir de l'arme destinée au dernier de ses descendants ; puis, apercevant une autre épée couchée près de la première, il la prend, va combattre le géant et le frappe d'un coup mortel. Ils remontent ensuite dans la nef de Salomon et continuent leur voyage, dont la direction est abandonnée à la volonté céleste, jusqu'à ce qu'ils rencontrent la nacelle du roi Mordrain qui, en rapprochant de l'épée de David la poignée que Nascien en avait séparée, voit les deux parties se rejoindre comme elles étaient auparavant (1). Puis une voix leur ordonne de quitter sur-le-champ la nef et de rentrer dans la nacelle qu

---

(1) Variante de la lance qui blessa Joseph, fut brisée et ressoudée par un ange.

leur avait amené le roi Mordrain. Nascien, plus irrésolu que les deux autres, sent une épée flamboyante descendre sur son épaule gauche et y faire une large et douloureuse ouverture. « C'est, » dit une voix « la punition de la « faute que tu as commise en tirant du fourreau « l'épée de David. » La douleur contraignit Nascien de tomber à terre, mais ne put lui arracher le moindre murmure. Il crut au contraire que cette blessure était un nouveau témoignage de l'amour que Dieu lui portait, puisqu'il le punissait en ce monde au lieu de lui préparer une seconde vie éternellement malheureuse.

Ici notre auteur laisse le roi Mordrain, le duc Nascien et le jeune Célidoine, pour nous entretenir de la reine Sarracinthe et de la duchesse Flégétine, femme de Nascien, demeurées dans le royaume de Sarras après l'éloignement de leurs époux.

IV.

VOYAGE DES MESSAGERS EN QUÊTE DE MORDRAIN, DE NASCIEN ET DE CÉLIDOINE.

La nouvelle de la mort de Calafer et de la disparition de Nascien fut, on peut le croire, un grand sujet d'étonnement pour la bonne et belle duchesse Flégétine. Nascien son époux lui apparut bientôt en songe, pour la consoler et l'avertir que Dieu voulait les réunir un jour et établir leur postérité dans une contrée lointaine, vers Occident. La dame prit aussitôt la résolution de quitter sa ville d'Orbérique et de suivre pour sa *quête* la direction assez vague que la vision lui avait indiquée. Elle venait de partir, accompagnée d'un vavasseur loyal, quand la reine Sarracinthe, écoutant une impulsion analogue, chargeait cinq fidèles sergents d'entreprendre un autre voyage en quête de Mordrain. Les messagers partirent, munis d'un bref qui devait, à l'occasion, leur servir de lettres de créance, et où se trouvaient indiqués le but de leur voyage et l'histoire des épreuves subies par le roi Mordrain, le duc Nascien et le jeune Célidoine.

Les cinq prud'hommes prirent leur chemin vers Égypte, et arrivèrent dans la ville de Coquehan, patrie de l'aïeul de la bonne dame Marie l'Égyptienne. Avertis, dans un songe, qu'ils faisaient fausse route, et que celui qu'ils cherchaient errait en ce moment sur la mer de Grèce, ils revinrent sur leurs pas et entrèrent dans Alexandrie, où ils ensevelirent un de leurs compagnons qui n'avait pu supporter la chaleur excessive du climat.

Sur le rivage ils aperçurent une nef qui semblait abandonnée. Grande fut leur surprise, en l'abordant, de trouver sur le pont et dans le fond de la nef deux cents cadavres. Ils regardèrent çà et là, et découvrirent enfin une jeune dame qui fondait en pleurs. Comment et par quelle aventure se trouvait-elle en pareil lieu? « Seigneurs, » leur dit-elle, « si vous promettez
« de m'épargner, je vous le dirai : les gens que
« vous voyez étaient sujets du roi Label, mon
« père; il prit envie, il y a quelque temps, au
« roi Ménélau, un de mes oncles, d'aller voir
« son fils, gouverneur de Syrie. Il se mit en
« mer et me permit de l'accompagner. Le roi
« de Tarse, qui depuis longtemps était en
« guerre avec lui, ayant avis de son départ, fit
« équiper un grand nombre de nefs et vint

« croiser et attaquer la nôtre. Le combat fut
« long et des plus acharnés, mais il fallut céder
« au nombre; mon oncle mourut les armes à la
« main : ceux qui l'accompagnaient eurent le
« même sort; c'est eux dont les corps sont
« étendus devant vous. Par une sorte de com-
« passion pour ma jeunesse, la vie que j'aurais
« tant désiré perdre me fut laissée. C'est à vous
« de voir s'il ne conviendrait pas mieux de me
« faire mourir. »

Les messagers furent touchés de ce récit, mais résolurent de profiter de la nef pour continuer leur quête. Ils demandèrent à la fille du roi Label s'il lui conviendrait de les accompagner. La demoiselle répondit que, s'ils s'engageaient à ne pas lui faire de honte, elle les suivrait volontiers partout où il leur plairait d'aller. Leur premier soin fut d'aviser au moyen de débarrasser la nef de tous les cadavres, et de les mettre à l'abri de la dent des ours et des lions. Aidés par les gens du pays, ils creusèrent une large fosse où furent déposés les deux cents corps; on les recouvrit d'une large pierre avec cette inscription : *Ci-gisent les gens de Label, tués par ceux de Tarse; les messagers en quête de Nascien les ensevelirent par un pieux respect de leur humanité* (1). Ils gar-

---

(1) « Par pitiet d'umaine semblance » (f° 143 v°).

nirent ensuite la nef de tout ce qui pouvait les soutenir durant une traversée aussi aventureuse ; mais vainement cherchèrent-ils un pilote : la nuit venue, ils s'endormirent tous dans la nef. Comme les voiles étaient restées tendues, voilà qu'un souffle puissant ébranla le vaisseau, le poussa en pleine mer, si bien que le lendemain, au réveil, ils n'aperçurent plus le rivage et se trouvèrent sans maître et sans pilote, voguant aussi rapidement que l'émerillon quand on le poursuit ou qu'il poursuit une proie.

Ils ne manquèrent pas de se mettre à genoux, et d'implorer à chaudes larmes la protection céleste. Le matin du quatrième jour, leur nef fut poussée contre une île hérissée de rochers et se fendit en quatre morceaux. Des quatre messagers, deux furent noyés, les deux autres gagnèrent les rochers qui bordaient cette île. Pour la demoiselle, elle se soutenait sur une planche en implorant la pitié de ses compagnons de voyage. L'un d'eux, au risque de se noyer lui-même, ôta ses vêtements, s'élança vers elle à la nage, et la traîna jusqu'à l'endroit qui les avait recueillis.

Alors ils regardèrent de tous côtés et aperçurent à la droite de la roche un petit sentier qui conduisait à la cime d'une montagne fermée par les rochers du rivage opposé. A mesure qu'ils avançaient, ils découvraient de bonnes terres, des vergers, des jardins depuis longtemps incultes ; puis un château grand et fort à merveille, bien que plusieurs pans de muraille en fussent abattus. Dans une enceinte démantelée s'élevait un palais ruiné, mais somptueux, construit en marbre de couleurs variées, dont plusieurs piliers étaient encore debout. Quel prince avait possédé, quel maître avait pu construire un si merveilleux édifice ? En regardant de tous côtés, ils découvrirent, sous un portique de marbre incrusté d'or, d'argent et d'agate, un lit, le plus riche du monde, dont les quatre pieds étaient émaillés et couverts de pierres précieuses. Sous le lit avait été déposée une tombe d'ivoire ornée de figures d'oiseaux et sur laquelle on lisait en lettres d'or : *Ci-gît Ipocras, le plus grand des physiciens, qui fut trompé et mis à mort par l'engin et la malice des femmes.*

L'histoire des philosophes atteste qu'Ipocras fut le plus habile de tous les hommes dans l'art de physique. Il vécut longtemps sans être grandement renommé ; mais une chose qu'il fit à Rome répandit en tous lieux le bruit de sa science incomparable.

C'était au temps de l'empereur Augustus César. Ipocras en entrant dans Rome fut étonné de voir tout le monde en deuil, comme si chacun des citoyens eût perdu son enfant. Une demoiselle descendait alors les degrés du palais; il l'arrête par le giron et la prie de lui apprendre la cause d'une si grande douleur : « C'est, » lui répond cette demoiselle, « que Gaius, le neveu de l'empereur, « est en ce moment mort ou peu s'en faut. L'em-« pereur n'a pas d'autre héritier, et Rome fait à « sa mort la plus grande perte du monde, car « c'était un très-bon et très-beau jeune homme, « bien enseigné, large aumônier envers les « pauvres gens, humble et doux envers tout le « monde. — Où est le corps ? » demanda Ipocras. — « Dans la salle de l'empereur. »

Si l'âme, pensa Ipocras, n'est pas encore partie, je saurai bien la faire demeurer. Il monte les degrés du palais, et trouve à l'entrée de la chambre une foule qui ne semblait pas permettre de passer outre. Toutefois il rejette en arrière le capuchon de son manteau, enfonce son chapeau « de bonnet (1), » pousse et se glisse tellement entre les uns et les autres qu'il arrive au lit du jeune Gaius. Il le regarde, pose sa main sur la poitrine, sur les tempes, puis sur le bras à l'endroit du pouls : « Je demande, » dit-il, « à « parler à l'empereur. »

---

(1) « Son chapel de bonnet. » Ms. 2455, f° 145. Le bonnet était, je crois, la bourre de soie; nous avons plus tard transporté à la coiffure le nom du tissu.

L'empereur arrive : « Sire, que me donnerez-vous si je vous rends votre neveu sain et guéri ? — Tout ce que vous demanderez. Vous serez à jamais mon ami, mon maître. — En prenez-vous l'engagement ? — Oui, sauf mon honneur. — Oh ! quant à votre honneur, » répond Ipocras, « vous n'avez rien à craindre, je le tiens plus cher que tout votre empire. »

Alors il tira de son aumônière une herbe qu'il détrempa dans la liqueur d'une fiole qu'il portait toujours sur lui; puis, faisant ouvrir les fenêtres, il desserra les dents de Gaius avec son petit canivet, et fit pénétrer dans la bouche tout ce qu'il put de son breuvage. Aussitôt l'enfant commence à se plaindre et entr'ouvre les yeux; il demande à voix basse où il était. Qu'on juge de la joie de l'empereur! Chacun des jours suivants, Gaius sentit la douleur diminuer et les forces revenir, si bien qu'au bout d'un mois il fut aussi sain, aussi bien portant qu'il eût jamais été.

Dès ce moment on ne parla plus que d'Ipocras dans Rome; tous les malades venaient à lui et s'en retournaient guéris. Il parcourut les environs de Rome et conquit ainsi l'amour et la reconnaissance de tous ceux qui réclamèrent son secours. Il ne demandait jamais de salaire, mais on le comblait de présents, si bien qu'il devint très-riche. Ce fut en vain que

l'empereur lui offrit des terres, des honneurs;
il répondit qu'il n'avait rien à souhaiter s'il avait
son amour. Seulement il consentit à vivre au
pain, au vin et à la viande de l'empereur, et à
recevoir de lui ses robes. Mais cela ne suffisait
pas au cœur de César Auguste, et voici le moyen
qu'il imagina pour reconnaître ce qu'Ipocras
avait fait pour lui.

Il fit élever au milieu de Rome un pilier de
marbre plus haut que la plus haute tour, et
par son ordre on plaça au sommet deux images
de pierre, représentant, l'une Ipocras, l'autre
Gaius. De la main gauche, Ipocras tenait une
tablette sur laquelle était écrit en grandes lettres
d'or :

*C'est Ipocras, le premier des philosophes,
lequel mit de mort à vie le neveu de l'Empereur, Gaius dont voici l'image.*

Le jour même où ces images furent découvertes, l'empereur prit Ipocras par la main et
le conduisit aux fenêtres de son palais d'où l'on
pouvait voir le pilier. « Quelles sont, » dit Ipocras, « ces deux images? — Vous pouvez bien
« le voir, » répond l'empereur ; « vous savez assez
« de lettres pour lire celles qui sont là tracées.
« — Elles sont bien éloignées, » dit Ipocras.
Cependant il prit un miroir et avisa les lettres.
Il les vit retournées, mais n'en reconnut pas
moins ce qu'elles signifiaient. « Sire, » dit-il à

l'empereur, « vous auriez bien pu, sauf votre
« grâce, vous dispenser de dresser ces images :
« je n'en vaudrai pas mieux pour elles. Elles
« ont coûté grand, et peu valent. Mon véritable
« gain, c'est votre amour que j'ai conquis. Et,
« comme dit la vieille sentence : Qui à pru-
« d'homme s'accompagne est assez payé de son
« service. »

Dans le temps qu'Ipocras était en si grand
honneur à Rome, une dame, née des parties de
Gaule, vint séjourner dans cette noble ville.
Elle était d'une grande beauté; tout annonçait
en elle une naissance illustre. Elle serait venue
pour épouser l'empereur, qu'elle n'eût pas
porté des vêtements plus riches et mieux assortis
à sa personne. L'empereur, en la voyant si
belle, voulut qu'elle fût de son hôtel, qu'elle
prît de ses viandes. On lui donna pour elle seule
une chambre, et des dames et demoiselles pour
lui faire compagnie. Elle vivait déjà depuis
quelque temps à Rome, quand un jour l'empereur, Ipocras et quelques autres chevaliers de
la cour s'arrêtèrent devant sa chambre. Dès
qu'elle les entendit parler, elle entr'ouvrit sa
porte, et les rayons du soleil, qui frappaient alors
sur l'or dont les deux images étaient décorées,
vinrent retomber sur son visage et l'éblouirent
au point de l'empêcher de voir l'empereur. A
quelques moments de là, voulant savoir ce qui

l'avait ainsi éblouie, elle aperçut les deux images sur le pilier; on lui dit que c'était Gaius, le neveu de l'empereur, et celui qui avait ramené Gaius de mort à vie, c'est-à-dire Ipocras, le plus sage des philosophes. « Oh! » reprit-elle, « celui-là qui peut ramener un homme « de mort à vie n'est pas encore né. Que cet « Ipocras soit le premier des philosophes, j'y « consens; mais, si je voulais m'en entremettre, « je n'aurais besoin que d'un jour pour en faire « le plus grand fou de la ville. »

Le mot fut rapporté à Ipocras, qui le prit en dédain, parce qu'il avait été dit par une femme. Toutefois il pria l'empereur de lui donner les moyens de voir celle qui avait ainsi parlé. — « Je vous la montrerai demain, quand nous « irons faire nos prières au Temple. » De son côté, la dame, à partir de ce jour, prit un plus grand soin de se parer, pour arrêter plus sûrement les regards d'Ipocras.

Le lendemain, à heure de Primes, l'empereur alla, comme il en avait l'habitude, au Temple, et mena Ipocras avec lui. Ils se placèrent aux siéges réservés des clercs. La dame de Gaule eut soin de se mettre en face, et, quand elle se leva pour l'offrande, on admira la beauté de son visage et de ses vêtements. L'empereur alors faisant un signe à Ipocras : « La voilà, » dit-il. Ipocras suivit des yeux la dame à l'aller et au retour; elle, en passant devant leurs siéges, jeta sur lui à la dérobée un regard doux et amoureux; puis, revenue à sa place, elle ne cessa de le regarder, si bien qu'Ipocras fut aussitôt troublé, surpris et enflammé. A la fin du service, il eut grand'peine à regagner son hôtel, se mit au lit et resta plusieurs jours sans manger, le cœur gonflé, les yeux remplis de larmes, et tellement confus qu'il aimait mieux se laisser mourir que d'en révéler la cause.

Toute la ville de Rome fut consternée en apprenant que le grand philosophe était atteint d'un mal qu'il ne pouvait ou ne voulait guérir. Son hôtel était constamment rempli des gens qui venaient demander s'il n'y avait aucune espérance de le sauver. Un jour toutes les dames de la cour se réunirent pour aller le voir, et du nombre se trouva la belle Gauloise, dans la plus riche parure du monde. Quand il les eut toutes remerciées de leur visite, et qu'elles commencèrent à prendre congé, il fit avertir la belle dame de rester, pour lui parler un instant seul à seule. Elle se douta déjà de son intention, et revenant près de son lit : « Ipocras, beau « doux ami, » lui dit-elle, « est-il vrai que vous « désiriez me parler? Je suis prête à faire tout « ce qu'il vous plaira de demander. — Ah! « dame, » répondit Ipocras, « je n'aurais pas le « moindre mal, si vous m'aviez dit cela plus tôt.

« Je meurs par vous, pour l'amour dont vous
« m'avez brûlé. Et si je ne vous ai entre mes
« bras, comme amant pouvant tout réclamer de
« son amie, je n'éviterai pas de mourir. —
« Que dites-vous là ? » répond la dame, « mieux
« vaudrait que je fusse morte, moi et cent autres
« telles que moi, à la condition de vous laisser
« vivre. Reprenez courage : buvez, mangez, te-
« nez-vous en joie ; nous prendrons notre temps,
« et je n'entends rien vous refuser. — Grand
« merci, dame : pensez à votre promesse, quand
« vous me reverrez à la cour. »

Elle sortit, et Ipocras, à partir de ce moment, revint en couleur, en bonne disposition. Il ne refusa plus les aliments, se leva, et quelques jours suffirent pour que la nouvelle de la guérison du grand philosophe se répandît dans toute la ville. Il reparut à la cour, et Dieu sait l'accueil et la belle chère qu'on lui fit; mais personne ne le reçut plus gracieusement que la dame gauloise qui, mettant sa main dans la sienne, le fit monter au haut de la tour du palais, jusqu'aux créneaux auxquels une longue et forte corde était attachée. « Voyez-vous
« cette corde, bel ami ? » dit-elle. — « Oui. —
« Savez-vous quel est son usage ? — Nullement.
« — Je vais vous le dire. Dans une des chambres
« de la tour où nous sommes est enfermé Glau-
« cus, le fils du roi de Babylone. On ne veut pas

« que sa porte soit jamais ouverte : quand il doit
« manger on pose sa viande dans la corbeille que
« vous voyez attachée près de la terre, et on la
« fait monter jusqu'à la petite fenêtre qui répond
« à sa chambre. Beau très-doux ami, écoutez-
« moi bien ; si vous souhaitez faire de moi votre
« volonté, vous viendrez devant la fenêtre de ma
« chambre, au-dessous de celle de Glaucus : dès
« qu'il fera nuit, vous vous placerez dans la cor-
« beille ; nous tirerons la corde jusqu'à nous,
« moi et ma demoiselle ; vous entrerez, et nous
« pourrons converser librement jusqu'au point
« du jour : vous descendrez comme vous serez
« monté, et nous continuerons à nous voir aussi
« souvent qu'il nous plaira. »

Ipocras, loin d'entendre malice à ces paroles, remercia grandement la dame et promit bien de faire ce qu'elle lui proposait, sitôt que la nuit serait venue, et que l'empereur serait couché. Mais il arrive trop souvent qu'on se promet grand plaisir de ce qui doit causer le plus d'ennui, et ce fut justement le cas d'Ipocras. Il ne pouvait détourner les yeux du solier où reposait la dame qu'il devait visiter, et il lui tardait de voir arriver la nuit. Enfin les sergents cornèrent le souper : les nappes mises, l'empereur s'assit et fit asseoir autour de lui ses chevaliers et Ipocras, auquel chacun portait honneur : car il était beau bachelier, le teint brun et amoureux, agréable en paroles, et toujours vêtu de belles robes. Il but et mangea beaucoup au souper, il fut plus avenant, mieux parlant que jamais, comme celui qui comptait avoir bientôt joie et liesse de sa mie. Au sortir de table, l'empereur annonça qu'il irait le lendemain chasser avant le point du jour, et se retira de bonne heure, tandis qu'Ipocras passa chez les dames pour converser et s'ébatre avec elles jusqu'au moment où chacun prit congé pour aller reposer. Minuit arriva : quand tout le monde fut endormi du premier sommeil, Ipocras se leva, se chaussa, se vêtit et s'en vint doucement au corbillon. La dame et sa demoiselle étaient en aguet à leur fenêtre : elles tirèrent la corde jusqu'à la hauteur de la chambre où Ipocras pensait entrer; puis elles continuèrent à tirer, si bien que le corbillon s'éleva plus de deux lances au-dessus de leur fenêtre. Alors elles attachèrent la corde à un crochet enfoncé dans la tour, et crièrent : « Tenez-vous en joie, « Ipocras, ainsi doit-on mener les musards tels « que vous. »

Or ce corbillon n'était pas là pour transporter les denrées au fils du roi de Babylone : il servait à exposer les malfaiteurs avant d'en faire justice, comme les piloris établis aujourd'hui dans les bonnes villes. On peut juger quelles furent la douleur et la confusion d'Ipocras en entendant les paroles de la dame, et en se voyant ainsi trompé. Il demeura dans cette corbeille toute la nuit et le lendemain jusqu'à vêpres : car l'empereur ne revint de la chasse que tard, et ne put auparavant savoir mot de ce qui ne manqua pas de faire l'entretien de toute la ville. Dès que le jour fut levé, et qu'on aperçut le corbillon empli : « Allons voir, » se dit-on l'un l'autre, « allons voir quel est le « malfaiteur qu'on a exposé, si c'est un voleur « ou bien un meurtrier. » Et quand on reconnut que c'était Ipocras, le sage philosophe, le bruit devint plus fort que jamais. « Eh quoi! « c'est Ipocras ! — Eh! qu'a-t-il fait? Com- « ment a-t-il pu mériter si grande honte ? » — On avertit les sénateurs, on s'enquiert d'eux si le jugement vient d'eux ou de l'empereur ; mais personne ne sait en donner raison. « L'em- « pereur, » disait-on, « n'a pu ordonner cela ; « il aimait trop Ipocras ; il sera très-courroucé « en apprenant qu'on l'a si indignement traité : « il faut descendre la corbeille. — Non, » disaient les autres, « encore ne savons-nous bien « si l'empereur n'a pas eu ses raisons d'agir « ainsi. En tout cas, il aura bien mal reconnu « les grands services qu'Ipocras a rendus à « lui et à tant d'autres bonnes gens de la ville. »

Ainsi parlaient petits et grands autour de la

corbeille, si haut levée qu'une pelote la mieux lancée n'aurait pu l'atteindre. Pour Ipocras, il avait remonté son chaperon, et se tenait si profondément pensif qu'il se fût laissé volontiers tomber, sans l'espoir qu'il gardait de se venger. Cependant l'empereur revint de sa chasse, tout joyeux de la venaison qu'il rapportait. Il aperçut le corbillon, et demanda quel était le malfaiteur qu'on y avait exposé. « Eh! Sire, ne le savez-vous pas? c'est Ipo« cras, votre grand ami ; n'est-ce pas vous qui « avez ordonné de le punir ainsi? — Moi, puis« sants dieux! avez-vous pu le croire? Qui osa « lui faire un tel affront? Malheur à lui, je le « ferai pendre. Qu'on descende la corbeille, et « qu'on m'amène Ipocras. »

Il fut sur-le-champ descendu. L'empereur, en le voyant venir, courut au-devant et lui jetant les bras au cou : « Ah! mon cher Ipocras, « qui vous a pu faire une pareille honte?— Sire, » répondit-il tristement, « je ne sais, et, quand « je le connaîtrais, je ne saurais dire pourquoi. « Je dois attendre patiemment le moment d'en « avoir satisfaction. » Quelque soin que prît l'empereur de lui en faire dire plus, il ne put y parvenir; Ipocras, évitant avec grand soin de parler de rien qui pût rappeler sa triste aventure.

Seulement, à partir de ce jour, il cessa de

visiter les malades et de répondre à ceux qui vinrent le consulter sur leurs infirmités. L'empereur, auquel tout le monde se plaignait du silence d'Ipocras, eut beau le prier, il répondit qu'il avait perdu toute sa science, et qu'il ne la pourrait retrouver qu'après avoir obtenu vengeance de la honte qu'on lui avait faite.

Revenons maintenant à la belle dame, la plus heureuse d'entre toutes les femmes, pour avoir ainsi trompé le plus sage des hommes. Elle ne s'en tint pas encore là; mais, faisant venir un orfévre de Rome qu'elle connaissait beaucoup, et, comme elle, venu des parties de la Gaule, elle lui dit, sous le sceau du secret, ce qu'elle avait fait d'Ipocras. « Je vous prie
« maintenant, « lui dit-elle, « de disposer pour
« moi une table dorée de votre meilleur tra-
« vail, avec l'image d'Ipocras au moment où
« il entre dans la corbeille, à laquelle tiendra
« une corde. Dès que vous l'aurez faite, vous
« attendrez la nuit, et vous la porterez vous-
« même sur le pilier où sont déjà les images
« d'Ipocras et de Gaius. Surtout, si vous ai-
« mez votre vie, faites que personne ne sache
« rien de tout cela. » L'orfévre promit tout, et la table qu'il exécuta fut plus belle, l'image d'Ipocras plus fidèle que la dame ne l'avait espéré.

Quand il fut parvenu secrètement à la fixer

sur le pilier, durant une nuit des plus sombres, toute la ville la vit flamboyer le lendemain aux premiers rayons du soleil. Ce fut pour tous un nouveau sujet de surprise et de chuchotements qui tournaient encore à la honte d'Ipocras : on se souvenait de son aventure, on se demandait qui pouvait l'avoir aussi bien représentée. L'empereur était alors absent de la ville : quand il y revint, un de ses premiers soins fut de paraître aux fenêtres avec Ipocras. Ayant arrêté les yeux sur les deux images : « Quel sens a cette nouvelle table, » dit-il au philosophe, « et qui a pu oser la placer sans « mon ordre? — Ah! Sire, » répondit Ipocras, « n'y voyez-vous pas l'intention d'ajouter à « ma honte? Si vous m'aimez, ordonnez, je « vous prie, que la table et les statues soient « abattues sur-le-champ; autrement, je quitterai « la ville et vous ne me reverrez jamais. »

L'empereur fit ce qu'Ipocras désirait, et c'est ainsi qu'on perdit le souvenir du séjour du grand médecin dans la ville et de ses merveilleuses guérisons. La dame ne s'en félicita que plus d'avoir réduit à néant la renommée de celui qu'on disait le plus sage des hommes. Pour Ipocras, on ne le vit plus rire et se jouer avec les dames : il restait dans sa chambre et répondait à peine à ceux qui se présentaient pour jouir de son entretien. Un jour qu'il était tristement appuyé à l'une des fenêtres du palais, il vit sortir, d'un trou pratiqué sous les degrés, un nain boiteux et noir, au visage écrasé, aux yeux éraillés, aux cheveux hérissés, en un mot, la plus laide créature que l'on pût imaginer. Le malheureux vivait des reliefs de la table et des aumônes que lui faisaient les gens du palais. L'empereur, ému de compassion, lui avait permis de placer dans ce trou un méchant lit et d'en faire sa demeure ordinaire.

Ipocras choisit ce monstre pour l'instrument de sa vengeance. Il alla cueillir une herbe dont il connaissait la vertu, fit sur elle un certain charme, et quand il l'eut conjurée comme il l'entendait, il s'en vint au bossu, et se mit à parler et plaisanter avec lui. « Vois-tu, » lui dit-il, « cette herbe que je tiens à la main? Si
« tu pouvais la faire toucher à la plus belle
« femme, à celle que tu aimerais le mieux, tu
« la rendrais aussitôt amoureuse de toi, et tu
« ferais d'elle ta volonté. — Ah! » reprit le bossu, « vous me gabez, sire Ipocras. Si j'a-
« vais une herbe pareille, j'éprouverais sa
« vertu près de la plus belle dame de Rome,
« celle qui vint de Gaule. — Promets-moi, » reprend Ipocras, « que tu ne la feras toucher
« à nulle autre et que tu me garderas le secret.
« — Je vous le promets sur ma foi et sur nos
« dieux. »

L'herbe fut donnée, et le lendemain, de grand matin, le nain se plaça sur la voie que l'on suivait pour aller au temple. Quand la dame de Gaule passa devant lui, il s'approcha, et, tout en riant : « Ah ! Madame, que vous avez la « jambe belle et blanche ! Heureux le cheva- « lier qui pourrait la toucher ! » La dame était en petits souliers ouverts que l'on appelle escarpins ; le nain l'arrêta par le pan de son hermine, et, portant l'autre main sur le soulier étroitement chaussé, appliqua l'herbe sur le bas de la jambe, en disant : « Faites-moi l'au- « mône, Madame, ou donnez-moi votre amour. » La dame passa tête baissée sans mot répondre : mais sous sa guimpe elle ne put se tenir de sourire. Arrivée au temple avec les autres, elle se sentit tout émue et ne put dire sa prière. Elle devint toute rouge, en ne pouvant détourner du nain sa pensée : si bien qu'elle fit un grand effort pour ne pas revenir à l'endroit où il lui avait parlé. Elle ne suivit pas ses demoiselles au retour du temple, mais retourna précipitamment à sa chambre, se jeta sur son lit, fondit en larmes et en soupirs tout le reste du jour et la nuit suivante. Quand vint la minuit, tout éperdue, elle quitta sa couche, et s'en alla seule vers le repaire du nain, dont la porte était demeurée entr'ouverte. Elle y pénétra, comme si elle eût été poursuivie. « Qui est là ? »

dit-elle. — « Dame ! » répondit le nain, « votre
« ami, qui vous attendait. » Aussitôt elle se
précipita sur lui, les bras ouverts, et l'embrassa
mille fois. L'heure de primes arriva qu'elle le
tenait encore fortement serré contre son beau
corps. Or Ipocras, averti par son valet, l'avait
vue arriver aux degrés. Il courut éveiller l'empereur : « Venez, Sire, voir merveilles, venez,
« vous et vos chevaliers. » Ils descendirent le
degré, et arrivèrent au lit du nain, qu'ils trouvèrent amoureusement uni à la belle Gauloise
échevelée.

« En vérité, » dit l'empereur en parlant à
ses chevaliers, « voilà bien ce qui prouve que
« la femme est la plus vile chose du monde. »
L'emperière, bientôt appelée à voir ce tableau,
en témoigna une honte extrême en songeant
que toutes les autres femmes souffriraient de
l'affront. Comme l'empereur ne voulut pas
permettre à la dame de rentrer au palais dans
ses chambres, il n'y eut personne à Rome qui
ne vînt la visiter sur la couche de l'affreux
nain, qu'elle ne pouvait, malgré son dépit, s'empêcher de regarder amoureusement. Telle était
l'indignation générale qu'on parlait de mettre
le feu au lit et de les brûler tous deux : mais
Ipocras s'y opposa vivement, et se contenta
d'engager l'empereur à les marier et à donner
à la dame la charge de lavandière du palais.

Le mariage fut donc célébré à deux jours de là; on leur donna dix livrées de terre et un logis près des degrés. La dame savait travailler en fils d'or et de soie : elle fit des ceintures, des aumônières, des chaperons de drap ornés d'oiseaux et de toute espèce de bêtes; elle amassa dans sa nouvelle condition de grandes richesses, dont elle fit part au nain, qu'elle ne cessa d'aimer uniquement, jusqu'à sa mort; et quand, après dix ans, elle le perdit, elle demeura en viduité et ne voulut jamais entendre à d'autre amour.

Ainsi parvint Ipocras à se venger de la belle dame gauloise, et à prouver que la sagesse de l'homme pouvait l'emporter sur la subtilité de la femme. Dès lors il reprit son ancienne sérénité. Il consentit à visiter, à guérir les malades, et à faire l'agrément des dames et des demoiselles, avec lesquelles il passait tout le temps qu'il ne donnait pas soit à l'empereur, soit à ceux qui se réclamaient de sa haute science.

C'est en ce temps-là qu'un chevalier, revenant à Rome après un grand voyage, se rendit au palais, où l'empereur, après l'avoir fait asseoir à sa table, lui demanda de quel pays il arrivait. « Sire, de la terre de Galilée, où je « vis faire les choses les plus merveilleuses à « un homme de ce pays. C'est pourtant un

« pauvre hère ; mais il faut avoir été témoin
« de ses œuvres pour y ajouter la moindre foi.
« — Voyons, » dit Ipocras, « racontez-nous
« ces grandes merveilles. — Sire, il fait voir
« les aveugles, il fait entendre les sourds, il
« fait marcher droit les boiteux. — Oh ! » fit
Ipocras, « tout cela, je le puis faire aussi bien
« que lui. — Il fait plus encore : il donne de
« l'entendement à ceux qui en étaient privés.
« — Je ne vois en cela rien que je ne puisse
« faire. — Mais voilà ce que vous n'oseriez vous
« vanter d'accomplir : il a fait revenir de mort
« à vie un homme qui durant trois jours avait
« été dans le tombeau. Pour cela, il n'eut be-
« soin que de l'appeler : le mort se leva mieux
« portant qu'il n'avait jamais été. »

« Au nom de Dieu, » dit Ipocras, « s'il a
« fait ce que vous contez là, il faut qu'il soit
« au-dessus de tous les hommes dont on ait
« jamais parlé. — Comment, » dit l'empe-
« reur, « l'appelle-t-on ? — Sire, on l'appelle
« Jésus de Nazareth, et ceux qui le connaissent
« ne doutent pas qu'il ne soit un grand pro-
« phète. — Puisqu'il en est ainsi, » dit Ipocras, « je n'aurai pas de repos avant d'être allé
« en Galilée pour le voir de mes propres yeux.
« S'il en sait plus que moi, je serai son disci-
« ple ; et, si j'en sais plus que lui, je prétends
« qu'il soit le mien. »

Il prit congé de l'empereur à quelques jours de là, et se dirigea vers la mer. Dans le port arrivait justement Antoine, roi de Perse, menant le plus grand deuil du monde pour son fils Dardane, qui venait de succomber après une longue maladie (1). Ipocras, apprenant ces nouvelles, descendit de sa mule et alla trouver le roi; puis, sans lui parler, il se tourna vers la couche où Dardane était étendu comme celui qu'on se dispose à ensevelir. Il l'examina avec attention : le pouls ne battait plus, les lèvres seules, légèrement colorées, laissaient quelque soupçon d'un dernier souffle de vie. Il demanda un peu de laine, il en tira un petit flocon qu'il posa devant les narines du gisant. Ipocras vit alors les fils légèrement venteler, et, se tournant aussitôt vers le roi Antoine : « Que me « donnerez-vous, Sire, si je vous rends votre « fils ? — Tout ce qu'il vous conviendra de « demander. — C'est bien ! je ne réclamerai « qu'un don; et je vous en parlerai plus tard. » Alors Ipocras prit un certain électuaire, qu'en ouvrant la bouche du malade, il fit pénétrer sur la langue. Quelques minutes après, Dardane poussa un soupir, ouvrit les yeux et demanda où il était. Ipocras ne le perdit pas un instant

---

(1) Légende géminée ou deux fois employée. Voyez plus haut l'histoire de la guérison de Gaius.

de vue, le ramena peu à peu des bords du tombeau à la plus parfaite santé, si bien que, le huitième jour, il put se lever et monter à cheval comme s'il n'avait jamais eu le moindre mal. Cette guérison fit encore plus de bruit que celle de Gaius ; les simples gens disaient qu'il avait ressuscité un mort, et qu'il était un dieu plutôt qu'un homme ; les autres se contentaient de le regarder comme le plus grand, le plus sage des philosophes.

Antoine ne savait comment il pourrait reconnaître le grand service qu'Ipocras venait de lui rendre ; et, comme son intention était d'aller visiter le roi de Tyr, qui avait épousé sa fille, il proposa à Ipocras de le conduire en Syrie. Ils se mirent en mer, et arrivèrent après une heureuse traversée. Antoine, en présentant Ipocras à son gendre, lui raconta comment il avait rendu la santé à son fils, et le roi de Tyr prit en si grande amitié le philosophe qu'il s'engagea, comme Antoine, à lui accorder tout ce qu'il lui demanderait, à la condition de rester quelque temps auprès de lui.

Ce prince avait une fille de l'âge de douze ans, très-belle et avenante, autant qu'on pouvait l'imaginer. Ipocras ne fut pas longtemps sans en devenir amoureux. Un jour, se tenant entre le roi de Perse et celui de Tyr : « Cha-

« cun de vous, » leur dit-il, « me doit un
« don. Le moment est venu de vous acquitter.
« Vous, roi de Tyr, je vous demande la main
« de votre fille. Et vous, roi de Perse, je vous
« demande de faire en sorte qu'elle me soit ac-
« cordée. » Les deux rois, d'abord fort étonnés,
demandèrent le temps de se conseiller. « En
« vérité, » dit le roi de Tyr, « je n'entends pas
« que ma fille me fasse manquer à mon serment.
« — Je vous approuve, » reprit le roi Antoine,
« car, pour m'acquitter envers Ipocras, j'i-
« rais jusqu'à vous enlever la demoiselle, afin
« de la lui donner. » Ainsi devint Ipocras le
gendre du roi de Tyr; les noces furent belles
et somptueuses. On s'étonnerait aujourd'hui
d'un semblable mariage; mais autrefois les
philosophes étaient en aussi grand honneur
que s'ils avaient tenu le plus puissant état. Les
temps sont bien changés.

Après les noces, Ipocras, s'adressant à ceux
qui connaissaient le mieux la mer, les pria de
lui indiquer une île voisine de Tyr qui lui of-
frît une habitation agréable et sûre. Ils lui
indiquèrent l'île alors appelée *au Géant*, parce
qu'elle avait appartenu à un des plus puissants
géants dont on ait parlé, et qu'avait mis à
mort Hercule, parent du fort Samson. Ipocras s'y fit conduire, et, la trouvant bien à son
gré, donna le plan de ces belles constructions,

dont les messagers en quête de Nascien avaient admiré les dernières traces.

Or la fille du roi de Tyr, orgueilleuse de sa naissance, avait à contre-cœur épousé un simple philosophe : elle ne put l'aimer, et ne songeait qu'aux moyens de le tromper et de se défaire de lui. Il n'en était pas ainsi d'Ipocras, qui la chérissait plus que lui-même, mais qui, depuis l'aventure de la dame de Gaule, ne se fiait en aucune femme. Il avait fait une coupe merveilleuse dans laquelle tous les poisons, même les plus subtils, perdaient leur force, par la vertu des pierres précieuses qu'il y avait incrustées. Maintes fois, sa femme lui prépara des boissons envenimées, qu'elle détrempait du sang de crapauds et couleuvres; Ipocras les prenait sans en être pour cela moins sain et moins allègre : si bien qu'elle s'aperçut de la vertu de la coupe. Alors elle fit tant qu'elle parvint à s'en emparer; tout aussitôt elle la jeta dans la mer. Grand dommage assurément, car nous ne pensons pas qu'on l'ait encore retrouvée.

Il en fit une autre aussitôt, moins belle, mais de plus grande vertu ; car il suffisait de la poser sur table pour enlever à toutes les viandes qu'on y étalait leur puissance pernicieuse. Il fallut bien que la méchante femme renonçât à l'espoir de faire ainsi mourir son mari. Et c'é-

HISTOIRE D'IPOCRAS.   269

tait déjà beaucoup de l'avoir détourné de se rendre en Judée pour y voir les merveilles accomplies par Notre-Seigneur Jésus-Christ, qui eût été son sauveur, comme il sera celui de tous les hommes qui ont cru et qui croiront en lui.

Il arriva que le roi Antoine, tenant grande cour, fit prier Ipocras de venir le voir : Ipocras y consentit, emmenant avec lui sa femme, qu'il aimait toujours sans qu'elle lui en sût le moindre gré. La cour fut grande et somptueuse, les festins abondants et multipliés. Un jour, en sortant de table, après avoir bu et mangé plus que de coutume, Ipocras, voulant prendre l'air, conduisit sa femme devant les loges, ou galeries, qui répondaient à la cour. Comme ils étaient appuyés sur le bord des loges, ils virent passer devant eux une truie en chaleur que suivait un verrat. « Regardez cette bête, » dit alors Ipocras. « Si « on la tuait au moment où elle est ainsi « échauffée, il n'est pas d'homme qui pût impu- « nément manger de la tête. — Sire, que dites- « vous là ? » fit sa femme. « Comment ! on en « mourrait, et sans remède ? — Assurément ; à « moins qu'on ne bût aussitôt de l'eau dans la- « quelle la hure aurait été cuite. »

La dame fit grande attention à ces paroles : elle n'en laissa rien voir, sourit et changea de

conversation. On entendit alors le son des tambours et des instruments ; Ipocras la quitta pour aller aux ménétriers. Elle, sans perdre de temps, appela le maître-queux, et lui désignant la truie : « Monseigneur Ipo-
« cras désire manger de la tête de cette bête à
« souper, ayez soin d'en mettre dans son écuelle :
« voici pour votre récompense. Et vous aurez
« encore soin, quand la tête sera préparée,
« de jeter l'eau dans laquelle elle aura bouilli
« sur un tas de pierres ou dans un fumier.—
« Je n'y manquerai pas, » dit le queux. Il accommoda la tête ; on corna le souper, les nappes furent mises ; quand on eut lavé, le roi s'assit, et fit placer Ipocras et les autres. Or, Ipocras était l'homme du monde qui aimait le mieux un rôt de tête de porc. Dès qu'il en vit son écuelle chargée, il se fit un plaisir d'en manger. Mais à peine le premier morceau eut-il passé le nœud de la gorge qu'il sentit une grande oppression dans son pouls et dans son haleine. Alors son premier mot fut : « Je suis
« un homme mort, et je meurs par ma faute ;
« qui n'est pas maître de son secret ne l'est
« pas de celui des autres. » Il quitta la table aussitôt, courut à la cuisine et demanda au maître queux l'eau dans laquelle avait été mise la tête de la truie. — « Je l'ai jetée, » dit l'autre,
« sur le fumier que vous voyez. » Ipocras y

courut, essaya d'aspirer quelques gouttes de cette eau, mais en vain : la fièvre, une soif ardente le saisit : et quand il sentit qu'il n'avait plus que quelques instants à vivre, il fit approcher le roi et lui dit : « Sire, je ne devais avoir « confiance en aucune femme, je meurs par « ma faute. — Ne connaissez-vous, » dit Antoine, « aucun remède? — Il y en a bien un; ce se« rait une grande table de marbre qu'une femme « entièrement nue parviendrait à chauffer « au point de la rendre brûlante. — Eh bien ! « faisons l'essai, et, puisque votre femme est « la cause de votre mort, c'est elle que nous « étendrons sur le marbre. — Oh ! non, » dit Ipocras, « elle en pourrait mourir. — Comment! » reprit le roi, « je ne vous comprends pas. Vous « craignez pour la vie de celle qui vous donne « la mort! Tout le monde doit la haïr, et vous « l'aimez encore! Oh! que c'est bien là nature « d'homme et de femme! Plus nous les aimons, « plus nous plions devant leurs volontés, et plus « elles se donnent de mal afin de nous per« dre. » Mais Ipocras parlait ainsi pour mieux assurer sa vengeance. La dame fut donc étendue sur le marbre, et, le froid de la pierre la gagnant peu à peu, elle mourut dans de cruelles angoisses, une heure avant Ipocras, qui ne put s'empêcher de dire : « Elle voulait ma mort, elle « ne l'a pas vue, je vivrai plus qu'elle. Je de-

« mande au roi, pour dernière grâce, qu'il me
« fasse conduire dans l'île qui, désormais, sera
« nommée l'île d'Ipocras. Je désire que mon
« corps soit déposé dans la tombe qu'on trou-
« vera sous le portique, et qu'on trace sur la
« dalle de marbre les lettres qui diront :

« *Ci-gît Ipocras, qui souffrit et mourut par*
« *l'engin et la malice des femmes* (1). »

V.

LES CHRÉTIENS ARRIVENT LES UNS APRÈS LES AUTRES SUR LES CÔTES DE LA GRANDE-BRETAGNE.

ON ne retrouve pas, et il s'en faut de beaucoup, dans toutes les parties du Saint-Graal, l'agrément de l'histoire d'Ipocras et de la nef de Salomon. Le romancier n'évite pas les répétitions, les digressions ascétiques, les incidents qui font per-

---

(1) Cette belle légende d'Hippocrate, ou Ipocras, a été mise, à partir du XVe siècle, sur le compte de Virgile. Elle a été plusieurs fois imprimée, avec le titre : *Les faits merveilleux de Virgile.*

dre de vue le but. Nous passerons rapidement à travers ces landes péniblement arides. Au point où nous sommes arrivés, il nous reste à conduire tous les nouveaux chrétiens sur le rivage de la Grande-Bretagne où les attend déjà Joseph d'Arimathie. Tandis que les deux belles-sœurs, la reine Sarracinthe et la duchesse Flégétine, soupirent après le retour des cinq messagers qu'elles ont envoyés en quête de leurs époux, le jeune Célidoine, comme on l'a vu plus haut, a retrouvé son père Nascien dans l'*Ile Tournoyante* où il avait été transporté. De là, recueillis par la nef de Salomon, ils ont pu rejoindre en pleine mer le navire qui conduisait le roi Mordrain.

Quant aux messagers, nous les avons laissés dans l'île d'Ipocras avec la demoiselle de Perse, fille du roi Label; ils y sont visités à plusieurs reprises et par le démon, qui, sous diverses formes, les invite à revenir au culte des idoles, et par Jésus-Christ, qui les fortifie dans leur nouvelle créance. Le roi Mordrain et le duc Nascien nous ont habitués déjà aux épreuves de ce genre. Disons seulement que, s'étant remis en mer, ils rejoignent ceux qu'ils cherchaient. Mais à peine se sont-ils reconnus, que saint Hermoine, cet ermite auquel Nascien avait dédié une église dans sa ville d'Orbérique, fend les eaux sur un léger esquif et vient prendre Célidoine pour le conduire en Grande-Bretagne. Cependant Mordrain et Nascien retournent en Orient, sans doute pour avoir occasion d'introduire dans leurs récits un nouveau personnage, le fils naturel du roi de Sarras, nommé Grimaud ou Grimal, le Grimaldi des Italiens. Ses aventures nous occuperont tout à l'heure. Disons tout de suite que Nascien, avant d'obéir au nouvel ordre céleste qu'il reçoit de retourner en Occident, est arrêté par le géant Farin, parent éloigné de Samson *Fortin*, ou le fort, et par Nabor, son sénéchal, que Flégétine avait envoyé pour l'obliger à revenir à Orbérique. Le géant est tué par Nabor, et Nabor est frappé de mort subite, au moment où il va lui-même immoler Nascien. La nef de Salomon transporte ensuite sur le rivage du pays de Galles Nascien et les chrétiens qui n'avaient pas su profiter de la chemise de Josephe, pour faire cette longue traversée. Dans la ville de Galeford, Nascien retrouve son fils Célidoine travaillant à convertir le duc Ganor. Le roi de Northumberland veut obliger Ganor à garder ses idoles, et perd une grande bataille; Nascien lui tranche la tête, est reconnu roi de Northumberland, et les habitants de la contrée reçoivent la religion que les Asiatiques leur apportent.

Il y avait pourtant à Galeford cinquante obstinés qui, pour éviter le baptême, résolurent de quitter le pays. A peine entrés en mer, une horrible tempête engloutit leur vaisseau et rejette leurs cadavres sur le rivage. Ganor, sur l'avis de Josephe, fit élever une tour fermée de murailles sous lesquelles on déposa le corps des cinquante naufragés. Ce monument, appelé la Tour du *Jugement* ou des *Merveilles*, donnera lieu plus tard à de grandes aventures. La tour brûle d'un feu permanent qui en défend l'approche aux profanes, et trois chevaliers de la cour d'Artus pourront seuls pénétrer dans l'enceinte, avant d'accomplir les épreuves qui doivent précéder la découverte du Graal.

Pour l'évêque Josephe, après avoir achevé la conversion des habitants du Northumberland, il revient sur ses pas et entre dans le pays de Norgalles. Là règne le roi Crudel, qui, loin de recevoir avec bonté les chrétiens, les fait jeter en prison et défend qu'on leur porte la moindre nourriture. Jésus-Christ devient alors leur pourvoyeur, et, pendant les quarante jours que dure leur captivité, ils croient, grâce à la présence du saint Graal, que toutes les meilleures épices leur sont abondamment servies.

Le roi Mordrain, avant d'être une seconde fois averti de quitter Sarras, avait confié le gouvernement de son royaume aux deux barons auxquels il se fiait le plus, tandis que Grimaud, son fils bâtard, résidait dans la ville de Baruth ou Beyrout. Mordrain reparut en Bretagne avec une armée considérable, cette fois emmenant avec lui la reine Sarracinthe, la duchesse Flégétine et la fille du roi Label, baptisée sous ce même nom de Sarracinthe. Un seul incident marque la traversée de Mordrain.

Le châtelain de la Coine (Iconium), qui faisait partie de la flotte, nourrissait depuis longtemps un coupable amour pour la duchesse Flégétine; mais il la savait trop vertueuse pour la solliciter. Un démon offrit de lui rendre la duchesse favorable, s'il voulait faire un pacte avec lui. Le châtelain renia Dieu et fit hommage au malin esprit, lequel, prenant aussitôt les traits de Flégétine, permit au châtelain d'assouvir sa passion criminelle. Alors une violente tempête s'éleva sur la mer et menaça d'engloutir toute la flotte; un saint ermite, éclairé par un songe, conseille au roi d'arroser d'eau bénite le vaisseau qui portait le châtelain. On voit aussitôt la fausse duchesse entraîner dans l'abîme le châtelain de la Coine, en criant : « J'emporte « ce qui m'appartient. » L'orage s'apaise, et la flotte fend tranquillement les flots jusqu'à l'endroit de la Grande-Bretagne où l'Humbre tombe dans la mer, à trois petites lieues de Galeford (1).

(1) L'autre texte, ms. 747, dit qu'ils approchèrent du royaume de Norgalles, et devant un château nommé

A peine installé, Mordrain, obéissant à la voix céleste, partagea le lit de la bonne reine Sarracinthe, et engendra en elle un fils, plus tard roi de Sarras. La reconnaissance du roi Mordrain et des dames avec Nascien et Célidoine est suivie du long récit d'un double combat entre les Northumberlandois nouvellement convertis et les Norgallois. On y retrouve plusieurs épisodes de la bataille livrée par Évalac et Séraphe au roi d'Égypte Tholomée. Ici Crudel, le roi de Norgalles, est immolé par Mordrain, et les sujets de Crudel consentent à reconnaître un Dieu qui fait ainsi triompher ceux qui croient en lui. Les deux Joseph, enfermés dans les prisons de Crudel et privés de nourriture depuis quarante jours (1), avaient, par bonheur, ainsi que nous l'avons dit plus haut, été repus par la grâce de Jésus-Christ et du Graal. Le chevalier, envoyé par Mordrain dans le souterrain où ils avaient été jetés, fut d'abord ébloui de la clarté dont les arceaux étaient illuminés, et qui semblait l'effet de trente cierges ardents. Il appela les deux Jo-

Calaf. Il est en effet bien douteux que les romanciers n'aient pas entendu conduire les chrétiens dans le pays de Galles.

(1) C'est une réminiscence des quarante années que Joseph avait passées dans la Tour dont Vespasien l'avait tiré.

seph, leur apprit la mort de Crudel, l'arrivée de Mordrain et la conversion des Norgallois : une belle église fut bâtie dans la cité de Norgalles. Mais ici le roi Mordrain, si lent à croire et si facilement disposé à la défiance, reçoit le châtiment de sa curiosité téméraire, comme on le va voir.

Josephe avait fait porter dans la chambre de ce prince l'arche qui contenait le Graal. Les chrétiens se rendirent au service ordinaire, puis allèrent recevoir la grâce. Le roi, qui lui-même en avait ressenti les délicieux effets, dit qu'il ne souhaitait rien tant que de voir de ses yeux, dans l'arche, l'intérieur du sanctuaire d'où semblait venir le don de cette grâce. Malgré les blessures qu'il avait reçues dans les combats précédents, il se lève de son lit, passe sur sa chemise un surcot et s'avance jusqu'à la porte de l'arche, en telle sorte que sa tête et ses épaules étaient dans l'intérieur. Alors il considéra la sainte écuelle placée près du calice dont Josephe se servait pour accomplir le sacrement. Il vit l'évêque revêtu des beaux vêtements dans lesquels il avait été sacré de la main de Jésus-Christ. Tout en les admirant, il reportait vivement ses regards sur la sainte écuelle qui lui offrait bien d'autres sujets d'admiration. Nul esprit ne pourrait penser, nulle bouche dire tout ce qui lui fut découvert. Il s'était, jusqu'à présent, tenu agenouillé, la tête et les épaules en avant : il se relève, et tout aussitôt sent dans tous ses membres un tremblement, un frisson qui devait l'avertir de son imprudence. Mais il ne put se décider à faire un mouvement en arrière. Il portait même la tête plus en avant, quand une voix terrible sortant d'une nuée flamboyante : « Après mon courroux, « ma vengeance. Tu as été contre mes comman-« dements et mes défenses; tu n'étais pas « encore digne de voir si clairement mes se-« crets et mes mystères. Résigne-toi donc à de-« meurer paralysé de tous les membres, jusqu'à « l'arrivée du dernier et du meilleur des preux, « qui, en te prenant dans ses bras, te remettra « dans l'état où tu avais été jusqu'à présent. »

La voix cessa, et Mordrain tomba lourdement comme une masse de plomb : de tous ses membres il ne conserva que l'usage de la langue, et ne put de lui-même faire le moindre mouvement. Les premières paroles qu'il prononça furent : « O mon Dieu! soyez adoré! « Je vous remercie de m'avoir frappé; j'ai mé-« rité votre couroux pour avoir osé surprendre « vos secrets. »

Les deux Joseph, Nascien, Ganor, Célidoine, Bron et Pierre, entourant alors le roi, le saisirent et l'emportèrent sur son lit, non sans pleurer en voyant son corps devenu mou et flasque, comme le ventre d'une bête

nouvellement écorchée. Pour Mordrain, il répétait qu'au prix de la santé qu'il avait perdue, il ne voudrait pas ignorer ce qu'il avait vu dans l'arche. « Qu'avez-vous donc tant vu? » demanda le duc Ganor. — « La fin, » reprit-il, « et le com-
« mencement du monde ; la sagesse de toutes
« les sagesses ; la bonté de toutes les bontés ;
« la merveille de toutes les merveilles. Mais
« la bouche est incapable d'exprimer ce
« que mes regards ont pu reconnaître. Ne me
« demandez rien de plus. »

Sarracinthe et Flégétine arrivèrent à leur tour pour gémir de l'infirmité du roi Mordrain. Sans perdre de temps, celui-ci fit approcher Célidoine et sa filleule, la jeune Sarracinthe. « Je vais vous parler, » leur dit-il, « de la part de Dieu. Josephe, il vous faut
« procéder au mariage de ces deux enfants ;
« leur union mettra le comble à tous mes
« vœux. » Le lendemain, en présence des nouveaux chrétiens de la cité de Longuetown, Célidoine et la fille du roi de Perse furent mariés par Josephe ; les noces durèrent huit jours, pendant lesquelles Nascien, le roi de Northumberland, investit son fils du royaume de Norgalles, et le couronna dans cette ville de Longuetown (1). Le menu

(1) Longtown est une ville située à l'extrémité sep-

peuple fit hommage au nouveau souverain, qui disposa généreusement en leur faveur du grand trésor amassé par le roi Crudel auquel il succédait.

Ce mariage ne pouvait rester stérile. La jeune Sarracinthe mit au monde, avant que l'année ne fût révolue, un fils qu'on nomma Nascien et qui dut succéder à son père.

Après être restés quinze jours à Longuetown, il fallut se séparer ; le saint Graal fut ramené à Galeford avec le roi *Mehaignié*, comme on désignera maintenant Mordrain ; on le transporta péniblement en litière. Célidoine demeura dans ses nouveaux domaines, et le romancier, en s'étendant longuement sur ses bons déportements, remarque qu'il chevauchait souvent de ville en ville, et de châteaux en châteaux, fondant églises et chapelles, faisant instruire aux lettres les petits enfants, et gagnant mieux de jour en jour l'amour de tous ses hommes.

Nascien retourna dans le pays de Northumberland avec Flégétine. Comme son fils, il fut grand fondateur d'églises, grand ami de l'instruction des enfants.

A Galeford vinrent, avec le roi Mehaignié, la reine Sarracinthe, Ganor, Joseph et son fils.

---

tentrionale du Cumberland ; ainsi le Norgalles répond à cette province.

Peu de jours après leur arrivée, la femme de Joseph mit au monde un fils qui, d'après l'avertissement céleste, fut nommé Galaad le Fort. Le roi Mehaignié, voyant accompli tout ce qu'il avait souhaité, dit à son beau-frère Nascien : « Je voudrais qu'il vous plût me trans-
« porter dans un hospice ou ermitage éloigné
« de toute autre habitation. Le monde et moi
« n'avons plus aucun besoin l'un de l'autre;
« je serais un trop pénible fardeau pour ceux
« que d'autres soins réclament. Trouvez-moi
« l'asile que je désire, pendant que vous et votre
« sœur vivez encore : car, si j'attendais votre
« mort, je risquerais de rester au milieu de
« gens qui ne me seraient rien. »

Nascien demanda l'avis de Josephe. « Le roi
« Mehaignié, » dit l'évêque, « a raison. Il est
« bien éloigné du temps où la mort le visitera;
« nous ni les enfants de nos enfants ne lui sur-
« vivrons. Près d'ici, à sept lieues galloises,
« nous trouverons le réduit d'un bon ermite
« qui l'accueillera et se réjouira de pouvoir le
« servir. C'est là qu'il convient de transporter
« le roi Mehaignié. »

Quand fut disposée la litière sur laquelle on l'étendit, il partit accompagné du roi Nascien, du duc Ganor, des deux Joseph et de la reine Sarracinthe. L'ermitage où ils s'arrêtèrent était éloigné, comme avait dit Josephe, de toute ha-

bitation. On lui avait donné le nom de Milingène, qui en chaldéen a le sens de « engendré de miel », en raison des vertus et de la bonté des prudhommes qui l'avaient tour à tour occupé. On déposa le roi Mehaignié à l'angle avancé de l'autel, sur un lit enfermé dans une espèce de prosne en fer (1). De là pouvait-il voir le *Corpus Domini* toutes les fois que l'ermite faisait le sacrement. Dans l'enceinte de fer était pratiquée une petite porte qui lui permettait de suivre des yeux le service de l'ermite. Quand il fut là déposé, le roi demanda qu'on lui présentât l'écu qu'il avait autrefois porté en combattant Tolomée-Seraste, et qui sur un fond blanc portait l'empreinte d'une croix vermeille. On le pendit au-dessus du lit, et le roi Mehaignié dit en le regardant : « Beau sire
« Dieu! aussi vrai que j'ai vu sans en être
« digne une partie de vos secrets, faites que
« nul ne tente de pendre cet écu à son col,
« sans être aussitôt châtié, à l'exception de
« celui qui doit mener à fin les merveilles du

---

(1) « Et firent son lit environner de prosne de fer. » (Ms. 2455. f° 257.) *Prosne* doit venir non de *præconium*, mais de *proscenium*, et le sens primitif doit être barre de tribune, ou échafaud avancé; de là le prône du curé. On appelle encore, bien que l'Académie ne le dise pas, la petite porte à claire-voie, que l'on ouvre et ferme quand la véritable porte est ouverte, un *prône*.

« royaume aventureux, et mériter d'avoir après
« moi la garde du vaisseau précieux. » On verra
que Dieu accueillit favorablement cette prière.
Depuis ce moment, le roi Mehaignié ne prit
aucune autre nourriture qu'une hostie consacrée par l'ermite, et que celui-ci lui posait
dans la bouche, après la messe. Il était entré
dans l'ermitage l'an de grâce 58, la veille
de la saint Barthélemy apôtre.

La reine Sarracinthe résista à toutes les
prières que lui firent Nascien, Ganor et les
deux Joseph pour retourner avec eux à Galeford.
Elle préféra demeurer auprès du roi Mehaignié, jusqu'aux jours où, plus avancée dans sa
grossesse, elle revint à Galeford pour donner
naissance à l'enfant qui lui avait été prédit, et
qui fut nommé Éliézer. Quittons maintenant la
Grande-Bretagne, où déjà nous avons établi les
rois Mordrain, Nascien et Célidoine, où sont
nés les infants Nascien, Galaad et Éliézer, et
retournons pour la dernière fois en Syrie et en
Égypte (1).

(1) Le curieux épisode qu'on va lire a été supprimé
dans le plus grand nombre des manuscrits et dans les
deux éditions gothiques du XVIe siècle.

VI.

HISTOIRE DE GRIMAUD.

GRIMAUD, nous l'avons dit, était un fils naturel du roi Mordrain. Après le départ de son père, il s'était rendu dans Orbérique pour défendre cette ville assiégée par le roi d'Égypte, successeur de Tolomée-Seraste. Il avait alors seize ans, et déjà c'était un bachelier incomparable ; grand, beau, gracieux, vaillant, rempli de sagesse. Il chantait bien, il avait appris les lettres tant chrétiennes que païennes. Son arrivée dans Orbérique, en ranimant le courage des assiégés, fut le signal d'une heureuse succession de sorties et d'attaques dans lesquelles il conserva toujours l'avantage. Le récit de ces combats multipliés semble animer le romancier d'une verve toujours nouvelle. Ce ne sont que surprises, stratagèmes, combats acharnés, prudentes retraites. Grimaud forme toujours les meilleurs plans, combat toujours aux premiers rangs, immole les chefs les plus redoutés, et sait le mieux profiter de ses avantages. Après avoir résisté sept ans aux Égyptiens, les habitants d'Orbérique s'accordèrent à désirer de le voir succéder à leur roi Mordrain, dont on n'espérait plus le retour. Mais Grimaud aurait cru commettre un méfait en acceptant la couronne, avant d'être assuré que son père y eût renoncé. Et quand il vit qu'il ne pourrait résister au vœu des gens du pays, il quitta furtivement la ville. Puis, dès qu'il se vit à l'abri des poursuites, il renvoya le seul écuyer qui l'avait accompagné, pour avertir Agénor, gouverneur de Sarras, qu'il avait résolu de visiter l'Occident, dans l'espoir d'y retrouver son père et de le décider à revenir.

Il commença sa quête en entrant vers la chute du jour dans une forêt. Le chant des oiseaux et la douceur du temps l'avaient plongé dans une profonde rêverie, d'où il n'était sorti qu'en sentant une branche d'arbre contre laquelle s'était heurté son front. Il était engagé dans une voie peu sûre; il voulut continuer, et fit bientôt rencontre d'une quarantaine de fourrageurs égyptiens qui menaçaient de mort un pauvre ermite, s'il ne leur découvrait un trésor caché, suivant eux, près de sa retraite. Attaquer les malfaiteurs, les frapper, les tuer ou mettre en fuite, fut pour Grimaud l'affaire d'un moment; le bon ermite, après l'avoir remercié,

le retint pour la nuit dans son ermitage et lui prédit la meilleure fortune, s'il n'oubliait pas, dans le cours de ses aventures, trois recommandations : la première, de préférer les chemins ferrés aux voies étroites et peu battues; la seconde, de ne prendre jamais pour confident ni pour compagnon un homme roux; la troisième, de ne jamais loger chez le vieux mari d'une jeune femme. Grimaud promit de suivre les bons avis du pieux solitaire. Puis il revêtit ses armes à l'exception du heaume, monta à cheval et continua sa route à travers la forêt. Bientôt il fit rencontre d'une caravane de marchands réunis autour d'une belle fontaine qu'ombrageait un grand sycomore. Ces voyageurs reposaient pour donner à leurs chevaux le temps de paître. Grimaud les salua; les marchands, reconnaissant à ses armes, à son écu, à son grand coursier, qu'ils avaient devant eux un chevalier, se levèrent et le prièrent de partager leur repas. Grimaud accepta, et, de son côté, leur fit offre de services. « Nous devons, » disent les marchands, « gagner à l'entrée de
« la nuit l'hôtel d'un de nos amis; mais il y a
« pour y arriver un pas assez difficile à tra-
« verser; nous vous prions de vouloir bien
« nous accompagner et d'accepter le même
« gîte. — J'y consens; prenez seulement les
« devants, restez dans le chemin le mieux

« frayé, et je ne tarderai pas à vous re-
« joindre. »

Ils partirent pendant que Grimaud, retenu par l'agrément du lieu, se laissait surprendre au sommeil. En se réveillant, il remonta et suivit le meilleur chemin jusqu'à la sortie de la forêt ; mais, arrivé là, il entendit de grands cris, un grand cliquetis d'armes. C'est que les marchands, engagés dans un étroit sentier qui semblait plus direct, avaient été assaillis par une bande de quinze voleurs, pourvus de chapeaux de fer et de gambesons, armés d'épées, de couteaux aigus et de grandes plommées. Ils ne trouvaient qu'une faible résistance de la part de gens qui n'avaient d'autre arme que des épées et des bâtons. Plusieurs furent blessés, les autres se répandirent çà et là en appelant à leur aide, tandis que les larrons détroussaient leurs quarante chevaux chargés des plus précieuses marchandises. Grimaud, entendant des cris, se hâta de lacer son heaume, et revint sur ses pas jusqu'au chemin fourché que les marchands avaient eu, malgré son avis, l'imprudence de choisir : il atteignit les brigands et renversa les premiers qui se présentèrent. A mesure qu'il les désarçonnait, les marchands dispersés revenaient à lui et achevaient de tuer ceux qu'il avait abattus. Sauvés par la valeur du chevalier inconnu, ils lui rendirent mille actions de grâces.

« Qu'au moins, » dit Grimaud, « cela vous apprenne à ne jamais quitter la grande voie pour le chemin de traverse. »

Le château, c'est-à-dire la ville fortifiée dans laquelle se trouvait l'hôtel des marchands, se nommait Methonias. Elle était entourée de murs et de belles et fortes tournelles, habitée par nombre de bourgeois riches et aisés. L'hôte chez lequel ils arrivèrent était d'un grand âge; il avait une femme jeune et belle, mais assez orgueilleuse pour refuser de partager le lit de son vieil époux.

Les marchands descendirent les premiers; Grimaud en arrivant vit à l'entrée de la porte le prud'homme, et près de lui sa femme, brillante et richement parée, comme pour une grande fête annuelle. Il se souvint de la recommandation de l'ermite et détourna son cheval. « Quoi! sire, » lui dirent les marchands, « ne « voulez-vous héberger avec nous? L'hôte est « riche et courtois, vous n'avez pas à craindre « d'être mal reçu. — Il en sera ce que vous vou- « drez, mais je trouve cet hôtel dangereux pour « vous et pour moi. Je prendrai logis près de « vous, non avec vous. »

Il frappa à la maison voisine, occupée par un bachelier de prime barbe, dont la femme brune, belle, gracieuse et de même âge, aimait son mari autant qu'elle en était aimée. Six des marchands, pour ne pas laisser Grimaud sans compagnie, voulurent partager son hôtel. Le bachelier et la dame vinrent à leur rencontre, et les accueillirent en gens des mieux appris. Les chevaux, conduits à l'étable, furent abondamment fournis de litière, d'avoine et de foin; l'hôte reçut la lance, l'écu et le heaume du chevalier; la dame prit son épée et le conduisit dans une belle chambre où elle le désarma, prépara l'eau chaude dont elle voulut elle-même laver son visage et son cou noirci et camoussé par les armes et les luttes précédentes; elle l'essuya avec une toile blanche et douce, puis lui mit sur les épaules un manteau vert fourré d'écureuil, pour prévenir le passage trop subit du frais à l'excessive chaleur. Alors le chevalier monta au solier : avant de penser à reposer, il alla s'appuyer sur la fenêtre, pour recevoir le vent frais; car on était en été, et la chaleur était grande.

Comme il laissait courir son regard çà et là, il aperçut un clerc aux cheveux roux, mais élégamment vêtu, qui allait et venait devant l'hôtel du prud'homme. La jeune épouse du vieillard avança bientôt la tête, et le clerc, après lui avoir témoigné l'intention de passer la nuit avec elle, s'éloigna. Grimaud vint alors prendre place au souper plantureux et bien servi. Les nappes ôtées, ils allèrent, le bachelier, les six marchands et Grimaud, promener dans le jardin, pendant que la dame faisait dresser les lits dans une chambre du rez-de-chaussée dont la porte et les fenêtres s'ouvraient comme on voulait sur la rue. Cela fait, elle rejoignit les hôtes dans le jardin. «Tout,» leur dit-elle, «est « prêt, et vous pourrez aller reposer quand « il vous plaira.» On donna de nouveau pâture de blé aux chevaux, et le bachelier se sépara d'eux. Grimaud fit un premier somme, se vêtit, vint à la fenêtre et écouta si tout dans la rue était tranquille.

Il était alors environ minuit. Grimaud ne fut pas longtemps sans entendre le clerc frapper à la porte où reposait la dame de l'autre hôtel. Il la vit sortir en chemise, le corps seulement enveloppé d'un léger et court manteau. Aussitôt ils s'embrassèrent, firent leur volonté l'un de l'autre sur la voie même, avant de rentrer ensemble dans la maison. Peu de temps après qu'ils eurent fermé la porte sur eux, Grimaud entend des cris perçants, des gémissements étouffés. Il prend son épée et sort sans être aperçu de personne. Le bruit augmente, on entend crier : « Au larron ! au larron ! » Et cependant le clerc, monté au solier et n'osant revenir par où il était entré, s'élançait par la fenêtre sur la voie. Mais un des marchands l'avait prévenu et avait tenté de le frapper de son bâton;

le clerc venait d'esquiver le coup quand Grimaud courut à lui l'épée nue : l'obscurité de la nuit ne lui permettant pas de bien distinguer le clerc, il l'atteignit seulement au talon, qu'il sépara du pied et qu'il ramassa, pendant que le clerc, surmontant la douleur de sa blessure, s'éloignait à toutes jambes; Grimaud, de son côté, rentra dans son logis, se recoucha et dormit jusqu'au jour.

Au matin, les marchands furent grandement surpris en voyant deux de leurs compagnons blessés, le corps et la gorge ensanglantés et près de rendre l'âme. Leurs trousses avaient été ouvertes, mais non vidées, parce que le temps avait fait défaut au larron qui les avait aussi cruellement traités. Quel était le coupable? Comment, dans une maison aussi honorablement connue, avait-on pu préparer un pareil guet-apens? On se perdait en soupçons, en conjectures. Un malfaiteur était sorti de la maison en entendant les cris : *Au larron!* il avait été vu, et l'un des marchands l'avait frappé : le prévôt, le châtelain, toléraient donc des larrons dans la ville : qui maintenant voudrait y séjourner, quand on y commettait impunément de pareils crimes? Le châtelain, personne fort honnête et fort loyale, ressentait un profond chagrin; mais nul indice ne le mettait sur la trace des malfaiteurs.

Grimaud dit au châtelain : « Si vous m'en
« croyez, sire, vous ferez passer devant le corps
« des trois victimes tous les gens de cette
« ville, sans exception. Quand le tour des cou-
« pables arrivera, on ne doit pas douter que les
« plaies qu'ils ont faites ne se rouvrent et
« ne saignent de nouveau. — Je ferai, » dit le
châtelain, « ce que vous demandez. »

Tous les habitants, sans exception d'âge ou
de sexe, furent avertis de se rendre sur la place
où les corps étaient exposés. A mesure qu'ils
passaient, Grimaud leur faisait tourner les ta-
lons, sans donner raison de cette action. Quand
tous les bourgeois furent passés : « C'est main-
« tenant, » dit Grimaud, « le tour des clercs. »
On les avertit, et le clerc roux eut beau se cacher et feindre une maladie, il fallut se présenter comme les autres. A peine parut-il sur
la place que les plaies des morts crevèrent et
répandirent des ruisseaux de sang. Grimaud
s'approcha et lui fit mettre à nu les pieds.
« Pourquoi n'avez-vous qu'un talon ? — Parce, »
dit l'autre, « que je me suis coupé par mégarde
« en fendant une bûche. — Vous mentez, » répond Grimaud, « vous l'avez perdu au moment
« où vous veniez de sauter d'une fenêtre, à telle
« enseigne que je l'ai recueilli ; le voici. » On
rapprocha le talon du pied qui l'avait perdu, et
le clerc, ne pouvant plus dissimuler, avoua

tout ce qu'il avait fait. « Quelle était donc ton
« intention, traître roux? — De tuer tous les
« marchands, d'emporter ce qu'ils possédaient,
« et de passer en terres lointaines avec la dame
« qui m'avait donné son amour. »

« — Je te sais bon gré de tes aveux, » reprit
le châtelain, « mais dis-moi, le maître et la
« dame de la maison savaient-ils et approu-
« vaient-ils ce que tu entendais faire? — Ni
« l'un ni l'autre, » dit le clerc. « Il n'y a pas
« au monde de meilleur homme que le mari;
« quant à sa femme, elle a mis tout en usage
« pour me détourner de mes projets. Je fus
« même obligé de la menacer de mort si elle
« en parlait à personne; et c'est pour avoir, en se
« retirant, poussé de grands gémissements, que
« l'éveil fut donné et que les cris me forcèrent
« à prendre la fuite. »

« Il ne reste plus, » dit le châtelain, « qu'à
« faire bonne justice. » On amena un ron-
cin vigoureux; le clerc fut étroitement lié à
la queue, traîné par les rues de la ville et à
travers champs, jusqu'à ce que ses membres,
détachés l'un après l'autre, fussent jetés et dispersés çà et là. Quant à la dame, elle fut en-
fermée dans une tour pour le reste de ses
jours. Le prud'homme conserva le bon renom
qu'il méritait; on enterra les trois marchands
tués, on pansa ou guérit les autres; et, comme

il y avait sur le rivage de la mer, à sept lieues de Methonias, un navire qui les attendait pour les transporter en Grande-Bretagne, Grimaud accepta l'offre qu'ils firent tous de le conduire. Les marchands, en prenant congé de leur hôte, lui laissèrent pour marquer leur reconnaissance un des chevaux que les larrons de la forêt avaient abandonnés. Grimaud entendit la messe, sella son cheval, et revêtit ses armes à l'exception du heaume (car en ce temps-là les chevaliers ne se mettaient pas en chemin sans être armés). Puis il prit congé de son hôte et du châtelain, que Grimaud reconnut pour un proche parent, et qui lui avait fait le meilleur accueil du monde.

Ils trouvèrent la nef sur le rivage et se mirent en mer. Les premières journées furent belles : un vent favorable les fit passer devant l'île d'Ipocras, et côtoyer sans danger la roche du Port-Périlleux. Mais au sixième jour une forte tempête les jeta violemment sur la côte de l'île qu'on appelait *Onagrine*.

L'île Onagrine était habitée par Tharus le grand, un géant féroce qui n'avait pas moins de quatorze pieds à la mesure de ce temps, et avait voué aux chrétiens une haine implacable; si bien qu'il faisait mourir tous ceux qu'il soupçonnait de tenir à la foi nouvelle.

Il avait enlevé la fille du roi Résus d'Arcoménie, la belle Recesse, qui gémissait d'être contrainte à recevoir ses caresses, et soupirait après le jour qui la délivrerait de ce monstre. Autant les habitants de l'île abhorraient le géant Tharus, autant ils aimaient et plaignaient la belle et vertueuse Recesse. Des fenêtres de son château, Tharus vit la nef des marchands que les flots poussaient violemment au rivage. Il se leva, demanda ses armes, la peau de serpent qui lui servait de heaume, sa masse, un faussart et trois javelots. Dans cet attirail il alla défier Grimaud qui ne perdit pas un instant pour lacer son heaume et monter à cheval. L'issue du combat, longuement raconté, mais dont les vives couleurs sont autant de lieux communs de ces sortes de descriptions, se termina, comme on le pense bien, par la mort de Tharus et la délivrance des insulaires, dont la plupart, suivant l'exemple de la princesse Recesse, demandèrent et reçurent le baptême. La dame conserva son nom, qui répondait au sens de *Pleine de bien;* et quant aux autres, chacun trouva le nom qu'il devait désormais porter tracé dans la paume de sa main. Il y eut pourtant un certain nombre de païens qui refusèrent le baptême. Ils firent même une guerre cruelle aux nouveaux chrétiens, comme on le dira plus tard dans les autres branches du roman.

La dame n'avait pas vu son vaillant libérateur

sans éprouver le désir d'en être aimée; et tout porte à croire que Grimaud eût répondu volontiers à ce qu'elle attendait de lui, s'il ne se fût souvenu qu'il venait de lui servir de parrain. Voici comment elle lui raconta son histoire.

« Parrain, » dit-elle, « mon père, le roi Résus,
« était allé visiter un de ses frères en Arphanie,
« quand il survint dans notre terre d'Arcoménie
« une grande flotte de gens de Cornouaille,
« sortis de la race des géants. On ne leur op-
« posa pas de résistance. Tharus, un d'entre eux,
« m'ayant aperçue sur le bord de la mer
« comme je m'ébattais avec mes compagnes,
« m'enleva, et, charmé de ma beauté, de ma
« jeunesse, me conduisit bientôt dans cette île
« Onagrine dont il avait hérité après la mort
« de son oncle, vaincu et tué par le duc Nascien
« d'Orbérique (1). Il fallut me résigner à lui
« servir de concubine, et à feindre des senti-
« ments bien opposés à ceux que j'avais réelle-
« ment. Car, on le dit en commun proverbe :
« Souvent déchausse-t-on le pied qu'on aimerait
« mieux trancher. Vous m'avez délivrée de ce
« tyran détesté; mais maintenant que vais-je
« devenir? Comment retourner vers mon père,
« qui ne me pardonnera pas d'avoir quitté le

(1) Voyez plus haut, page 274.

« culte de ses idoles ? Comment demeurer ici,
« quand les habitants ne m'ont pas fait homm-
« mage, et quand je ne suis pas souveraine par
« droit héréditaire ? Ils ne me porteront révé-
« rence qu'autant qu'il leur plaira, et ne choi-
« siront pas sans doute une femme pour être
« leur reine. Ah ! si je pouvais compter sur un
« vaillant et hardi chevalier qui partageât mes
« honneurs, je tremblerais moins pour l'avenir. »

Grimaud la consola de son mieux. Il réunit ensuite les nouveaux chrétiens devant le palais, et leur fit jurer de reconnaître pour leur souveraine la princesse Recesse, qui reçut leur hommage, et dès lors cessa de craindre. Grimaud et les marchands prirent congé d'elle, et, après quelques jours de traversée, abordèrent sur les frontières de Norgalles, en vue de la fameuse *Tour des Merveilles*.

« En quelle contrée abordons-nous ? » demanda Grimaud aux six marchands. « Sire, » répondit l'un d'eux nommé Antoine, « nous
« sommes à l'entrée du Northumberland et à
« la sortie de Norgalles, là où commence le
« duché de Galeford, dont le château principal
« est à la distance de quatre lieues galloises.
— Galeford ? » répéta Grimaud, « mais comment
« savoir si c'est la ville de ce nom que je
« cherche ? — C'est bien elle, » reprit Antoine, « car en toute la Grande-Bretagne il n'y

« a pas d'autre château du même nom. —
« Montons donc sur-le-champ, car j'ai la plus
« grande envie d'y arriver. »

Ils chevauchent entre deux vallons au milieu de beaux arbres qui abritaient le plus épais pâturage ; cette verdure ombragée s'étendait de deux journées dans le Northumberland et de trois journées dans le Norgalles. Une montagne la séparait du château de Galeford. Avant d'arriver, ils rencontrèrent plusieurs chevaliers qu'ils reconnurent d'abord comme chrétiens, puis comme attachés aux nouveaux rois de la contrée. Le premier d'entre eux était Clamacide, un des barons de Sarras, devenu sénéchal de Northumberland. Ils firent un récit mutuel des incidents qui leur étaient survenus, comment la cité de Sarras était prise et celle d'Orbérique assiégée ; comment Nascien était devenu roi de Northumberland, Célidoine roi de Norgalles et époux de la fille du roi Label ; comment Mordrain avait été *Mehaignié* et devait attendre pour sa guérison l'avénement du dernier de sa race ; comment enfin Énigée, femme de Joseph, avait mis Galaad au monde, et la reine Sarracinthe Éliézer, alors dans sa onzième année. Ces récits émerveillèrent Grimaud, qui se réjouit de tout ce qu'on lui apprit du jeune Éliézer. La rencontre de Grimaud avec la reine Sarracinthe, avec Éliézer, avec Nascien,

Célidoine et le roi Méhaignié ne fut pas moins arrosée de douces larmes. Il fut convenu qu'Éliézer demanderait à ses parents la permission de retourner en Orient avec Grimaud et l'armée que le roi Mordrain, onze ans auparavant, avait conduite en Bretagne. La reine Sarracinthe consentit avec douleur au départ de son fils. Puis toute la compagnie se rendit à l'ermitage où était déposé le roi Méhaignié, lequel confirma les projets de Grimaud et fit entre Éliézer et lui le partage de ses domaines de Syrie. Grimaud, quoique fils naturel, eut le royaume du roi Label, c'est-à-dire l'ancien pays de Madian, auquel fut réuni le duché d'Orbérique, ancien fief de Nascien. Éliézer, armé chevalier devant le roi Méhaignié, fut roi de Sarras qu'ils allaient reconquérir.

Nous les laisserons retourner en Orient, chasser les Égyptiens, tuer le roi Oclefaus-Seraste et ses deux fils, recevoir enfin l'hommage des habitants de Sarras, d'Orbérique et de Madian. Si nous entendons encore parler d'eux, ce sera dans les autres branches du cycle (1).

(1) Ce curieux épisode de Grimaud, emprunté à quelque récit oriental, est omis dans la plupart des manuscrits du Saint-Graal. Je ne l'ai même reconnu que dans le n° 2455.

VII.

MOISE, SIMÉON ET CANAAN. — LES TOMBES DE FEU. — LES ÉPÉES DRESSÉES.

Josephe, en quittant le roi Mehaignié, poursuivit le cours de ses prédications. Le père, le fils et les Juifs convertis qui les avaient suivis en Occident s'arrêtèrent d'abord dans une ville nommée Kamaloth (1), et tel fut l'effet de leurs exhortations, que tout le peuple de la province demanda et reçut le baptême. Le roi Avred le Roux (Alfred), n'osant résister au mouvement général, feignit d'être lui-même converti, et, pour mieux tromper Josephe, reçut le baptême de sa propre main. Mais à peine les chrétiens avaient-ils quitté la ville pour continuer leurs prédications, en laissant dans Kamaloth douze prêtres chargés d'entretenir la bonne semence, que le méchant Avred jeta le masque, renia son baptême et contraignit ses sujets à

(1) Aujourd'hui Colchester, à l'extrémité du comté de Sussex. C'est l'ancienne *Camulodunum*.

suivre son coupable exemple. Les douze prêtres voulurent résister : on les saisit, on les attacha à la grande croix que Josephe avait fait élever près de la ville ; ils furent battus de verges, puis lapidés par les mêmes gens qui, peu de temps auparavant, avaient confessé la religion nouvelle. Ce crime ne pouvait rester impuni. Comme il revenait de couvrir de boue la croix nouvelle, Avred rencontra sur son chemin sa femme, son fils et son frère : aussitôt, saisi d'une fureur infernale, il se jeta sur eux et les étrangla tous trois, en dépit des efforts du peuple pour les arracher de ses mains. Puis, courant comme un forcené parmi les rues, il arriva devant un four nouvellement allumé et s'élança dans le brasier ardent, qui réduisit en cendres son corps maudit. Effrayés de ce qu'ils venaient de voir, les gens de Kamaloth ne doutèrent plus du pouvoir du Dieu des chrétiens, et s'empressèrent d'envoyer des messagers à Josephe pour le prier de leur pardonner et de les relever de leur apostasie. Josephe revint donc sur ses pas, les arrosa tous d'eau bénite, reçut de nouveau leur promesse de vivre et mourir chrétiens, et, jetant les yeux sur la croix encore souillée du sang des douze martyrs et de la boue qu'on leur avait jetée : « Cette croix, » dit-il, « sera « désormais appelée la *Croix Noire*, en souve-« nir de la noire trahison d'Avred le Roux. »

Le nom est jusqu'à présent demeuré. Avant de s'éloigner une seconde fois de Kamaloth, Josephe institua un évêque et fit construire une belle église sous l'invocation de saint Étienne martyr.

Ici notre romancier se reprend au poëme de Robert de Boron (1). Durant les courses de Josephe à travers les provinces de la Grande-Bretagne, il arriva que les provisions vinrent à faire défaut, et que ses compagnons sentirent les angoisses de la faim. Josephe fit arrêter l'arche et disposer la table carrée au milieu d'une plaine. Après avoir dit ses oraisons, il posa le saint vaisseau au milieu de la table, et s'assit le premier en invitant les chrétiens à suivre son exemple, pour savourer la divine nourriture réservée à tous ceux dont les pensées demeuraient pures et chastes.

Josephe avait eu soin de laisser entre son père et lui l'espace d'un siége vide. Bron se plaça près de Joseph et tous les autres à la suite, d'après leur rang de parenté, la table s'étendant d'elle-même en proportion de ceux qui méritaient d'en approcher. Un seul des parents de Joseph ne put trouver où s'asseoir; il se nommait Moïse. Il eut beau aller d'un côté à l'autre, il n'y avait plus qu'un seul siége à occuper, celui qu'avaient

(1) Voyez plus haut, pp. 143-146.

laissé entre eux les deux Joseph. « Pourquoi « ne m'assoirais-je pas là ? » se dit-il; « j'en suis « aussi digne que personne. » Cependant Josephe avait posé devant lui le Graal, qu'une toile recouvrait des trois côtés opposés à son visage ; il sentit l'arrivée de la grâce, et tous les chrétiens assis ne tardèrent pas à la partager et à la savourer dans un respectueux silence.

Moïse avança d'un pas : comme il se disposait à prendre le siége vide, Josephe le regarda avec une surprise partagée par les autres chrétiens que leurs péchés privaient de la grâce. Ceux qui étaient assis virent alors trois mains sortir d'un blanc nuage, ondoyant comme un drap mouillé; l'une de ces mains prit Moïse par les cheveux, les deux autres par les bras ; ainsi fut-il soulevé en haut : alors, tout à coup, entouré de flammes dévorantes, il fut transporté loin de la vue des convives. L'histoire dit qu'il fut conduit dans la forêt d'Arnantes (ou Darnantes), et que son corps y demeura au milieu des flammes, sans en être consumé.

Le châtiment de Moïse ne troubla pas le bonheur dont jouissaient les convives, au nombre de soixante-dix. A l'heure de tierce, dès qu'ils revinrent à eux-mêmes, ils ne manquèrent pas, en se levant, de demander à Josephe ce que Moïse était devenu. « Ne m'interrogez pas; « vous le saurez plus tard. — Au moins, » dit

Pierre, «expliquez-nous comment cette table, qui
« semble faite pour treize convives, s'étend en
« proportion du nombre de ceux qui se présen-
« tent. — Elle s'étend, «répond Josephe, » en fa-
« veur de quiconque est digne de s'y asseoir.
« Celui qui doit siéger près de moi sera vierge
« et sans impureté ; les autres doivent rester
« libres de tout péché mortel. La place vide
« représente celle que Judas occupait à la Cène.
« Après son crime, personne ne l'a remplie
« avant que Matthias n'en fût jugé digne. No-
« tre-Seigneur, en me choisissant pour porter
« sa parole dans certaines contrées, à l'exem-
« ple des apôtres, m'a donné en garde le saint
« vaisseau dans lequel son divin corps est jour-
« nellement sacré et sanctifié. Plus tard, au
« temps du roi Artus, sera établie une troi-
« sième table pour représenter la Trinité. »

Ils continuèrent leur route vers l'Écosse, traversèrent de belles forêts et atteignirent une
grande plaine arrosée d'un vivier limpide. Alors
ils eurent faim, et Josephe les avertit de se mettre
tous en état de recevoir la grâce, petits et grands,
justes et pécheurs. Puis, s'adressant à Alain le
Gros, le plus jeune des fils de Bron, il lui ordonna
d'aller tendre un filet sur le vivier. Alain obéit
et prit un grand poisson qui fut aussitôt mis sur
la braise et préparé comme il convenait. Josephe
fit mettre les tables et étendre les nappes; ils s'as-

sirent sur l'herbe fraîche, dans l'ordre accoutumé. « Pierre, » dit Josephe, « prenez le saint
« vaisseau, faites avec lui le tour des tables,
« pendant que je ferai les parts du poisson. »
Dès que Pierre eut fait ce qui lui était demandé,
tous se sentirent remplis de la grâce, et se crurent nourris des plus douces épices, des plus
savoureux mets. Ils restèrent dans cet état
jusqu'à l'heure de tierce.

Bron alors demanda à son neveu ce qu'il entendait faire de ses douze fils. « Nous saurons
d'eux, » répondit Josephe, « quelles sont leurs
dispositions ». Les onze premiers souhaitèrent
de prendre femmes pour continuer leur lignée;
Alain le Gros seul déclara ne pas vouloir se
marier. C'est lui que le conte appellera désormais le *Riche Pêcheur*, ainsi que tous ceux qui
furent après lui saisis du saint Graal, et portèrent couronne. Mais cet Alain ne fut pas roi
comme eux, et ne doit pas être confondu avec
le roi Alain ou Hélain, issu de Célidoine. Ajoutons que le vivier dans lequel fut pêché le gros
poisson reçut, à partir de ce jour, le nom de
l'*étang Alain*.

Nos chrétiens passent de cette contrée vers
les abords de Brocéliande, que nous devons
craindre de confondre avec la célèbre forêt de
la Petite-Bretagne qui portait le même nom, et
dont il sera parlé si souvent dans les autres

branches. Près de l'endroit où ils s'arrêtèrent s'élevait le château de La Roche, autrement nommé Rochefort. Un païen tout armé se présenta devant Josephe et lui demanda ce qu'il venait faire, lui et ses compagnons, dans ces parages. « Nous sommes chrétiens, et notre in-
« tention est d'annoncer par le pays la vérité.
« — Qu'est-ce que votre vérité ? » Josephe alors exposa les principes de la doctrine chrétienne; le païen, dont l'esprit était subtil, lui tint tête en cherchant à contester ce qui lui était conté de Jésus-Christ et de sa douce mère. « Mais enfin, » ajouta-t-il, « si tu ne mens pas dans ce que tu
« nous as dit de ton Dieu, je t'offre une belle oc-
« casion de le mettre en évidence. Je vais de ce
« pas chez mon frère, atteint d'une plaie jugée
« incurable par tous les médecins ; si tu parviens
« à la guérir, je promets de devenir chrétien et
« de décider mon frère à suivre mon exemple.—
« Et moi, » répondit Josephe, » si vous parlez
« sincèrement, je promets de rendre à votre
« frère la meilleure santé qu'il ait jamais eue. »

Il fit signe à ses compagnons de l'attendre et suivit le cavalier païen. Arrivés à l'entrée du château, voilà qu'un lion sort de la forêt voisine, fond sur Agron (c'était le nom du païen) et l'étrangle comme il eût fait d'un poussin. Josephe continua son chemin sans paraître ému; mais les gens du pays, qui avaient vu le lion s'élancer sur Agron, accusèrent Josephe de l'avoir évoqué par ses enchantements; ils le saisissent, le lient et le conduisent à la forteresse. Comme ils voulaient le pousser dans une noire prison : « Eh quoi ! » leur dit-il, « je suis venu « pour rendre la santé à votre duc Matagran, et « vous me traitez ainsi ! » Il avait à peine prononcé ces mots que le sénéchal du pays s'avance furieux et le frappe de son épée, précisément à l'endroit où il avait été jadis frappé par l'ange. La lame se brisa en deux, et le premier tronçon demeura dans la plaie. « Je suis venu, » dit Josephe, « pour guérir les malades, et c'est vous « qui me blessez ! Conduisez-moi soit à votre « maître, soit dans le temple de vos dieux, et « vous verrez si vous ne vous êtes pas mépris « sur mon compte. »

On le conduisit au temple, et tout aussitôt il se mit à prêcher la sainte loi. Le peuple l'écoutait avec attention : « Si, » lui dit-on, « vous ren- « dez la santé à tous nos infirmes, nous croi- « rons en votre Dieu. » Josephe se mit alors à genoux et fit une prière fervente; avant qu'il fût relevé, le tonnerre éclata, une lueur de feu descendit sur les idoles de Jupin, Mahon, Tervagan et Cahu, et les réduisit en poudre. Tous ceux qui, parmi les assistants, souffraient de quelque mal, les boiteux, les aveugles, les borgnes, sentirent qu'ils étaient délivrés de leurs

Page 308.

Léon Techener, Éditeur. Imp. Delâtre.

maux, si bien que c'était à qui demanderait à hauts cris le baptême.

Matagran, averti de la rumeur, se rendit au temple à son tour : il avait été, longtemps avant, atteint d'une pointe de flèche qui lui demeurait en la tête. « Chrétien, » dit-il à Josephe, « je « recevrai le baptême comme toutes ces gens, « si tu me guéris et si tu rends la vie à mon « frère Agron. » Josephe, sans répondre, fait tenir droit le duc Matagran ; il étend les mains autour de sa tête, et fait sur l'endroit entamé le signe de la croix. On voit aussitôt le fer de la flèche poindre, sortir, et Matagran s'écrier, transporté de joie, qu'il ne sent plus la moindre douleur.

Restait Agron dont le corps, déjà séparé de l'âme, lui fut amené. Josephe haussa la main, fit le signe de la croix, aussitôt on vit les deux parties séparées de la gorge se rejoindre ; Agron se leva et s'écria qu'il revenait du purgatoire où il commençait à brûler en flammes ardentes. On conçoit aisément qu'après tant de merveilles, les deux frères fussent disposés à croire aux vérités de la nouvelle religion. Pour le sénéchal qui avait blessé Josephe, il vint humblement demander pardon. Josephe toucha le tronçon de l'épée demeuré dans la cuisse et le fit sortir de la plaie qui sur-le-champ se referma. Prenant alors les deux tronçons de la lame : « A Dieu

« ne plaise, » dit-il, « que cette bonne épée soit
« ressoudée, sinon par celui qui doit accomplir
« l'aventure du siége périlleux de la Table-
« Ronde, au temps du roi Artus ; et que la poin-
« te cesse de saigner avant que les deux parties
« ne soient rejointes. »

Après avoir ainsi destiné cette épée, Josephe établit des prêtres dans la contrée, pour y faire le service divin dans une nouvelle église qu'il dédia à Notre-Dame. Là fut déposée l'épée dans un bel écrin ; là fut aussi mis en terre le frère de Matagran qui ne vécut pas au-delà de huit jours après sa résurrection (1). Josephe alors retourna vers ses compagnons, arrêtés sur la rivière de *Colice*, et leur raconta toutes les merveilles que Dieu venait d'opérer par son ministère.

Cette rivière de Colice tombait dans un bras de mer et portait de grands vaisseaux. Elle traversait la forêt de Brocéliande et fermait la voie devant eux. Comment la traverser ? « Vous
« avez, » dit Josephe, « passé de plus grandes
« eaux. Mettez-vous en prières, et le Seigneur
« viendra à notre aide. » Ils se jetèrent à genoux, le visage tourné vers l'Orient. Bientôt

(1) Mais, avant de mourir, « Matagran fist mettre en
« escrit toutes les paroles que Josephe destinoit de l'es-
« pée ; et par ce furent-eles sceues d'oir en oir, et sont
« encoires jusc'à jourd'ui. » (Ms. 2453, f° 313.)

ils voient sortir de la forêt de Brocéliande un grand cerf blanc, portant au col une chaîne d'argent, et escorté par quatre lions. Josephe fait un salut en les voyant : le cerf s'avance vers la Colice, et la passe tranquillement ainsi que les lions, sans que leurs pieds soient plus mouillés que s'ils eussent traversé une rivière glacée.

Josephe dit alors : « Vous tous mes parents, « qui êtes de la Table du Saint-Graal, suivez-« moi; que les pécheurs seuls attendent un « nouveau secours. » Il suivit la ligne que le cerf avait tracée sur la rivière en la traversant, et parvint le premier de l'autre côté du rivage, où tous ses compagnons le rejoignirent, à l'exception des deux grands pécheurs, Siméon et Canaan.

Or, ce Canaan avait douze frères, qui tous supplièrent Josephe de ne pas le laisser ainsi abandonné. Josephe, cédant à leurs prières, repassa la Colice et prit par la main les deux retardataires. Mais, en dépit de son exemple et de ses exhortations, il ne put les décider à poser le premier pied sur les eaux, si bien qu'il dut revenir seul à l'autre bord. Heureusement, en apparence, un vaisseau monté par des marchands païens passa devant eux. Canaan et Siméon les prièrent de les prendre sur leur navire pour les transporter de l'autre côté. Les païens consentirent à les déposer près des autres chrétiens : mais à peine étaient-ils débarqués qu'une tempête s'éleva ; un horrible tourbillon de vent engloutit le vaisseau et ceux qui le montaient. « Dieu, » dit alors Josephe, « a puni ces païens, apparemment parce qu'ils « nous ont ramené deux faux chrétiens, indi- « gnes de rester dans notre compagnie. »

Puis il leur donna l'explication du grand cerf qu'ils avaient vu. « C'est, » dit-il, « l'image « du Fils de Dieu, blanc parce qu'il est exempt « de souillure. La chaîne de son cou rappelle « les liens dont fut attaché Jésus-Christ avant « de mourir : les quatre lions sont les quatre « Évangélistes. »

La forêt de Darnantes confinait à celle de Brocéliande. Les chrétiens s'engagèrent dans ses détours, et arrivèrent devant un hôpital de construction très-ancienne. C'est là qu'avait été transporté le corps de Moïse, et mis dans une tombe de pierre ardente, d'où s'échappaient des flammes dont la chaleur se répandait à grande distance. « Ah! Josephe, » s'écria le malheureux, quand il le vit arriver, « ah! digne évêque de Jésus-Christ, prie notre « Seigneur d'adoucir un peu mes souffrances; « non de les terminer, car il ne sera donné de « me délivrer qu'à celui qui, sous le règne « d'Artus, occupera le siége périlleux de la « Table-Ronde. » La prière de Josephe fit descendre sur la tombe de Moïse une pluie bienfaisante qui amortit la violence des flammes, au point de diminuer de moitié les souffrances du pauvre pécheur. Josephe et ses compagnons poursuivirent leur voyage. Après avoir reposé dans une belle plaine, ils allèrent le lendemain de grand matin à la grâce, c'est-à-dire à la Table du Graal, où tous furent largement repus, à l'exception de Canaan et de Siméon, le père de Moïse. Cette exclusion les rendit encore moins dignes d'y participer, par l'envie qu'ils conçurent aussitôt contre les bons chrétiens, et par leur désir de tirer une odieuse vengeance de leurs frères. « N'est-ce « pas, » se dirent-ils, « une honte insuppor- « table d'être ainsi privés seuls d'une faveur « prodiguée à nos frères et à tant d'autres? — « Qu'ils se gardent de moi, » reprit Canaan, « surtout mes frères, car je suis bien résolu de « ne pas laisser passer la première nuit sans les « frapper. — Et moi, » dit Siméon, « c'est à « Pierre, mon cousin, que je m'en prendrai. « — Tu feras bien, » dit Canaan. « Le pre- « mier de nous qui aura fini attendra l'autre « sous le figuier que tu vois de ce côté du « champ. »

La nuit vint; quand Canaan crut ses frères plongés dans le premier sommeil, il s'approcha, un couteau à pointe recourbée dans la main.

Tous les douze furent frappés et mis à mort. Pendant qu'il revenait tranquillement s'asseoir sous le figuier, l'odieux Siméon, armé d'une pointe envenimée, s'approchait de Pierre endormi, et voulait le frapper au milieu du corps; mais le couteau alla seulement percer l'épaule, si bien que Pierre éveillé ne le laissa pas redoubler et se mit à crier : *Au secours !* de toutes ses forces. On accourut, on arriva : « Qu'avez-vous, « Pierre ? — Vous le voyez au sang qui coule « de ma blessure; c'est Siméon, je l'ai reconnu, « qui est ainsi venu pour me tuer. » On cherche Siméon, on le joint; il n'hésite pas à reconnaître son crime; il avait voulu tuer Pierre. Autant en dit Canaan quand, à la vue des douze frères étendus sans vie, les autres chrétiens demandèrent s'il n'était pas le meurtrier. « Oui, « je ne pouvais les souffrir plus favorisés que « je ne l'étais de la grâce et de la Table du « Graal. » Conduits devant Josephe, Bron, le Riche Pêcheur et les autres, tous dirent qu'il fallait en faire rigoureuse justice. Ils furent condamnés à être enterrés vivants, à la place même où le crime avait été commis.

La première fosse fut creusée pour Siméon. Comme on l'y conduisait, les mains liées derrière le dos, le ciel tout à coup s'obscurcit, des hommes en feu traversèrent les airs, puis vinrent saisir Siméon et l'emportèrent loin de là, sans que les autres chrétiens pussent savoir dans quel lieu il allait être déposé.

Canaan fut à son tour conduit à la fosse qui lui était destinée. On le recouvrit de terre, et comme il en avait déjà jusqu'aux épaules, il témoigna un si profond repentir de son forfait qu'il n'y eut personne qui n'en fût ému. « Ah! sire Josephe, » s'écriait-il, « je suis « le plus grand criminel du monde ; il n'est « pourtant aucun péché, si grand qu'il soit, « que notre Dieu ne pardonne comme un père « à son enfant, s'il voit que l'enfant en ait « un véritable repentir. Que mon corps soit « tourmenté, que mes douleurs se prolongent « au-delà de la mort, mais que mon âme ne « soit pas éternellement condamnée au séjour « des réprouvés! Et vous, mes parents, mes an- « ciens amis, de grâce déliez-moi les mains, et « consentez à ensevelir les douze frères que « j'ai immolés, autour de ma tombe. Peut-être « leur innocence protégera-t-elle mon iniquité ; « peut-être les lettres que vous tracerez sur « les pierres inviteront-elles les voyageurs à « prier pour eux et pour moi ! »

Josephe et les chrétiens furent touchés de son repentir et firent ce qu'il désirait. On l'ensevelit les mains déliées, on creusa douze fosses autour de la sienne, on y enferma ses douze frères, et chacune des fosses fut fermée d'une grande pierre sur laquelle on traça le nom des victimes ; sur celle de Canaan fut écrit : *Ci-gist Canaan, né de la cité de Jérusalem, qui par envie mit à mort ses douze frères.*

Josephe dit alors : « Nous avons oublié une « chose importante : les treize frères que nous « venons d'inhumer avaient porté les armes « et fait en mainte occasion preuve de vail-« lance et de prud'homie; il conviendrait d'in-« diquer sur la pierre de leur tombeau qu'ils « avaient été chevaliers. Vous y déposerez leurs « épées, et sachez qu'il ne sera donné à per-« sonne de les déplacer. »

On fit ce que Josephe demandait, et, le lendemain, ils furent bien émerveillés quand ils virent les épées se tenir dressées sur la pointe de la lame, sans que personne y eût touché. Pour la tombe de Canaan, ils la virent brûler comme ferait une bûche sèche jetée sur un brasier enflammé. « Ce feu, » dit Josephe, « du-« rera jusqu'au temps du roi Artus, et sera éteint « par un chevalier qui, bien que pécheur, sur-« montera en chevalerie ses compagnons. En « raison de sa prouesse, et malgré le honteux « péché dont il sera souillé, il lui sera donné « d'éteindre les flammes de ce tombeau. On « le nommera Lancelot; par lui sera engendré « en péché le bon chevalier Galaad, qui, par

« la pureté de ses mœurs et la grandeur de
« son courage, mettra fin aux temps aventu-
« reux de la Grande-Bretagne. »

C'est ainsi que Josephe se plaisait à indiquer ce qui plus tard devait arriver, en montrant comment les choses étranges dont ils étaient témoins devaient se lier à ce que verraient les hommes d'un autre âge. Quand il invita ses compagnons à reprendre leur voyage et leurs prédications, un d'entre eux, le prêtre Pharan, demanda la permission de rester auprès des tombes, d'ériger là une chapelle, et d'y offrir chaque jour le saint sacrifice, en appelant sur l'âme de Canaan la miséricorde divine. La chapelle, aussitôt commencée, fut achevée quand le sire de la contrée, le comte Basain, se convertit à la foi chrétienne. Elle est encore aujourd'hui telle que Pharan l'avait élevée.

VIII.

AVENTURES DE PIERRE. SON ÉTABLISSEMENT.

IERRE, dont jusqu'à présent le romancier avait à peine parlé, va maintenant jouer dans les récits un rôle qui semble devoir quelque chose à la légende de Tristan.

Siméon l'avait frappé d'un glaive empoisonné : sa plaie, au lieu de se fermer, s'ouvrait plus grande et plus douloureuse de jour en jour. Il ne put suivre Josephe dans ses derniers voyages, et fut contraint de s'arrêter près de la tombe de Canaan, déjà gardée par le prêtre Pharan, qui connaissait assez bien l'art de guérir. Comme on ne supposait pas que le fer dont il avait été frappé fût empoisonné, on n'eut pas recours au véritable remède, si bien que, le mal s'aggravant tous les jours, Pierre dit à Pharan : « Je vois, bel ami, que je ne
« guérirai pas ici ; Dieu veut sans doute que
« je visite un autre pays pour y recouvrer la
« santé. Veuillez me conduire sur le bord de

« la mer; elle n'est pas très-éloignée, j'y trou-
« verai peut-être un peu de soulagement. »

Pharan se mit en quête d'un âne sur le dos duquel il posa son pauvre ami. Ils atteignirent le rivage et ne trouvèrent à bord qu'une légère nacelle, dont la voile était tendue et prête à prendre le large. Pierre rendit grâce à Notre-Seigneur : « Beau doux ami, » dit-il, « des-
« cendez-moi et me transportez dans cette
« nacelle; elle me conduira à la grâce de Dieu,
« et sans doute où je trouverai la fin de mes
« maux. — Ah! sire, » répond Pharan, « vou-
« lez-vous affronter la mer, faible et souffrant
« comme vous êtes? Au moins laissez-moi
« vous accompagner. — Posez-moi d'abord
« dans la nacelle, » répond Pierre; « puis je
« vous dirai ma volonté. »

Pharan, tout en pleurant, le prit dans ses bras et le transporta dans la nacelle, le plus doucement qu'il put : « Grand merci, beau
« doux ami, » dit Pierre, « vous avez fait ce
« que je vous avais demandé : maintenant, j'ai
« le désir de m'éloigner seul. Retournez à
« votre chapelle, vous prierez Notre-Seigneur
« de procurer ma guérison. Si vous voyez Jo-
« sephe, dites-lui que j'eus de bonnes raisons
« de m'éloigner de lui. Le cœur me le dit : je
« retrouverai la santé aux lieux où Dieu va
« me conduire. »

Pharan sortit de la nacelle en pleurant. Le vent aussitôt enfla la voile; Pharan la suivit des yeux, tant qu'il put l'apercevoir dans le lointain; puis il remonta sur son âne et retourna tristement à la chapelle, en songeant aux dangers de Pierre, au peu d'espérance qu'il avait de jamais le revoir.

Pendant quatre jours, la nacelle vogua rapidement sur les flots sans qu'elle parût approcher d'aucune terre. Le cinquième jour, Pierre, épuisé de faim, souffrant de lassitude, s'endormit. On était au temps des plus grandes chaleurs, et, pour être mieux à son aise, il avait à grand'peine quitté sa cotte et sa chemise, quand la nacelle s'arrêta devant une île dans laquelle, à peu de distance du rivage, s'élevait un grand château, demeure ordinaire du roi Orcan. C'était, au jugement des païens, un des plus forts chevaliers de son temps.

Comme la nacelle touchait à la rive, la fille du roi, belle et avenante, y vint prendre le frais et s'ébattre avec ses compagnes. Elle approcha de la barque et fut grandement surprise d'y trouver un homme nu et endormi. En voyant la plaie qui lui rongeait le haut de l'épaule : « Voyez, » dit-elle, « la pâleur et la « maigreur de cet homme; comment n'est-il « pas mort d'une aussi cruelle blessure? En « vérité, c'eût été grand dommage; malgré sa

« maigreur, on ne peut méconnaître la beauté
« de son corps. Pourquoi ne puis-je le mettre
« entre les mains du chrétien que mon père
« retient en prison, et qui sait comment on
« guérit les plus fortes blessures ! »

Ces paroles, dites à demi-voix, réveillèrent Pierron, dont grande fut la surprise en voyant devant sa nacelle plusieurs demoiselles richement vêtues. La fille du roi, quand il ouvrit les yeux, dit : « Qui êtes-vous, jeune homme ? —
« Dame, je suis un chevalier chrétien, né à
« Jérusalem : je me suis abandonné à la mer,
« dans l'espoir de trouver un homme assez sage
« pour connaître mon mal et le guérir. —
« Se peut-il, » reprit la demoiselle, « que vous
« soyez chrétien ! Hélas ! mon père déteste
« les chrétiens et ne les souffre pas dans sa
« terre. Toutefois, en vous voyant si malade,
« j'ai grand désir de travailler à votre guéri-
« son. Que ne puis-je vous tenir dans nos cham-
« bres ! je vous ferais visiter par un mire de votre
« créance, qui sans doute trouverait la méde-
« cine qu'il vous faut. Mais, si mon père venait
« à le savoir, nous serions perdus, vous et moi.
« — Ah ! demoiselle, » reprit Pierron, « au
« nom de votre Dieu, non pour moi, mais en
« considération de gentillesse et de franchise,
« faites-moi parler au chrétien que vous dites. »
Quand elle l'entend si doucement parler, elle

regarde ses compagnes, comme pour savoir leur avis. « Si vous voulez, » dit l'une d'elles, « tant de bien à cet homme, sa guérison est « entre vos mains. Il nous sera facile à nous « toutes de le soulever, de le faire sortir de la « nacelle, et de le transporter à l'entrée de « votre jardin ; de là, nous le conduirons au « préau, et du préau dans votre chambre (1). « Une fois là, vous trouverez aisément le moyen « d'avertir le chrétien de venir visiter la plaie « de ce dolent chevalier. »

Alors toutes en même temps le lèvent aussi doucement qu'elles peuvent, le descendent sur le rivage et l'emportent jusqu'au jardin, du jardin dans le préau, et du préau à la chambre de la demoiselle, fille du roi. Elles le couchent dans un lit, pour y reposer autant que ses douleurs le permettraient. « Comment vous va-t-il ? » demandèrent-elles. — « Oh ! bien mal, demoi- « selles, et sans doute je ne vivrai pas jusqu'à « la fin du jour. — Il n'y a donc pas de temps « à perdre. » Et la fille du roi se hâta d'aller parler au geôlier de son père ; elle fit tant auprès de lui, qu'il lui confia pour quelques

(1) Cette distribution d'une grande habitation, le jardin, le préau et les appartements, n'est pas sans quelque rapport avec nos maisons dont le jardin s'ouvre devant les fenêtres par un large gazon, et se continue plus ou moins loin.

heures le chrétien qu'il avait charge de garder.
« Ah! demoiselle, » dit le prisonnier comme
on détachait ses chaînes, « que voulez-vous
« faire de moi? Que gagnerez-vous à ma mort? »
« — Je ne veux pas vous faire mourir, » répond-elle; « suivez-moi dans ma chambre;
« vous verrez pourquoi je vous fais sortir
« d'ici. »

Elle marche alors devant lui; quand ils
furent arrivés : « Voici, » dit-elle, « un chrétien que nous avons trouvé sur la rive de mer.
« Il est bien malade; si vous pouvez le guérir,
« je vous ôterai de prison et vous renverrai
« comblé de mes dons; car j'ai grande compassion de ses douleurs. »

Le prisonnier, ravi de pouvoir soulager un
homme de sa loi, approche de Pierre et lui
demande s'il est depuis longtemps malade.
« Il y a plus de quinze jours; la plaie que j'ai
« reçue s'est constamment élargie; les mires,
« jusqu'à présent, n'y ont rien entendu. —
« Demoiselle, » dit le prisonnier, « faites porter le malade sur le préau, je verrai mieux
« la nature de la plaie. » Quand on eut fait ce
qu'il demandait, il regarda avec la plus grande
attention la partie malade. « Il y a, » dit-il, « du
« venin dans la plaie; il faudrait, pour en être
« maître, commencer par l'en séparer. Toutefois ayez bon courage, je promets de vous

« guérir avant un mois. » Alors il s'éloigna, chercha çà et là dans le préau les herbes qu'il voulait employer, les réunit, en fit une apostume qu'il appliqua sur le mal, et, avant que le mois fût passé, Pierre, revenu dans sa première santé, parut devant la demoiselle, plus beau que dans ses plus belles années, quand il était parti de Jérusalem.

Il y avait en ce temps un roi d'Irlande nommé Maraban, vassal du roi Luce de la Grande-Bretagne. Le jour même où la demoiselle avait trouvé Pierron, il était venu voir le roi Orcan, vassal comme lui du roi Luce. Il arriva que le bouteiller d'Orcan, pour se venger d'une offense, versa du poison dans la coupe du fils de Maraban, de sorte que le jeune homme en mourut; le roi d'Irlande, persuadé que le venin lui avait été donné par l'ordre d'Orcan, se rendit à la cour du roi de la Grande-Bretagne, et demanda justice. Orcan répondit à l'appel, nia le crime, tendit son gage contre l'accusateur, et déclara qu'il était prêt à combattre de son corps, ou du corps d'un de ses chevaliers. Il fit cette réserve, parce que le roi Maraban passait pour le plus fort jouteur et le plus vaillant qu'on eût vu depuis longtemps. Les gages furent retenus, les otages livrés et le jour de la bataille fixé.

Alors, voulant connaître s'il y avait parmi ses

hommes un champion plus fort et plus habile que lui, Orcan s'avisa d'un expédient qui devait l'éclairer sur ce point. Il feignit une grande maladie, et quand on lui demanda la cause de son mal : « C'est, » dit-il, « une profonde tris-« tesse. J'apprends que le roi Maraban vient « d'envoyer ici un chevalier qui se vante d'abat-« tre dans une seule journée douze de mes meil-« leurs hommes. Il sera tous les matins au point « du jour sous l'arbre du Rond-Pin. Qu'allons-« nous faire ? Ne trouverai-je personne en état « d'abattre son orgueil ; et pourra-t-il, à son re-« tour en Irlande, se vanter de n'avoir rencontré « dans ma terre aucun chevalier assez hardi « pour se mesurer avec lui ?—Non assurément, » répondent les chevaliers; « nous serons demain « au nombre de douze au rendez-vous, et nous « pourrions, au besoin, en trouver d'autres « pour mettre cet Irlandais à la raison. »

Le roi les remercia, puis les pria de le laisser dormir. Et quand la nuit fut venue, il appela son sénéchal. « Faites apporter des armes dé-« guisées, étendez une couverture sombre sur « mon cheval : je veux sortir avant le point du « jour et ne reviendrai que le soir. Si quel-« qu'un demande à me parler, dites que je suis « trop malade pour recevoir. Surtout, gardez-« vous de dire un mot de ma sortie et de mon « retour. »

Le roi s'arma, monta à cheval, passa le pont du château et atteignit le Rond-Pin, où il attendit jusqu'à l'heure de prime. Alors arrivèrent douze chevaliers entièrement armés, à l'exception des lances ; car, dans tous les temps, on en trouvait sous le Pin un grand choix, comme dans l'endroit le plus ordinairement choisi pour les joutes, les tournois et les combats. Dès que les chevaux eurent repris haleine, chacun d'eux saisit un glaive à sa convenance, et, de son côté, le roi, s'étant mis en mesure, attendit le premier chevalier et l'abattit à la première course. Le second se présente et va rejoindre le premier; ainsi des dix autres dont le roi fut assez mécontent de demeurer vainqueur ; car, tout vaillant et vigoureux qu'il fût, il savait que le roi d'Irlande était encore meilleur champion. S'adressant alors aux chevaliers désarçonnés : « Sei- « gneurs, » dit-il, « reprenez vos chevaux, vous « êtes pourtant mes prisonniers et je pourrais « disposer de vous comme je l'entends. Allez « trouver le roi Orcan, et rendez-vous à lui. « Il saura qui je suis, en apprenant que je vous « ai vaincus ; car nous avons fait de compagnie « maintes besognes. »

Le roi, après qu'ils furent éloignés, entra, pour ne pas être reconnu, dans la forêt voisine ; et, la nuit venue, il retourna au château, traversa le jardin et gagna le pied de la tour où l'attendait le sénéchal. Quand on l'eut désarmé, il se mit au lit et fit entrer les barons, qui lui demandèrent comment il se portait : « Toujours « assez mal, » répondit-il, « mais j'espère en « guérir ; ne soyez pas inquiets, et continuez à « faire belle chère. »

Le lendemain il donna audience. Les chevaliers vaincus vinrent confesser leur mésaventure et se mirent en sa prison. — « Oui, » leur dit le roi, « je devine quel est ce chevalier. « Et j'ai honte pour vous d'apprendre qu'un « seul homme vous ait vaincus. D'autres, je « l'espère, se présenteront et soutiendront « mieux l'honneur de ma chevalerie. » Mais le bruit de la défaite des douze chevaliers, cités comme les plus braves de la terre d'Orcan, détourna les autres de tenter l'aventure ; si bien que chaque jour le roi, qu'on croyait malade, sortait de grand matin et revenait le soir, sans avoir combattu et sans que personne devinât quel était le chevalier du Rond-Pin.

La nouvelle de ces défis et de la victoire du vassal irlandais arriva jusqu'aux oreilles de Pierre, qui depuis sa guérison vivait secrètement logé dans les chambres de la fille du roi. « Qu'avez-vous ? » lui dit un jour la demoiselle, « vous êtes plus pensif qu'à l'ordinaire. « N'y aurait-il aucun moyen de vous mettre le

« cœur plus à l'aise? — Ce moyen, de-
« moiselle, est à votre disposition. — Par-
« lez, et vous me verrez prête à le saisir.

« — Je vous dirai donc que le bruit de la
« prouesse de ce chevalier d'Irlande m'a mis
« en grande pensée : et quand j'ai appris que le
« roi Orcan avait fait crier un ban pour invi-
« ter ses barons à le combattre, je me suis dit
« que si tel ban avait été crié dans la terre où
« je suis né, je n'aurais pas manqué, pour un
« royaume, de revêtir mes armes et d'aller
« m'éprouver contre lui. C'est pour ne pouvoir
« le faire aujourd'hui que vous me voyez si
« triste et si dolent. »

Alors la fille d'Orcan pensa que si ce chevalier n'était pas de grande prouesse, il ne parle-
rait pas ainsi : « Consolez-vous donc, Pierre, »
lui dit-elle, « vous ne manquerez pas la joute
« pour défaut d'armes ou de cheval. C'est moi
« qui vous les fournirai ; mais je tremble en
« pensant que vous allez courir un grand dan-
« ger, en vous mesurant contre celui qui n'a
« pas jusqu'à présent trouvé de vainqueur. »

Elle ne perdit pas un moment pour lui
faire apporter de bonnes armes et pour s'assurer d'un cheval. Puis elle conduisit Pierre
par la main du préau dans le jardin, en lui
indiquant la route à suivre jusqu'au Rond-Pin.
Pierre passa le reste de la nuit dans la forêt

voisine ; il ôta le frein et la selle de son cheval, et s'endormit jusqu'au point du jour. En s'éveillant il revint à son cheval, lui remit le frein et la selle, laça son heaume, reprit son écu, remonta à cheval et retourna vers le Pin, où le roi se trouvait déjà, attendant, sans trop l'espérer, un chevalier qui consentît à se mesurer avec lui.

Après s'être salués, ils s'éloignent et reviennent l'un vers l'autre avec la rapidité d'un cerf poursuivi par les chiens. Telle est la violence de leur premier choc que les écus ne les garantissent pas et qu'ils sentent le fer pénétrer dans leurs chairs blanches et tendres. Mais le glaive du roi fut brisé, tandis que celui de Pierre fit voler le roi par-dessus la croupe de son cheval, et tellement étourdi qu'Orcan ne put de longtemps penser à se relever.

Pierre alors descendit, et tirant du fourreau l'épée : « Chevalier, » dit-il, « vous avez perdu « votre joute ; mais peut-être serez-vous plus « heureux à la prise des épées (1). » En même temps, il lève le brand, et se couvre la tête de l'écu. Le roi se met en garde le mieux qu'il peut; mais il avait plus besoin de repos que de bataille.

La lutte fut pourtant longue et opiniâtre.

---

(1) Le combat à pied.

Le sang coula de part et d'autre; ils s'atteignirent en cent endroits, tous deux grandement surpris de trouver dans leur adversaire tant de prouesse. Enfin le roi, épuisé de forces, tomba sans mouvement et baigné dans son sang. Pierre aussitôt lui arrachant le heaume : « Reconnaissez, chevalier, que vous êtes vaincu, « ou vous êtes mort. — Non, » répond faiblement le roi en ouvrant les yeux, « tu peux me « tuer, non me faire dire une seule parole dont « je puisse rougir moi et tous les autres rois.

« — Comment! sire, » dit Pierre, « seriez-« vous donc roi couronné? — Oui, vous avez « vaincu le roi Orcan. » Ces paroles portèrent le trouble et le regret dans le cœur de Pierron. Il tendit au roi son épée : « Ah! sire, » dit-il, « pardonnez-moi; je n'aurais jamais jouté contre « vous, si je vous eusse connu.

« — En vérité, » reprit Orcan, « voici la pre-« mière fois que le vainqueur demande grâce « au vaincu. Qui êtes-vous donc? — Sire, un « chevalier de terre étrangère, de la cité de Jé-« rusalem. J'ai nom Pierre, et je suis chrétien. « L'aventure m'a conduit dans votre château. « J'étais en arrivant navré d'une plaie enveni-« mée; grâce à Dieu, à votre fille et au chré-« tien, votre prisonnier, j'ai recouvré la santé. « J'entendis parler du ban que vous aviez fait « crier; votre fille voulut bien me procurer un

« cheval et des armes ; mais j'ai grand regret
« d'avoir aussi mal reconnu le bon accueil que
« j'ai reçu de votre fille et dans votre hôtel.
« Pardonnez-moi de vous avoir combattu.

« — Non-seulement, » dit le roi, « je vous
« pardonne, mais je vous tiens de mes meilleurs
« amis, bien que votre loi me soit odieuse.
« Maintenant, j'entends à vous demander un
« grand service. Consentez à combattre à ma
« place le roi Maraban, qui me met en cause
« pour un méfait que je n'ai pas commis. Il n'est
« rien après cela que je ne sois disposé à vous
« accorder de tout ce qu'il vous plaira de récla-
« mer de moi. Seulement vous aurez soin de
« cacher votre nom et votre créance ; car si
« Maraban venait à savoir que vous êtes chré-
« tien, il pourrait refuser de jouter contre un
« homme d'une autre loi que la sienne. »

Ils revinrent alors au château où le sénéchal,
en ouvrant, courut à l'étrier d'Orcan, puis à
celui de son compagnon. Pierre fut conduit
dans la chambre du roi : dès qu'ils furent dé-
sarmés, Orcan envoya quérir sa fille qui, en
apercevant Pierron, trembla de tous ses membres. « Belle fille, » dit le roi, « connaissez-
« vous cet homme ? — Sire, non : je ne pense
« pas. — Allons ! il ne s'agit plus de feindre,
« et si vous l'avez jusqu'à présent bien traité,
« il faut le traiter cent fois mieux encore,

« comme le meilleur chevalier du monde, celui
« qui m'a vaincu. Encore m'a-t-il promis da-
« vantage, en consentant à devenir mon cham-
« pion contre Maraban. » La demoiselle ne ca-
cha pas la joie que lui causaient ces paroles, et
promit d'obéir à son père, en traitant Pierron
du mieux qu'elle pourrait.

Tous les deux étaient couverts de plaies;
mais les médecins appelés déclarèrent qu'il
n'y en avait aucune qui ne fût cicatrisée avant
un mois. Or c'était justement dans un mois que
le champ devait être ouvert à Maraban.

Le jour arriva : Orcan et Pierre se rendirent à Londres où se trouvait déjà Maraban,
qui renouvela devant Luce sa première accusation. Le roi de Bretagne demanda au roi Orcan
s'il entendait combattre en personne ou présenter un champion. Pierre aussitôt s'avança et
tendit son gage que Luce joignit au gage de
Maraban.

On ne pouvait deviner dans le palais quel
était le chevalier assez téméraire pour se mesurer contre le roi d'Irlande. On savait seulement que c'était un des barons du roi Orcan. L'issue du combat prouva que Pierre
n'avait pas trop compté sur ses forces. Après
une lutte acharnée qui dura depuis l'heure de
prime jusqu'à none, Maraban fut renversé;
Pierre lui trancha la tête et vint la présenter

au roi : « Sire, » dit-il, « pensez-vous que
« monseigneur le roi Orcan soit purgé de l'ac-
« cusation portée contre lui?— Assurément, »
répond Luce, « vous en avez assez fait pour
« m'obliger à reconnaître en vous le meilleur
« chevalier de notre temps. Aussi suis-je dé-
« sireux de vous retenir. Y consentez-vous?
« — Pour le moment, sire, je dois retourner
« d'où je viens. » Luce, dans l'espoir de s'attacher Pierre, avertit Orcan qu'il viendrait le
visiter dans huit jours et qu'il aurait alors besoin d'entretenir le chevalier vainqueur de Maraban.

Orcan et Pierron, à leur retour, virent arriver au-devant d'eux tous les hommes de la
terre, jonchant de fleurs la voie sur leur
passage et criant : « Bienvenu soit le meilleur
« de tous les bons, le vainqueur du roi Mara-
« ban ! »

Quand ils furent reposés, le roi prenant à
part Pierron : « Sire chevalier, je n'oublie pas
« ma promesse de ne rien refuser de tout ce
« qu'il vous plairait me demander, fût-ce le
« don de ma couronne. — Grand merci, sire ;
« je réclamerai de vous une seule chose, elle
« tournera mieux à votre profit que vous ne
« pouvez en ce moment le penser. Con-
« sentez à vous rendre chrétien. » Sans attendre la réponse du roi, il lui exposa la nou-

velle croyance, la fausseté de ses idoles, la vérité de l'Évangile et les preuves de cette vérité. Si bien qu'après deux jours d'enseignements, le roi se trouva désabusé, convaincu, et demanda le baptême. Un ermite, habitant secret de la forêt du Rond-Pin, le purifia dans les eaux saintes. Tous les habitants de l'île suivirent un si bon exemple, et personne ne le fit avec plus d'ardeur que la demoiselle, fille du roi. On changea sur les fonts le nom d'Orcan en celui de Lamer ; et en considération de son premier nom, l'île qu'il gouvernait ne fut plus, à partir de ce moment, connue que sous celui d'Orcanie (1).

« Maintenant, » dit le roi Lamer, « j'ai
« fait, Pierron, ce que vous m'avez demandé ;
« je réclame à mon tour, beau doux ami, un
« don de vous ; me l'accorderez-vous ? — As-
« surément, s'il est en mon pouvoir de le faire.
« — Or bien, vous connaissez ma fille Camille ;
« elle est née de rois et de reines : je vous prie
« de la prendre à femme, et j'entends en même
« temps vous saisir de mes terres et de ma
« couronne. Ainsi pourrez-vous me rendre le
« plus heureux des hommes. — Ah ! sire, » dit
Pierron, « je n'osais espérer tant de bonheur.
« J'aimais d'amour votre belle fille ; jamais elle

---

(1) En anglais : *Orkney* ; en français : *Iles Orcades*.

« n'en eût rien su, si vous ne m'aviez aupa-
« ravant permis de lui en parler. » Le roi
lui tendit les bras, ils se baisèrent sur la bouche
en signe de foi mutuelle. Camille fut aussitôt
fiancée à Pierron; puis vinrent le mariage et les
noces auxquelles assista le roi Luce qui, tout en
regrettant que Pierre fût chrétien, espérait
toujours qu'il voudrait bien l'accompagner
jusqu'à Londres.

Mais il était loin de penser, en arrivant, que
Pierre le sermonnerait assez bien pour lui
faire sentir la vanité des dieux auxquels il
croyait, et la vérité, la bonté de la loi de Jésus-Christ. Luce consentit à recevoir le baptême, à la condition que Pierre l'adopterait
pour son compagnon d'armes et de chevalerie. Tant que Pierre vécut, il aima le roi Luce
plus que tout autre, et ne laissa passer aucune
occasion de le servir.

Ainsi (dit ici notre romancier) fut chrestienné
le roi Luce, et avec lui tous ses hommes, par
les exhortations de Pierre. Messire Robert de
Boron, qui mit, avant nous, ce livre de latin en
français, s'y accorde fort bien, ainsi que la
vieille histoire. Toutefois, le livre de Brut ne
le dit pas et ne s'y accorde aucunement. La raison, c'est que celui qui le mit en roman ne savait rien de la haute histoire du Saint-Graal.
Cela suffit pour expliquer le silence qu'il a

gardé sur Pierron. Mais, pour dissimuler son ignorance, il s'est contenté d'ajouter au récit qu'il adoptait, ces mots : *Ainsi le racontent aucunes gens* (1).

X.

DESCENDANCES. — CONCLUSION.

Pierre fut roi d'Orcanie après Lamer, et engendra dans sa femme un fils qui reçut le nom d'Herlan. Avant de mourir, il demanda que son corps fût déposé dans l'église de Saint-Philippe qu'il avait fait ériger dans la cité d'Orcanie. Son

---

(1) Il y aurait à dire bien des choses sur ce passage. Ce traducteur de l'histoire de Brut est sans doute notre Wace. Wace, ainsi que Bède, rapporte aux missionnaires envoyés par le pape Éleuthère, en 156 de J.-C., la conversion du roi Luce et de son peuple. Et remarquons que notre romancier, au lieu de citer Geoffroi de Monmouth, n'allègue ici que son traducteur français, d'où l'on a droit de conjecturer qu'il ne connaissait pas le livre latin. C'est une nouvelle raison de penser qu'il écrivait en France et qu'il était Français. S'il

fils Herlan lui succéda, prince valeureux et loyal, qui, de la fille du roi d'Irlande, eut un fils nommé Mélian. A Mélian succéda son fils Argiste, orné de grand savoir, et qui épousa une Saxonne de haut lignage. Il en eut un fils, le roi Hédos, un des meilleurs chevaliers d'Orcanie. La femme d'Hédos, fille du roi de Norgales, fut mère du roi Loth d'Orcanie, qui épousa la sœur d'Artus, belle et plaisante entre toutes. De ce mariage vinrent quatre fils, dont l'histoire parlera longuement. Le premier et le plus fameux de tous, dans les livres bretons, fut Gauvain, bon chevalier et hardi de la main, mais trop incontinent de sa nature. Le second, Agravain, moins luxurieux, mais aussi moins bon chevalier, et le plus orgueilleux des hommes. Gaheriet, le troisième, beau, preux et hardi, eut grandement à souffrir durant sa vie et mourut assez peu glorieusement de la main soit du roi Bohor de Gannes, soit de Lancelot, je ne sais lequel. Le quatrième, Guerres, eut les vertus de prouesse et de loyauté : peut-être le meilleur des quatre et pour sa valeur égal à Gauvain, quoi qu'en disent les

---

eût écrit en Angleterre, il aurait eu beau ne pa savoir de lettres, c'est-à-dire de latin, la rumeur publique lui aurait fait connaître bien plutôt l'*Historia Britonum* de l'Anglais Geoffroi, que le roman de *Brut* du Normand Wace.

histoires bretonnes. Un cinquième chevalier, Mordret, passait généralement encore pour être fils du roi Loth : la vérité, c'est que le roi Artus l'avait engendré dans sa propre sœur, la reine d'Orcanie, une nuit qu'il pensait partager la couche de la belle dame d'Irlande. Ses regrets et ceux de la reine furent grands quand ils reconnurent la méprise. C'était d'ailleurs avant son mariage avec la noble et belle Genièvre (1).

Suivons maintenant les dernières gestes des deux Joseph. Eliab ou Enigée, femme de Joseph d'Arimathie, mourut à Galeford et fut ensevelie dans une abbaye voisine. Joseph d'Arimathie dut à son tour quitter le siècle pour se réunir à Jésus-Christ qui l'avait tant aimé. On l'enterra dans l'abbaye de Glare, en Écosse.

Restaient l'évêque Josephe et son frère Galaad. En laissant Pierre avec Pharan près du tombeau de Chanaan, Josephe avait pris le chemin d'Écosse et répandu la semence évangélique dans toutes les parties de ce royaume et de l'Irlande. Il revint à Galeford et rendit grâces à Dieu de voir la ville accrue d'églises, d'abbayes et de population.

(1) On voit ici comment ce fameux Gauvain appartenait à la lignée de Joseph d'Arimathie, dont Pierre, son premier ancêtre, était cousin germain ou issu de germain.

Surtout il fut surpris de retrouver son frère Galaad qu'il avait laissé petit enfant, beau, vigoureux, sensé, adroit aux armes et nouvellement armé chevalier de la main de son oncle Nascien, le roi de Northumberland.

Bientôt il reçut un message de la part des gens du royaume d'Hofelise qui lui demandaient un roi, à la place de celui qu'ils avaient perdu. Josephe ne voulut pas leur répondre avant d'avoir pris conseil au duc Ganor et au roi Nascien. « Sire, » dirent-ils, « notre « avis est que vous ne pouvez choisir un prince « plus propre à gouverner cette terre que « votre frère Galaad, dont on connaît déjà la « prouesse et la prud'homie. Si nous le dési- « gnons, c'est moins en considération de vous « que dans la pensée de faire une chose agréable « au Seigneur-Dieu. »

Josephe ne s'en tint pas à ce premier conseil. Il invita douze des plus prud'hommes et des plus sages du pays d'Hofelise à venir conférer avec lui : il demanda leur avis sur le roi qu'il convenait de choisir. Tous firent la même réponse ; si bien que Josephe appelant Galaad : « Tenez, beau frère, » dit-il, « je vous inves- « tis du royaume d'Hofelise, par le conseil « des prud'hommes de cette terre. Je savais que « vous méritiez de porter couronne ; mais « comme vous êtes mon frère, je ne vous au-

« rais pas choisi, si les autres ne vous eussent
« volontairement désigné d'eux-mêmes. »

Ils partirent, Josephe, Nascien, Ganor et Galaad, pour la terre d'Hofelise. Reçus à grande joie et grandes fêtes par le peuple de la contrée, Galaad fut couronné pompeusement le jour de Pentecôte, dans la cité de Palagu, alors la plus importante du pays. Ce fut l'évêque Josephe qui le sacra, et répandit sur lui la sainte huile. Galaad régna glorieusement et se fit si bien aimer, qu'en mémoire de lui la terre perdit son ancien nom d'Hofelise pour prendre celui de Galles qu'elle conservera jusqu'à la fin des siècles.

Un soir que le roi Galaad chevauchait seul au travers d'une grande plaine, après avoir chassé toute la journée, il perdit la trace de ses hommes et de ses chiens, ne sut pas retrouver son chemin et ne réussit qu'à s'égarer davantage. La lune qui l'avait longtemps éclairé avait cessé de luire quand, à l'heure de minuit, il distingua devant lui une grande flamme qui semblait jaillir d'une fosse ouverte. Il s'approche, et bientôt il entend une voix : « Ga-
« laad, beau cousin, c'est par mon péché que
« j'ai mérité les tourments que je souffre. » Le roi surpris dit à son tour : « Chose qui me
« parles et qui te dis mon cousin, apprends-
« moi qui tu es. — Je suis Siméon, dont tu as

« souvent entendu parler. C'est moi qui voulus
« tuer Pierron. Je ne te demande pas de prier
« pour que mon supplice cesse entièrement;
« daigne seulement implorer la bonté de Dieu
« pour qu'il soit un peu moins cruel et moins
« douloureux. — Siméon » reprit Galaad,
« j'ai souvent entendu parler de toi. Tu es
« bien de ma parenté, tu peux donc être assuré
« que je ferai ce que tu demandes. Je fon-
« derai une abbaye dans laquelle on ne cessera
« de prier pour toi, et je recommanderai qu'on
« y transporte mon corps quand mon âme en
« sera séparée. Mais, dis-moi, les tourments
« que tu souffres finiront-ils un jour? — Oui,
« mais au temps du roi Artus, quand viendra
« m'en délivrer un chevalier du même nom
« que toi. A lui seul est réservé le pouvoir
« d'éteindre le feu qui me tourmente, parce
« qu'il sera le plus chaste et le plus pur de
« tous ceux qui auront avant lui vécu. »

Galaad ayant quitté Siméon retrouva la voie
perdue, revint à ses gens, et, sans perdre de
temps, appela maçons et charpentiers pour
construire une abbaye qu'il dédia à la sainte
Trinité. Ce fut là que, d'après ses ordres, on
l'ensevelit, après qu'on l'eut revêtu de ses armes, chausses et haubert, le heaume à son
côté, la couronne à ses pieds. La lance posée
sur son corps ne dut jamais être levée par

un autre que Lancelot du Lac, comme on le verra dans la suite de l'histoire. Or Galaad avait épousé la fille du roi des Iles-Lointaines; il en eut un fils, nommé Lianor, roi de Galles après lui. De Lianor descendait en droite ligne le roi Urien de Galles, qui fit tant de prouesses au temps d'Artus, et fut chevalier de la Table ronde. Urien perdit la vie dans les plaines de Salebière, durant la dernière bataille où mourut Mordret et où le roi Artus fut mortellement navré.

Ainsi descendaient les rois de Galles en ligne directe de Joseph d'Arimathie, père de Galaad.

Josephe se consola de la mort de son père et de sa mère, en recevant un message du roi Mehaignié qui le priait de venir le visiter. « Sire, » dit en le voyant Mordrain, « soyez le
« bien-venu! j'ai grandement désiré de vous
« revoir. Comment le faites-vous? — Mieux que
« je n'ai fait depuis longtemps, sire roi; car,
« avant l'heure des prochaines primes, je dois
« passer de ce siècle à la vie éternelle.

« — Hélas! » dit en pleurant Mordrain, « faut-
« il prendre aussi congé de vous, et seul demeu-
« rer sur cette terre d'exil! Par vous et par la
« lumière dont vous m'avez éclairé, j'ai quitté
« mon pays et mes hommes. Si je vous perds,
« laissez-moi du moins vos armes pour me ser-
« vir de reconfort et de remembrance. — Vo-

« lontiers, » répond Josephe ; « faites apporter
« l'écu que je vous donnai, quand vous allâtes
« combattre Tolomé Seraste. »

Comme on apportait l'écu, il prit à Josephe un violent saignement de nez. Il humecta les doigts dans le sang qu'il répandait et traça sur l'écu une large croix vermeille. « Voilà, sire, le « souvenir que je vous laisse. Tant que durera « l'écu, la croix qui le traverse conservera son « éclat et sa fraîcheur. Que personne n'essaye « de suspendre l'écu à son cou, s'il ne veut « être aussitôt puni, jusqu'au dernier des bons, « le vaillant, le chaste Galaad, auquel il sera « donné de le porter. »

Le roi voulut qu'on approchât l'écu de son visage ; il le baisa à plusieurs reprises, puis demanda à Josephe dans quel endroit il convenait de le garder. « Il restera, » dit Josephe, « à cette place, jusqu'au jour où vous appren- « drez le lieu que Nascien aura choisi pour « sa sépulture. Vous le ferez déposer sur sa « tombe, et c'est là que viendra le prendre « le bon chevalier Galaad, cinq jours après « avoir été armé chevalier. »

Josephe mourut le lendemain au point du jour et fut enterré dans l'abbaye de Glare, en Écosse, auprès de son père. Il y avait, dans le temps que son âme passa dans l'autre monde, une grande famine en Écosse ; elle cessa tout à coup, à l'arrivée de son corps. D'autres miracles avertirent les gens du pays de la vénération qu'ils devaient à jamais témoigner pour ses reliques.

Il ne faut pas oublier que Josephe, avant de mourir, avait revêtu son cousin Alain le Gros du don du Saint-Graal, en lui laissant la liberté d'en revêtir après lui celui qu'il jugerait le plus digne d'un pareil honneur. Alain s'éloigna de Galeford, emmenant avec lui ses frères, tous mariés, à l'exception de Josué. Il marcha sans autre direction que celle de Dieu et parvint ainsi dans le pays de la *Terre Foraine*, dont le roi, depuis longtemps frappé de lèpre, accepta le baptême en récompense de sa guérison miraculeuse. Ce roi s'appelait Calafer ; Alain, en le baptisant, changea son nom en celui d'Alfasan. Alfasan avait une fille qu'il donna en mariage à Josué, frère d'Alain.

Celui-ci avait déposé le saint vaisseau dans la grande salle du palais d'Alfasan ; le roi voulut dormir, la nuit des noces de sa fille, dans une chambre voisine. Après le premier somme, il ouvre les yeux et regarde autour de lui. Sur une table ronde d'argent se trouvait le Graal : au-devant, un homme, revêtu des ornements sacerdotaux, semblait officier ; à l'entour, nombre de voix rendaient grâce à Notre-Seigneur. Alfasan ne voyait pas d'où les chants partaient, seulement il entendait un immense battement d'ailes, comme si tous les oiseaux du ciel eussent été là rassemblés. L'office achevé, le saint vaisseau fut reporté dans la grande salle, et le roi vit entrer un homme de feu, armé d'un glaive: « Alfasan, » lui dit-il, « il est à peine un homme « assez saint parmi ceux qui vivent aujour- « d'hui, qui puisse reposer ici sans recevoir le « châtiment de sa témérité. » En même temps, il laisse aller son glaive et lui perce les deux cuisses d'outre en outre. « C'est ici, » dit-il, » le « palais aventureux, où nul ne doit à l'avenir « pénétrer, s'il n'est le meilleur des bons che- « valiers. »

Le lendemain, le roi raconta ce qui lui était arrivé et la punition qu'il avait reçue. Il mourut à quelques jours de là. Dans les âges suivants, tout chevalier assez hardi pour méconnaître cette défense était trouvé mort le lendemain dans son lit. Le seul Gauvain, en considération de ses prouesses, en sortit vivant, mais après avoir subi tant de honte et d'ennui qu'il eût donné le royaume de Logres pour n'y être pas entré.

Le Palais aventureux avait été construit au milieu d'une ville nouvelle, qui, en l'honneur du Saint-Graal, fut appelée *Corbenic*, mot qui, en chaldéen, répondrait au français : *le trèssaint vase*. Le roi Alfasan fut enterré dans une église de cette ville, dédiée à Notre-Dame.

De Josué et de la fille du roi Alfasan naquit Almonadap, marié à l'une des filles du roi Luce de la Grande-Bretagne. Ses successeurs furent le bon Cartelois, Manuel et Lambour, tous rois de la Terre Foraine, tous surnommés *Riches pêcheurs*.

Ce dernier roi Lambour eut à soutenir la guerre contre un puissant voisin, nommé Narthan, et nouvellement converti. Narthan, vaincu dans une grande bataille, avait fui jusqu'à la mer, quand il vit approcher une nef si merveilleusement belle que, par curiosité et pour esquiver la poursuite des vainqueurs, il y entra et vit sur le lit l'épée dont on a déjà parlé. C'était, en effet, la nef que Nascien avait vue jadis arrêtée devant l'Ile Tournante; c'était l'œuvre du grand roi Salomon.

Narthan tira l'épée du fourreau, revint sur ses pas, et, rencontrant le roi Lambour, haussa la lame, le frappa sur le heaume : l'arme était si tranchante qu'elle fendit en deux le heaume, le corps du roi et le cheval qu'il montait. Tel fut le premier essai de l'épée de Salomon. Mais la mort du roi fut le signal de grands malheurs; la Terre Foraine et le pays de Galles demeurèrent longtemps sans culture, si bien qu'on changea pour un temps le nom des deux royaumes en celui de *Terre Gaste* ou déserte. Pour le roi

Narthan, après l'épreuve qu'il avait faite de la bonne trempe de l'épée, il voulut aller la remettre dans le fourreau. Mais, au moment où il la replaçait, lui-même tomba frappé de mort subite auprès du lit, et son corps demeura là gisant, jusqu'au moment où vint l'en tirer une pucelle, au temps de la fin des aventures. Car les lettres qu'on lisait à l'entrée de la nef de Salomon empêchaient quiconque en prenait connaissance de passer outre.

Lambour eut pour successeur le roi Pelehan, surnommé le Mehaignié, pour avoir perdu l'usage de ses deux jambes. Il ne devait en être guéri que par Galaad, le bon chevalier (1). De Pelehan descendit le roi Pheles ou plutôt Pelles, beau chevalier, dont la fille passa de beauté toutes les autres femmes de la Grande-Bretagne, à l'exception de la reine Genièvre. C'est en cette demoiselle que Lancelot engendra Galaad, celui qui devait mettre à fin toutes les aventures. Il est vrai qu'il fut conçu en péché, mais Dieu n'eut égard qu'aux grands et vaillants princes dont il était descendu et à ses bonnes œuvres personnelles.

Passons maintenant à Nascien, devenu roi de Northumberland, et à son fils Celidoine,

---

(1) Cet incident, répétition de l'histoire de Mordrain, sert à justifier un épisode de la *Quête du Graal*.

devenu roi de Norgales. Le même jour moururent les deux sœurs Saracinthe et Flegetine, et le roi Nascien. Les reines furent ensevelies dans l'abbaye, résidence du roi Mehaignié; pour Nascien, il préféra reposer dans une abbaye plus éloignée, où Mordrain ne manqua pas de faire porter l'écu que le seul Galaad devait avoir le droit de pendre à son cou.

Celidoine vécut douze ans après son père et se fit aimer de ses peuples autant que lui-même aima le Seigneur. Il était grand clerc et savait surtout lire dans les astres; si bien qu'ayant reconnu l'approche de plusieurs années de disette, il fit faire avant qu'elles arrivassent de grands amas de blé qui maintinrent en abondance le Norgales, tandis que tous les autres pays étaient en proie à la famine. Et ce n'est pas tout : les Saxons, apprenant qu'on trouvait du blé dans le royaume de Norgales, armèrent une flotte et firent une descente sur les côtes. Celidoine, averti de leur arrivée par les astres, ne leur laissa pas le temps de mettre leurs chevaux à terre; il parut à la tête d'une armée formidable et les extermina sans trouver la moindre résistance.

Celidoine fut enseveli à Kamalot, et eut pour successeur son fils Narpus. Nascien II succéda à Narpus, Élain le Gros à Nascien II, Jonas à Élain. Ce Jonas, ayant quitté la terre de son père pour aller en Gaule, épousa la fille du roi Mathanas. Un fils qu'il eût, nommé Lancelot, revint dans la Grande-Bretagne, hérita du Norgales, et prit à femme la fille du roi d'Irlande. Mais il renvoya dans les Gaules ses deux fils, qui partagèrent les domaines du roi Mathanas, leur aïeul. L'aîné, Ban, fut roi de Benoïc; le second, Bohort, fut roi de Gannes. Ban eut deux enfants, l'un bâtard, l'autre légitime. Le bâtard fut Hector des Mares, l'autre le très-renommé Lancelot du Lac. Pour le roi Bohort, ses deux fils furent Lyonel et Bohort. Et maintenant que nous avons fait le compte de la descendance royale du lignage de Joseph d'Arimathie, nous terminerons par le récit de ce qui advint au roi Lancelot, père des deux rois Ban et Bohort.

Près d'une ville de son domaine s'élevait le château de Bellegarde, habité par une dame de sa parenté, des plus belles et des plus vertueuses femmes de son temps : elle vivait dans une mortification continuelle; mais, en dépit de son désir d'échapper à l'attention des autres, il en fut d'elle comme d'un cierge dont la clarté ne peut se dissimuler, quand il est posé sur le chandelier. Le roi Lancelot entendit parler des perfections de la dame et désira la mieux connaître. Bientôt sa compagnie lui fut si agréable qu'à la faveur des mêmes sentiments de vertu et de piété, il s'établit entre eux un commerce de l'amitié la plus tendre et la plus pure. Peu de jours passaient sans qu'ils se visitassent l'un l'autre, si bien que les méchantes gens ne tardèrent pas à le remarquer pour en médire. « Le « roi, » disaient-ils, « aime cette dame d'un fol « amour, et l'on ne comprend pas que son mari « n'en ressente aucun ombrage. » Le frère du châtelain lui dit un jour : « Comment souffrez-« vous que le roi Lancelot vive avec votre « femme comme il le fait? Pour moi, je m'en « serais depuis longtemps vengé. — Frère, » répondit le châtelain, « croyez que si je pen-« sais avoir la preuve des intentions que vous « prêtez au roi, je ne le souffrirais pas un ins-« tant. » Tant lui dit le frère que le mari demeura convaincu de son déshonneur. On était alors aux derniers jours de carême, et, la sainteté du temps ajoutant à la ferveur de la dame et du roi, ils se plaisaient mieux que jamais à ranimer mutuellement leur amour des choses spirituelles. Le jour du vendredi saint, le roi sortit pour aller visiter un ermitage situé au milieu de la *Forêt Périlleuse*, et entendre le service divin. Il n'avait avec lui que deux serviteurs. Il arrive, se confesse, reprend le même chemin, et bientôt, ayant soif, il s'arrête devant une belle fontaine et s'incline pour y puiser de l'eau. Le duc l'avait secrètement suivi ; quand il le vit penché sur l'eau, il s'approcha et le frappa de son épée : la tête détachée du tronc tomba dans la fontaine. Non content d'avoir ainsi tué le roi Lancelot, il voulut reprendre la tête et la couper en morceaux ; à peine eut-il plongé la main dans la fontaine que l'eau, jusqu'alors très-froide, se prit à bouillonner d'une telle violence que le duc eut à peine le temps de retirer ses doigts devenus charbons. Il reconnut alors qu'il avait offensé Dieu, et que sa victime était innocente du crime dont il avait cru tirer vengeance. « Prenez ce « corps, » dit-il aux deux sergents, « met- « tez-le en terre, et que personne ne sache « de quelle façon est mort le roi. » Ils enterrèrent Lancelot près de l'ermitage, et reprirent le chemin du château. Comme ils en approchaient, un enfant vint dire au duc : « Vous « ne savez pas les nouvelles, sire ? Les ténè- « bres couvrent votre château ; ceux qui s'y « trouvent ne voient goutte, et cela, depuis « midi. » C'était précisément l'heure où le duc avait frappé le roi. « Je vois, » dit-il alors à ses compagnons, « que nous avons mal ex- « ploité ; mais je veux juger par moi-même de « ces ténèbres. » Il s'approcha, franchit le seuil de la première porte ; aussitôt un côté des créneaux se détachant de la muraille tomba sur lui et l'écrasa. Telle fut la vengeance prise par Notre-Seigneur de la mort du roi Lancelot. Depuis ce jour, la fontaine de la Forêt Périlleuse ne cessa de bouillir jusqu'au moment où Galaad, le fils de Lancelot, vint la visiter.

Il y eut une autre merveille plus grande encore. De la tombe dans laquelle on avait déposé le corps du roi sortirent, à partir de ce moment, des gouttes de sang qui avaient la vertu de guérir les blessures de ceux qui en humectaient leurs plaies. Si bien qu'il y avait, sur le chemin qui conduisait à la fontaine, un concours de gens navrés qui venaient y chercher leur soulagement.

Or il arriva qu'un jour un lion, poursuivant un cerf, l'atteignit devant cette tombe et le tua. Comme il commençait à le dévorer, survint un second lion qui lui disputa la proie : ils se prirent des dents et des ongles, jusqu'à ce que de guerre lasse ils s'arrêtèrent, labourés de plaies mortelles. L'un des lions s'étendit sur la tombe, et, voyant que des gouttes de sang en jaillissaient, il les recueillit sur sa langue, en lécha ses plaies, qui sur-le-champ se refermèrent. L'autre lion imita son exemple et fut également guéri; si bien que les deux animaux, en se regardant, perdirent toute envie de recommencer le combat, et, bien plus, devenus grands amis, ils ne voulurent plus se quitter. L'un se coucha au chevet, l'autre au pied de la tombe, comme pour la dérober à tous les yeux. Quand les chevaliers y venaient pour humecter leurs plaies du sang salutaire, les lions les empêchaient d'approcher et les étranglaient s'ils tentaient de le faire. Quand la faim les prenait, l'un allait en chasse, l'autre demeurait à la garde de la tombe. La merveille dura jusqu'au temps de Lancelot du Lac, qui combattit les lions et les mit tous deux à mort.

FIN DU SAINT GRAAL.

TRANSITION.

Robert de Boron nous avait avertis, dans les derniers vers de *Joseph d'Arimathie*, qu'il laissait les branches de Bron, d'Alain, de Petrus et de Moïse, promettant de les reprendre quand il aurait pu lire le roman nouvellement publié du *Saint-Graal*. Ce roman nous a donné la suite des récits commencés par Robert; on y trouve en effet la conclusion des aventures de Petrus, d'Alain et de Bron : ce qui s'y voit ajouté au compte de Moïse nous prépare à ce qu'on en devra dire à la fin du *Lancelot*. Que Boron ait continué son poëme sur les mêmes données, ou qu'il ait renoncé à le continuer, peu nous importe : il n'aurait pu que suivre la ligne tracée par l'auteur du *Saint-Graal*. Ainsi, d'un côté, il a pu renoncer à l'espèce d'engagement qu'il avait pris; de l'autre, on conçoit le peu de soin qu'on aura mis à conserver la suite de ses premiers récits, s'il les avait en effet continués.

En attendant que ce livre du Graal lui tombât entre les mains, Boron s'attacha à une autre légende, celle de *Merlin*. Pour la composer, il n'avait pas besoin du *Saint-Graal;* il lui suffisait d'ouvrir le roman de *Brut*, de notre Wace (1), traducteur de l'*Historia Britonum* de Geoffroi de Monmouth, et de laisser, sur cette première donnée, un peu de champ libre à son imagination.

Il écrivit encore ce livre en vers, comme la suite du *Joseph d'Arimathie*. Nous n'avons conservé de cette continuation que les cinq cents premiers vers; le temps a dévoré le reste. Mais, comme nous avons déjà dit, l'ouvrage entier fut heureusement réduit en prose vers la fin du douzième siècle, fort peu de temps après la publication du poëme; et les exemplaires nombreux tirés de cette habile réduction suppléent à l'original que l'on n'a pas retrouvé.

Le *Merlin* finit avec le récit du couronnement d'Artus : on l'a prolongé, dans la plupart des copies qui nous restent, jusqu'à la mort du héros breton. Ainsi, de deux ouvrages composés par deux auteurs, on a fait l'œuvre unique

---

(1) J'ai déjà fait remarquer que Boron citait plusieurs fois le *Brut* et nulle part l'*Historia Britonum*. De là l'induction qu'il ne connaissait pas le texte latin, et qu'il écrivait son livre en France.

d'un seul auteur. C'est aux assembleurs du treizième siècle qu'il est juste de faire remonter cette confusion (1). Ce qu'ils ont appelé la seconde partie du *Merlin* doit porter le nom de roman d'*Artus*, et ne peut être de Robert de Boron; il nous sera facile de le prouver.

I° Robert de Boron, après avoir raconté le couronnement d'Artus, reconnu par les rois et barons feudataires pour fils et héritier d'Uter-Pendragon; après l'avoir fait sacrer par l'archevêque Dubricius, et couronner par les rois et barons, conclut par ces mots:

« Ensi fu Artus esleu et fait rois dou roiaume « de Logres, et tint la terre et le roiaume lon- « guement en pès. » (Msc. 747, fol. 102.)

Mais au début de l'*Artus*, dont la première laisse suit immédiatement la dernière du *Merlin*, nous voyons les rois feudataires indignés d'être convoqués par un roi d'aventure qu'ils ne reconnaissent pas pour le fils d'Uter-Pendragon et qu'ils n'ont pas couronné. En conséquence, ils lui déclarent une guerre à mort.

Est-ce le même auteur qui, d'une ligne à l'autre, se serait ainsi contredit?

II° Robert de Boron avait promis, en finissant le *Joseph d'Arimathie*, de reprendre la suite des aventures d'Alain le Gros, quand il aurait

---

1) Voyez plus haut, p. 90.

lu le grand livre du *Graal*, où elles devaient se trouver, et où elles se trouvent effectivement.

Le *Saint-Graal* avait paru, dans le temps même où il achevait le *Joseph*; il avait donc pu le lire pendant qu'il écrivait le *Merlin*. C'est pourquoi, se trouvant alors en état d'acquitter une partie des promesses qu'il avait faites, il finit le *Merlin* par ces lignes qu'un seul manuscrit nous a conservées :

« *Et tint le roiaume longtems en pès*. Et je,
« Robers de Boron qui cest livre retrais....
« ne doi plus parler d'Artus, tant que j'aie
« parlé d'Alain, le fils de Bron, et que j'aie
« devisé par raison por quelles choses les poi-
« nes de Bretaigne furent establies ; et, ensi
« com li livres le reconte, me convient à parler
« et retraire qués hom fu Alain, et quele
« vie il mena et qués oirs oissi de lui, et quele
« vie si oir menerent. Et quant tems sera et
« leus, et je aurai de cetui parlé, si reparlerai
« d'Artu et prendrai les paroles de lui et de
« sa vie à s'election et à son sacre. » (Man. n° 747, fol. 102 v°) (1).

Ces lignes, que les assembleurs ont senti la

---

(1) La branche d'*Artus* dans quelques manuscrits, comme le n° 370, ouvre le volume. Dans d'autres, comme le n° 747, elle est franchement séparée du *Merlin*, dont les dernières lignes emploient seules le haut du *verso* précédent. Dans d'autres, une grande

nécessité de supprimer, appartenaient évidemment à la première rédaction en prose du poëme de *Merlin*, et répondent aux derniers vers perdus de ce poëme. Mais, au lieu de trouver après le *Merlin*, comme l'annonçait Robert de Boron, cette histoire d'Alain et de sa postérité, nous passons aujourd'hui sans intermédiaire au récit des guerres soulevées par les barons, aussitôt après le couronnement d'Artus.

Voici la conclusion à tirer de ce double rapprochement :

1º Robert de Boron n'a pas eu de part au livre du *Saint-Graal*, écrit dans le temps même où il composait le *Joseph d'Arimathie*.

2º Après avoir pris connaissance du *Graal*, il eut l'intention de continuer, sinon les histoires de Bron et de Petrus, au moins celle d'Alain le Gros.

3º Les assembleurs, trouvant l'histoire d'Alain suffisamment éclaircie dans le *Graal*, ont laissé de côté la rédaction poétique qu'en

initiale en marque assez bien la séparation : mais, ailleurs encore, les deux parties ne sont pas même distinguées par un alinéa. Après les derniers mots, ils continuent : « et après la mi aout que li rois Artus fu « couronnés, tint li rois cour grand et merveilleux... » La main des assembleurs est facile à reconnaître dans cette fusion arbitraire.

avait faite Robert de Boron ; ils y ont substitué le livre d'*Artus*, qu'ils se contentèrent de raccorder, tant bien que mal, au livre de *Merlin* pour en devenir la continuation.

Ainsi le livre qu'on appelle aujourd'hui le roman de *Merlin* contient deux parties distinctes. La première, qui seule doit conserver le nom de *Merlin*, est l'œuvre réduite en prose de Robert de Boron. La seconde, dont le vrai nom est le *Roman d'Artus*, sort d'une main anonyme, peut-être la même à laquelle on devait déjà le *Saint-Graal*.

J'ai si longtemps hésité avant de m'arrêter à ces conclusions, qu'on me pardonnera peut-être d'y revenir à plusieurs reprises, comme pour mieux affirmer le résultat de mes recherches successives. Je n'ai pas dissipé tous les nuages, éclairci toutes les obscurités ; mais ce que j'ai découvert, je crois l'avoir bien vu ; et si je ne me suis pas trompé, c'est un pas de plus fait sur le terrain de nos origines littéraires.

Le magnifique début du *Merlin* se lie à l'ensemble de la tradition et des croyances bretonnes. Pour justifier l'autorité des prophéties attribuées à ce personnage, il fallait reconnaître à leur auteur une nature et des facultés supérieures à la nature et aux facultés des autres hommes. On n'osa pas mettre Merlin en commerce direct avec Dieu, et le placer sur la même ligne que les Daniel et les Isaïe; mais on admit, d'un côté, que le démon avait présidé à sa naissance, de l'autre, qu'il avait été purifié de cette énorme tache originelle par la piété, l'innocence et la chasteté de sa mère. C'est à Robert de Boron que nous croyons pouvoir accorder l'honneur de cette belle création de la mère de Merlin : pure, humble et pieuse, telle que la Vierge Marie nous est elle-même représentée. Fils d'un ange de ténèbres ennemi des hommes, Merlin aurait dû plutôt venir en aide aux méchants, aux oppresseurs de son pays; il n'eût pas connu les secrets de l'avenir, car, ainsi que l'avait fait remarquer Guillaume de Newburg (1), les démons savent ce qui a été, non ce que l'avenir réserve. Mais la mère de Merlin, victime d'une illusion involontaire, ne devait pas être punie dans son fils. Dieu donna donc à Merlin des facultés supérieures qui, formant une sorte d'équilibre avec celles qu'il tenait de son père, lui permirent de distinguer le juste et le vrai, en un mot, de choisir entre la route qui descendait à l'enfer et celle qui montait au paradis. On pouvait donc, sans offenser Dieu, croire à ses prophéties, et la Bretagne pouvait l'honorer comme le plus zélé défenseur de son indépendance.

(1) Voyez plus haut, p. 65.

C'est ainsi que le démon qui l'avait mis au monde pour en faire l'instrument de ses volontés, vit sout ses plans déjoués, et n'en recueillit qu'un nouveau sujet de confusion.

De cette première création, l'imagination poétique de la race bretonne a su tirer un admirable parti. Merlin a non-seulement la connaissance parfaite de l'avenir et du passé; il peut revêtir toutes les formes, changer l'aspect de tous les objets. Il voit ce qui peut conduire à l'heureux succès des entreprises; il est naturellement bon, juste, secourable. Cependant le démon ne perd pas tous ses droits; Merlin ne peut surmonter les exigences de la chair, il ne commande pas à ses sens; il a, pour les faiblesses de ses amis, des prévenances qu'il serait impossible de justifier. Lui-même est tellement désarmé devant les femmes que, tout en voyant l'abîme dans lequel Viviane veut le plonger, il n'aura pas la force de s'en détourner.

J'ai dit que Robert de Boron avait trouvé dans Geoffroy de Monmouth les éléments du livre de *Merlin :* quelle énorme distance cependant entre les récits du moine bénédictin et la grande scène par laquelle va débuter le romancier français! Scène toute biblique, que seront heureux d'imiter les plus grands poëtes des trois derniers siècles, les Tasse, les Milton, les Goethe et les Klopstock. Aucun d'eux cependant ne connaissait peut-être l'œuvre qui les avait devancés; mais quand une forme est introduite dans l'expression et le développement des sentiments et des idées, c'est un nouvel élément de conception mis à la portée de tous; et ceux qui ne dédaignent pas de s'en servir n'ont pas besoin de connaître celui qui l'a pour la première fois employé. D'ailleurs le début du *Merlin* doit beaucoup lui-même aux premiers chapitres de Job, et aux beaux versets dialogués de la liturgie pascale : *Attollite portas, Principes, vestras... — Quis est iste rex gloriæ?* versets eux-mêmes empruntés à l'évangile apocryphe de Nicodème (1). Arrêtons-nous, et laissons la parole à Robert de Boron.

(1) Le début du *Merlin* était déjà préparé dans les premières lignes du *Joseph*; on y voit le péché originel brouiller l'homme avec la justice divine, et nous rendre la propriété inévitable du démon, si Dieu ne consent à s'offrir lui-même pour notre rançon.

TABLE

DES NOMS DE LIEUX ET DE PERSONNES

CITÉS DANS L'INTRODUCTION (1).

A.

ADAM.................................... 118,	119
AELIS (lai d')............................	14
Africa. 36. AFRICAINS......................	69
Agned Cabregonium; Catburg..............	49
AGRAVAIN, frère de Gauvain................	61
AIMOIN, historien..........................	25
ALAIN, descendant de Noé, — roi de la Petite-Bretagne......... 52, 92, 99, 100, 101, 104,	105
ALAIN LE GROS, gardien du Graal.... 100, 105,	108
Albion (l'île d')........................ 25, 51, 53,	67
ALEXANDRE LE GRAND........................	69
ALEXANDRE, évêque de Lincoln; fait écrire les prophéties de Merlin..... 27, 58, 70, 72, 75,	80
ALFRED (le roi)............................	67
AMBROSIUS, premier nom de Merlin..........	37
AMPHITRYON................................	40
ANGLAIS (les)............... 16, 44, 45, 46, 55,	68

(1) J'ai pensé que cette première table donnerait aux lecteurs des romans de la Table Ronde un moyen facile de recourir à l'une ou l'autre des dissertations dont l'Introduction se compose. La *Table générale* terminera le quatrième et dernier volume.

364 TABLE.

Angleterre, 14, 30, 32, 33, 36, 42, 47, 62, 65, 79, 108. Voy. *Bretagne* et Bretons.
Anglo-Saxons (les)........ 15, 45, 67, 95, 99, 104
Anséis de Carthage (geste d')............. 11
Apulée. Ses *Métamorphoses*, 15. Son *Démon de Socrate*................................. 57, 76
Arméniens (les)........................... 98
Armorique............... 45, 46, 47, 52, 99
Arnante, forêt du Northumberland........... 81
Artus-Arthur-Arturus, fils du roi Uter-Pendragon, 1, 22, 28. — 29, 32, 34, 37, 39, 40, 41, 45, 46, 47, 48, 49, 53, 59, 60, 61, 62, 65, 67, 68, 69, 76, 77, 80, 81, 87. Le *roman d'Artus.* 90, 92, 100, 103.................... 105
Asie..................................... 94
Aspremont (geste d')....................... 12
Athénée.................................. 7
Augustin (saint)...................... 57, 94
Augustin, missionnaire............... 41, 67
Aurélius Ambroise, roi breton..... 45, 53, 59, 67
Ausone................................... 7
Avalon (île d'), 11, 41, 47, 61, 69, synonyme breton des Champs-Élysées....... 87, 88
Azariæ montes............................ 36

B.

Babyloniens (les)......................... 69
Bangor, monastère................... 94, 99
Barinthe, pilote.......................... 87
Bassas, rivière près de Nort-Berwick....... 49
Bath ou *Mont-Baton*, 46, 49, fondée par le roi Bladus................................ 52
Baudemagus............................. 61

Bavo I, roi des Belges..................................	45
Bede (le Vénérable) historien, 28, 32, 33, 44, 45, 46, 67, 68, 95.	96
Benoit de Sainte-Maure, auteur du roman de Troie...	51
Berne (bibliothèque de).................................	31
Bernicie...	50
Beverley (Alfred de), historien............ 35, 62,	91
Bladus, le Dédale des *Métamorphoses*...... 40,	52
Blanchefleur..	22
Bliomberis...	61
Boniface, archidiacre romain........................	97
Boron, village du comté de Montbelliart........	110
Boron (Robert de) 58, 70, 81, 92, 93; auteur du *Joseph d'Arimathie*, 106, 107, 108, 109, 110, 112, 113, 114, 115, 116, 118, ...	119
Brequehen, forêt du Northumberland............	81
Brennus..	52
Bretagne insulaire, 4, 28; ou *Grande-Bretagne*, 25, 39, 55, 59, 66, 93, 100, 101, 102, 103, 104; continentale, 5, 11; pays des merveilles, 17; 21, 23, 32, 41, 44, 45, 49, 50, 51, 52, 54, ...	86
Bretons d'Angleterre et de France, ont donné naissance aux Romans de la Table Ronde, 4, 5; leurs lais, 6, 24; leurs harpeurs, 7, 15, 16, 17, 34; leurs églises, 96, 98, 99. Armoricains, 35, 44, 45, 46, 47, 48, 49, 50, 51, 52, 53, 59, 61, 63, 64, 65, 70, 74, 86, 91, 93, 95, 103, 104, 105, 106, 107, 108, ...	111
Brienne (Gautier de).................... 113,	114
Brocéliande, forêt de la Cornouaille armoricaine.	81
Bron, beau-frère de Joseph.......... 103, 105,	108
Brutus le Troyen, 36, 37, 45. Brut, 39, 40, 48, 50.	51
Bude, roi de la Petite-Bretagne, 54, ou Biduc.	76

C.

Cacus..	40
Cadwallad, roi breton..... 99, 100, 101, 102,	104
Cadwallader, dernier roi breton, 52, 99, 100, 101, 102..	104
Camblan (bataille de)............................	87
Cambrie, ou pays de Galles...................	55
Carlion...	68
Carnac (pierres de)..............................	16
Casibelaun, rival de César.....................	52
Celidon, Calidon, ou *Calédonienne*, forêt en Ecosse, 49, 81,..................................	89
Cénis (le mont) 113,............................	114
César (J.)................................. 7, 52,	66
Champagne (la bonne gent de)...............	114
Charlemagne ou Karlemaine........ 12, 22,	24
Chastelain de Coucy (roman du)............	8
Chopin..	18
Chrestien de Troyes.............................	115
Chypre (île de)....................................	114
Constant, fils de Constantin, 53, 54; ses fils...	76
Constantin, frère d'Audran, roi de la Petite-Bretagne, 52, 53,.............................	58
Constantinople....................................	113
Cosaques, leurs chanteurs.....................	20
Courson (M. Aurélien de)......................	38

D.

Danemark...	47
David, fils de Salomon.........................	68
Dédale..	40
Demetie, partie du pays de Galles, 56, 76,....	81

Deschamps (Eustache) cité...............................	9
Diane, sa prêtresse........................... 40,	51
Didot (M. Amb. Firmin).............................	117
Dorset...	76
Douglas, rivière du Lothian........................	49
Du Cange...	102
Dudon de Saint-Quentin, cité.....................	7

E.

Écossais, 66, 67, 68, ou Scots, 96...............	97
Écry, en Picardie (aujourd'hui *Asfeld*).........	113
Edmond (saint), roi d'Estangle...................	32
Edwin, successeur d'Alfred.......................	67
Égyptiens..	69
Éleuthère, pape.................................	52
Élidur, roi breton..............................	52
Énée, aïeul de Brutus...........................	48
Énidr...	22
Ériri (le mont).................................	55
Espagne, 24, 96. Espagnols......................	69
Espec (Walter)............ 30, 110, 111,	112
Estienne Ier, roi d'Angleterre............	21
Éthelbert, petit-neveu d'Hengist, 67; converti par Augustin, 68,.......................	93
Europe.................................... 48,	58

F.

Fordun, historien.................................	53
Fortunat...	7
Français........................... 23, 44, 108,	112
France. Son influence sur les romans de la Table-Ronde, 5, 70; son collége de Druides, 7; lais	

chantés dans ses provinces. 11, 14, 16, 17, 20,
23, 24, 25, 28, 47, 62, 95, 96
Francus.. 45
Frédégaire, historien............................ 43
Frollo, roi des Gaules........................... 60

G.

Galaad.................................... 100, 105
Galehaut.. 61
Galles. Pays, principauté, royaume, 6, 15, 34, 45, 46; source adoptive ou primitive des fictions bretonnes........... 62, 76, 100, 102, 104
Gallo-Romains ou Gaulois..................... 16
Gallois ou Gallo-Bretons, 30, 66, 71, 97, 105; Waleis.. 111
Ganiede, sœur de Merlin......... 75, 76, 84, 89
Garin le Loherain................................ 22
Gaulois (les)....................................... 60
Gautier, archidiacre d'Oxford, apporte du continent une histoire des rois bretons. G. de Wallingford, 28, 29, 30, 31, 32, 34, 38, 39, 41, 42, 43, 44; Walter l'Arcediaen....... 111
Gautier de Chastillon, auteur de l'Alexandréide... 79
Gautier de Metz................................. 116
Gauvain, 22, ou Walgan........................ 60
Gaymar (Geoffroy), historien....... 30, 103, 111
Genièvre, 22, ou Gwanhamara.... 60, 61, 75, 76
Geoffroy de Monmouth. 6, 10. — Dissertation sur son *Historia Britonum*, 24-70; sur sa *Vita Merlini*............ 71 à 89; 101, 106, 107, 110
Germain (saint).................................. 46
Germains... 50

GEWISSEANS ou West-Saxons 76
GILDAS, historien... 28, 29, 32, 33, 45, 46, 64, 86
GIRAUD DE GALLES ou *Giraldus Cambrensis*.. 62, 78
Glastonbury, présumée *l'île des Pommes* ou *d'Avalon*, 88 ; monastère................. 93, 98, 103
Glem, rivière du Northumberland............. 49
GLOCESTER (Robert, comte de), patron de Geoffroy de Monmouth.. 25, 27, 29, 30, 31, 110, 111
GRAELENT (lai de), 9, 11; harpeur de Roland, parent de Salomon de Bretagne........... 12, 23
GRECS (les)..................... 69, 98, 99
Grèce (traditions venues de)................. 15
GRÉGOIRE (saint), pape 93, 98
GRÉGOIRE DE TOURS................. 25, 43
GRYFYDD AP CONAU, prince de North-Wales... 14
GUENDOLENE, femme de Merlin........ 76, 84, 85
GUILLAUME, archevêque de Reims............. 79
GUILLAUME D'ORANGE (geste de) 11, 22
GUIRON (lai de), modèle du roman du Châtelain de Coucy, 8, ou *Gorion, Goron, Gorhon*. 11, 12, 23
Gurmois-Castle, près de Yarmouth............ 49

H.

Hatt.. 76
HECTOR DES MARES......................... 61
HELINAND, historien........................ 90
Helmeslac, dans le Yorkshire................. 111
HENGIST, chef des Anglo-Saxons, père de Rowena................ 33, 37, 54, 59, 66, 68
HENRY Ier, roi d'Angleterre 25, 30
HENRY II, roi d'Angleterre......... 75, 78, 92, 104
HERCULE (légende d'), 15, 40; ses colonnes... 36

HOMÈRE.................................... 51
HONORIUS (l'empereur)..................... 66
HUDIBRAS, ancien roi breton............ 51, 52
HUGO (Victor)............................. 20
HUGUES CAPET.............................. 20
HUGUES de Lusignan, roi de Chypre......... 114
Humber (l'), rivière.................... 67
HUNTINGDON (Henry de), historien. 26, 27, 32,
          36, 62, 71

I.

IDA, fils de Eoppa, premier roi saxon de Bernicie. 50
IGNAURÈS (lai d'), très-ancien........... 8, 9, 23
IRLANDAIS, leurs bardes renommés; IROIS, 14,
 leurs légendes....................... 37
Irlande........................ 36, 41, 47, 78
ISEUT, reine de Cornouaille, 13, 14, ou ISEULT, ou
 YSEULT............................... 61
Italie (traditions venues d')......... 15- 52

J.

JACQUES LE MINEUR (saint)................. 96
JOINVILLE (Robert de)..................... 114
JONCKBLOET (M.) de La Haye................ 115
JOSEPH D'ARIMATHIE, 52; Recherches sur le
 poëme de *Joseph d'Arimathie*....... 89 à 119
Judée................................... 95
JUIFS. Leur influence sur les romans de la Table-
 Ronde............................... 5, 15

K.

Kaermerdin, auj. Caermarthen, dans le South-
 Wales................................ 56

L.

LA BORDERIE (M. de)	38
LAMARTINE	20
LANCARVEN (Karadoc de), historien........ 25,	34
LANCELOT (le livre de)...... 22, 61, 77, 90, 99,	115
Langres	60
LANVAL (lai de)	23
LAZARE........ 95,	96
LEAR (le roi)........ 41,	52
Legion, ou *Cairlion*, dans l'Exeter	49
LEODAGAN, roi de Carmelide	60
LE ROUX DE LINCY (M.)	32
LIBYENS	69
Lincoln, évêché........ 73, 74,	78
Lindisfarn, monastère, auj. Holy-Island, en Écosse, à quatre lieues de Berwick	97
LIONEL	61
Logres, London ou *Londres*. 51,	68
LOHERAINS (geste des)........ 13,	14
LOTH (le roi)	60
LOUIS LE GROS	20
LUCAIN	7
LUCIUS, empereur de Rome	60
LUCIUS, premier roi chrétien de la Grande-Bretagne	52
LUDIE	22
LUSIGNAN (Amaury de)	114
LUSIGNAN (Bourgogne de)	114

M.

MACÉDONIENS	64
MADDEN (sir Frédéric) 26,	91

MADELEINE (sainte) 95,	96
MALIBRAN	18
MALMESBURY (Guillaume de), historien. 25, 26, 32, 34, 35, 36, 43,	110
Malvum flumen.....................	36
MAP (Me Gautier).................	92
MARC (le roi)........................	61
Mariaker (pierres de).................	15
MARIE. La *Sainte Vierge.* — *Notre-Dame*.......	116
MARIE DE FRANCE. Ses lais d'*Équitan*, 7; de *Gugemer* et de *Graelent*, 9, 11; de *Tristan*, 10, 13; de l'*Espine*	14
MARIO.............................	18
MARTHE (sainte).................. 95,	96
MARTIGNY (l'abbé)...................	113
MATHILDE (l'impératrice), comtesse d'Anjou, fille de Henry I...................... 1, 30,	31
MAUGANTIUS	57
MAURES D'ESPAGNE. Leur influence sur les romans de la Table-Ronde............... 5,	23
Mauritania.........................	36
MAURUS (Terentianus).................	73
MAXIME, tyran.......................	52
MÈDES.............................	69
MERLIN. Ses prophéties, 27, 52; nommé Ambrosius, 37; surnommé *Sylvester*, — *Caledonius*, 48, 53, 54, 56, 57, 58, 59, 61, 65, 67, 69; Examen de la *Vita Merlini*, 71 à 89; le roman de Merlin................. 90, 92, 101, 110,	115
MEYERBEER	18
MICHEL M. Francisque), 77; éditeur du poëme du Saint-Graal.......................	116
Moïse, chrétien hypocrite puni............	108
Mont Saint-Michel (le Géant du)........... 40,	60
MONTALEMBERT (M. le comte de).... 94, 95, 98,	99

MONTBELLIART (Gauthier de) ou *Montbelial*. 108,
109, 111, 112, 113, 114, 119
Montbelliart (comté de), 108;......... 109, 110, 112
MONTBELLIART (Richard, comte de)........... 118
MORDRED................ 60, 61, 76
MORGAN (la fée), 11, 77; *Morgen et ses sœurs : Moronoe, Majoe, Gliten, Glitona, Tyronoe, Thyten, Thyten*...................... 86, 87
MOSCOVITES (les)........................ 98
MOZART............................... 18

N.

NENNIUS; Dissertation sur sa chronique, 24 à 70; n'a pas nommé Merlin.................. 71, 80
NEWBURG (Guillaume de)........... 63, 64, 71
NOÉ.................................. 48
Norgales ou *North-Wales* 14
Normandie. Ses clercs, 7; ses historiens 25
NORMANDS............................ 47, 51
Northumberland........................ 67

O.

OCTA, fils d'Hengist..................... 48
OEDIPE (légende d')..................... 15
ONZE MILLE VIERGES.................... 52
ORABLE................................ 22
ORPHÉE (lai d')................ 14, 23, 73
OSWALD, successeur d'Edwin............... 67
OVIDE. Ses *Métamorphoses*........ 15, 40, 48
OWEN (William), éditeur de la *Myvyrian Archæology of Wales* 38
Oxford (évêché d').................. 28, 111

P.

PAGANINI	18
PALAMÈDE	61
Paris	20
PARRIE (H.) et SHARP (J.), éditeurs des *Monumenta historica britannica* 29, 33,	41
PARTHES (les)	69
PATRICE (saint)	41
PATTI	18
PERCEVAL (roman de) 61,	115
PEREDURE, roi breton	52
PETRUS, PIERRE ou PIERRON	108
PHILIPPE (II), roi de France	92
Philistinorum arca	36
PHRYGIENS (les)	69
PICTES (les) 53, 54, 66,	68
PIERRE (saint) 103, 107. 117,	118
PILATE	118
PIRAME ET TISBÉ (lai de)	23
Pommes (île des) ou *Fortunée* 86,	87
Pouille	114

R.

RABIRIUS	73
RAINOUART, transporté dans l'île d'Avalon	11
RENAUT, trouvère français, auteur du lai d'*Ignaurès*	8
Ribroit, rivière du Sommersetshire	49
RICHARD Ier, duc de Normandie	7
RICULF ou RION, prince norwégien, 60; RION D'IRLANDE	92

ROBERT DU MONT-SAINT-MICHEL.............. 62
ROBERT DU QUESNET, évêque de Lincoln, auquel Geoffroy de Monmouth dédie sa *Vita Merlini*, 73, 75, 78, 79, 80
ROBERT GROSSETESTE, évêque de Lincoln.... 78, 79
RODARCUS, roi de Galles, époux de Ganiède.... 76
ROLAND. Son harpeur Graelent............ 12, 22
ROMAINS (les)................. 60, 64, 68, 66, 94
Rome (comtes de), 17; Empire, 46; Évêché, 93, 94, 97, 98, 100, 101
ROSSINI....................................... 18
ROWENA, fille d'Hengist............ 33, 37, 48, 54
Ruscicada.................................... 36

S.

SAGREMOR....................................... 61
Saint-Gall (le moine de)...................... 43
Saint-Germain des Prés (abbaye de)............ 116
SAINT JEAN. Son Évangile........................ 63
SAISNES (Chanson de geste des), 17. (Voy. SAXONS. — ANGLO-SAXONS.)
Salinarum lacus............................... 36
Salisbury........................... 41, 59, 103
SALOMON, roi de Judée........................... 99
SALOMON, roi d'Armorique................... 12, 99
Saverne (la), rivière du Sommersetshire....... 93
SAXONS ou SAISNES. 46, 47, 48, 49, 50, 54, 55, 59, 67, 92, 100, 101
SCOTT (sir Walter).............................. 83
Shaftesbury................................... 51
SHAKSPEARE...................................... 52
SIBYLLES.. 52
Sicile....................................... 113

Sirenes (les) 40
Solin, historien fabuleux. 40
South-Wales. Son église de Saint-Pierre 56
Stone-Henge (pierres de), 16. . . . . 40, 59
Strabon. 7
Suger, abbé de Saint-Denis 25, 26, 43, 71

T.

Tacite 7
Talgesin, Talgesinus, ou Taliesen, ancien barde armoricain 86, 88
Tancré (ou Tancrède), roi de Sicile. 114
Thésée (légende de) 15
Tours, bâtie par Turnus. 51
Tristan. Ses lais, 12, 13, 23 ; le livre de Tr., 22, 103
Troie (le roman de) 10
Troie neuve, ou *Trinovant,* premier nom de Londres 54
Turnus, fondateur de Tours 50, 51
Turpin (l'archevêque) 24, 25
Tweed, rivière 83
Tyrrhenum mare. 36

U.

Uter, ou Ambrosius-Uter 59, 68
Uter-Pendragon, roi de Bretagne. 1, 40, 48, 53, 59, 62, 67, 76, 81

V.

Varin (M. Pierre) 95, 98
Venise 113

Vénitiens (les)	113
Véronique (la)	102, 107
Vespasien, empereur	102
Villehardoin (Joffroi de), historien	11, 114
Vincent de Beauvais	90
Virgile	40, 51
Vital (Orderic), historien	25, 26, 33, 71
Viviane	22, 61, 81

W.

Wace, auteur du *Brut*	75, 99
Walker, auteur d'un *Mémoire sur les bardes irlandais*	14
Warton	14, 35
Wigh (île de)	76
Wilfride (Saint)	96, 97
Wolf (M. Ferdinand)	2
Wortigern. 33, 37, 48, 53, 54, 55, 56, 57, 66, 68,	76
Wright (M. Thomas) 27, 35, 36, 50, 63,	77

Y.

Ygierne, mère d'Artus	40, 41, 59
York, 50, 68, 98; *Yorkshire*	110
Yvain	61

Z.

Zara, en Dalmatie	113

ADDENDA

à la page 102, sur le mot *Graal*.

Il faut bien remarquer que la forme attribuée dans tous les manuscrits au vase où le sang du Sauveur avait été recueilli répondait à celle d'un calice, et que le mot graal, grael, greal ou greaux répondait dans ce sens à celui de plat ou large assiette. Aussi Hélinand a-t-il soin de dire : *de catino illo, vel paropside;* puis : *Gradalis dicitur gallice scutella lata et aliquantulum profunda in qua pretiosæ dapes cum suo jure divitibus solent apponi.* Comment admettre alors que l'idée soit venue d'elle-même à nos romanciers de désigner comme un plat, ou large assiette, le vase, apparemment fermé, que portait Joseph? Il faut présumer une méprise et la confusion de deux sens distincts. D'un côté, l'histoire de la relique était écrite dans le *graduel*, ou *lectionnaire* des Gallois. De l'autre, le mot vulgaire répondant au *gradualis* latin était aussi *greal*, *graal*, ou *grael*. On parla longtemps du graal ou livre liturgique des Gallois, comme renfermant de précieux et mystérieux récits, entre autres celui du calice de Joseph d'Arimathie, et l'on finit par donner à ce calice, apporté en Angleterre, le nom de *greal*, parce qu'on en trouvait la légende dans le *gradale* ou *graduale* gallois. Le secret que les clercs gallois faisaient de ce livre liturgique et la curiosité qu'il éveillait trouvent également leur justification dans la crainte de la désapprobation du clergé orthodoxe, et dans l'espoir d'y trouver la révélation des destinées de la race bretonne.

Le grael ou graduel est le recueil des leçons et des répons chantés devant les degrés, *gradus*, de l'autel.

Bède, en son traité *de Remedio peccatorum*, énumère les livres d'Église : P*s*alterium, lectionarium, antiphonarium, missalem, gradalicantum, etc. Dans une charte de l'an 1335, en faveur de la chapelle de Blainville: « Je, sire de « Blainville, ai garnies les dites chapelles d'un messel, « et d'un *grael* pour les deux chapelles. » — « GRADALE, « GRADUALE, id est *responsum* vel *responsorium :* quia « in gradibus canitur. *Versus gradales.* » — Et Amalaire, au onzième siècle : « Notandum est volumen, quod nos vocamus antiphonarium, tria habere nomina apud Romanos. Quod dicimus *graduale*, illi vocant cantatorium, et adhuc *juxta morem antiquum* apud illos, in aliquibus ecclesiis uno volumine continetur. » (Du Cange.) On appelait l'office du jour le grael ou graal, en opposition à l'office nocturne. Aussi voyons-nous dans Robert de Boron que Joseph donne rendez-vous à ses compagnons chaque jour à heure de tierce, et les avertit d'appeler cet office le service de graal. Le sens des vers est rendu plus clairement par l'ancienne traduction : « Et « ce non de graal abeli à Joseph ; et ensi venoient à « tierce, et disoient qu'il alloient au service du graal. « Et des lors en çà fu donnée à ceste histoire le nom de « Graal. » (Manuscrit Didot.) Mais les romanciers, poëtes et prosateurs, ne sachant plus l'origine véritable du mot, ont voulu l'expliquer et nous en apprendre plus qu'ils n'en savaient. Qui maintenant ne reconnaît dans le premier sens du mot *graal*, l'office du jour, le diurnal? Un glossaire latin-français du douzième siècle porte : GRADALE, *greel, livre à chanter la messe*. Dans le *Catholicon armoricum*, grasal, grael, un livre à chanter : *latinè gradale*. En voilà bien assez pour justifier notre explication du *Graal*.

Le sens de plat, saucière, en latin *catinus*, donné à ce mot, est également ancien, et sans doute formé de cratera, *cratella*, comme de *patera* vint *petella, paelle,* pelle; de *crassus*, gras et gros, etc. Mais, je le répète, il est à peu près impossible que le calice fermé dans lequel Joseph était censé conserver le sang divin ait d'abord reçu le nom de plat, écuelle ou graal. Ceux auxquels on raconta des premiers la légende du sang conservé demandèrent d'où elle était tirée : Du *Graal*, leur répondit-on, que l'on conserve à Salisbury, ou à Glastonbury. —Alors le vase qu'on eût hésité à appeler calice fut nommé *Graal*. Et quand il fallut donner l'explication du mot on imagina qu'il avait été adopté parce que le vase *agréait*, et venait au gré de ceux qui participaient à ses vertus.

ERRATA.

P. 22, *lig.* 11. Bauchefleur, *lis.* Blanchefleur.

P. 29, *note*. Perrie, *lis.* Parrie.

P. 33, *lig.* 21. Shap, *lis.* Sharp.

P. 33, *lig.* 28. sœur d'Hengist, *lis.* fille d'Hengist.

P. 38. « Le *Brut y Brennined* est reconnu par les anti-
« quaires bretons comme la traduction de Geoffroy
« de Monmouth. » Je regrette d'être obligé d'excepter de ce nombre mon ingénieux et savant ami, M. de la Villemarqué, qui persiste à soutenir toutes les assertions de W. Owen.

PUBLICATIONS NOUVELLES

DE LA

LIBRAIRIE TECHENER A PARIS

rue de l'Arbre-Sec, n° 52.

Lettres de Marie de Rabutin Chantal, marquise de Sévigné, édition revue, annotée et avec une introduction, par M. Silvestre de Sacy, de l'Académie française : 11 volumes anciens format in-12, ornés de deux portraits dessinés et gravés à l'eau-forte par M. Jules Jacquemart. Prix brochés. (*Édition complète*). 55 fr.
— cartonnés, en dos de peau maroq. 66 fr.
Grand papier vergé de Hollande, imprimés sur format petit in-8 (à petit nombre), brochés et doubles portraits avant et avec la lettre et les entourages. 110 fr.

Cette édition, d'une correction irréprochable, d'une belle exécution typographique et d'un format commode, ne s'adresse pas aux savants, aux curieux, aux amateurs d'anecdotes et de détails historiques ; elle est faite pour ceux qui ne cherchent dans les lettres de Mme de Sévigné que Mme de Sévigné toute seule, et qui souffrent avec impatience les longues notes, les commentaires multipliés.

Prenant pour base de son travail les éditions originales dont il relève les variantes, M. de Sacy s'est attaché principalement à donner dans toute sa pureté le texte de cette admirable correspondance; les notes concises qu'il y a jointes ont seulement pour but d'ajouter des dates, des noms de famille, ou d'expliquer les locutions hors d'usage aujourd'hui et les allusions à des circonstances oubliées.

Ces soins judicieux répondent à tout ce qu'on devait attendre du goût délicat de l'éditeur, et sa préface, où brillent la grâce et la finesse de cet éminent écrivain, sera lue surtout avec un vif plaisir, et ajoutera encore à la valeur de cette intéressante publication.

Réflexions sur la miséricorde de Dieu, par la duchesse de la Vallière, suivies de ses lettres et des sermons pour sa vêture et sa profession, par M. de Fromentières, évêque d'Aire, et de Bossuet; édition revue, annotée et précédée d'une étude biographique, par Pierre Clément, de l'Institut. 2 vol. in-12, fleurons et portrait sur acier de la duchesse de la Vallière,　　　　　8 fr.

Les Souvenirs de Madame de Caylus. Nouvelle édition avec une introduction et des notes, par Ch. Asselineau. Un vol. in-12, portrait et figures sur acier.   8 fr.

Souvenirs ou *Indiscrétions* d'une des dames les plus spirituelles du siècle de Louis XIV. Ce livre est par sa forme tout à fait attrayant et digne de figurer dans les bibliothèques d'élite.

Cette édition est la seule qui contienne des figures ; elles sont gravées sur acier d'après les compositions de M. J. Leman, représentant : *Madame de Montespan fait l'office de femme de chambre près mademoiselle de La Vallière. — Réconciliation du roi avec madame de Montespan. — Promenade de madame de Maintenon et de madame de Montchevreuil dans la forêt de Fontainebleau. — Le prince de Condé refusant de laisser entrer le roi chez la princesse de Condé atteinte de la petite vérole et dangereusement malade. — Portrait de madame de Caylus.*

Les Historiettes de Tallemant des Réaux. Première édition complète, avec commentaires historiques, notes et documents publiés pour la première fois par MM. de Monmerqué et Paulin Paris; 9 vol. in-8, brochés, à 7 fr. 50 le volume. 67 fr. 50

Première édition complète, suivie des lettres inédites de Mlle Scudéry, d'une notice importante de M. de Monmerqué, d'une autre sur Costar, d'un glossaire des mots inusités, d'une table générale des noms, des poésies de Saint-Pavin, etc.

Les Historiettes de Tallemant des Réaux, édition originale, revue sur le texte original et publiée par Paulin Paris et Monmerqué. 1862 ; 6 vol. in-12, br.

Jolie édition portative et complète de ces curieux mémoires biographiques et anecdotiques, renfermant beaucoup de particularités et de détails intimes qui ne se trouvent point ailleurs, relatifs à des personnes du règne de Henri IV et Louis XIII.

Bibliothèque spirituelle, publiée par M. Silvestre de Sacy. 17 volumes format in-16 broch. 100 fr.

— *Papier Vergé de Hollande*, dont il ne reste plus que quelques exemplaires complets. 255 fr.

Cette collection choisie parmi les chefs-d'œuvre de la littérature chrétienne et en langue française est ainsi composée : *Imitation de J.-C.*, traduction du chancelier Michel de Marillac. 1 vol. — *Introduction à la vie dévote*, avec une notice inédite sur la vie et les ouvrages de Saint François de Sales. 2 vol. — *Lettres spirituelles de Fénélon.* 3 vol. — *Choix des petits traités de morale de Nicole.* 1 vol. — *Lettres spirituelles écrites par Bossuet*, à la sœur Cornuau, suivi du *Traité de la Concupiscence*, par le même. 2 vol. — *Choix des traités de morale chrétienne de Duguet.* 2 vol. — *Sermons choisis de Bossuet, de Bourdaloue, de Lassillon.* 3 vol. — *Le Nouveau Testament de N.-S. Jésus-Christ.* 3 vol.

(Chaque ouvrage se vend séparément 6 fr. le volume.)

Lettres de Saint François de Sales adressées à des gens du monde, publiées avec une introduction de M. Silvestre de Sacy. 1 vol. in-12, broché, 6 fr.
Grand papier de Hollande, 15 fr.

Traité de la connaissance de Dieu et de soi-même, suivi de l'Exposition de la doctrine de l'Église catholique, par Bossuet avec une introduction, par M. Silvestre de Sacy, de l'Académie française. 1 vol. in-12, broché, de 528 pages. 6 fr.
Grand papier de Hollande, 15 fr.

Les Aventures de Maître Renart et d'Ysengrin, son compère, mises en nouveau langage, racontées dans un nouvel ordre et suivies de nouvelles recherches sur le roman du Renart, par Paulin Paris, membre de l'Institut. 1 vol. in-12.   4 fr.

Les Aventures de Maître Renart et de son compère le Loup ont joué certainement un grand rôle dans la littérature du moyen âge. L'idée de peindre ainsi la ruse aux prises avec la force dut en effet se présenter de bonne heure à l'esprit des poëtes. Renart et Ysengrin sont deux personnages qui bientôt acquirent une popularité très-grande; la légende s'établit d'autant mieux que l'époque ne prêtait que trop à des allusions piquantes; sous le règne des Loups les stratagèmes du Renart semblent assez excusables. On voyait avec plaisir Ysengrin dupe des rouëries de son camarade, et maints traits lancés en passant contre les gens d'église trouvaient aussi de nombreux amateurs. Aujourd'hui même il conserve le privilége d'amuser les lecteurs, les principaux personnages du poëme trouvant encore leur place dans notre société moderne, qui ne manque ni de loups ni de renards.

La noble et furieuse chasse du loup, composée par Robert Monthois, en faveur de ceux qui sont portez à ce royal deduict; suivant l'édition de 1642, petit in-8, papier vergé avec une eau-forte de Jules Jacquemart. Prix 12 fr.

Publié par les soins et avec une introduction de M. le baron Jér. Pichon, et tiré à cent exemplaires.

Journal de Rosalba Carriera, pendant son séjour à Paris en 1720 et 1721, publié en italien, par Vianelli, traduit, annoté et augmenté d'une biographie et de documents inédits sur les artistes et les amateurs du temps, par Alf. Sensier. 1 vol. petit in-8, broché. Prix. 6 fr.
Papier vergé dit de Hollande. Prix. 15 fr.

Histoire artistique, industrielle et commerciale de la porcelaine, par Albert Jacquemart et Edmond le Blant, enrichie de 29 planches dessinées et gravées à l'eau-forte par Jules Jacquemart. Paris, 1862. 1 vol. in-fol. de 690 pages. 60 fr.

Très-belle publication, imprimée à Lyon par Louis Perrin, et due, pour le texte, à des recherches savantes et à des connaissances spéciales.

Histoire de la Bibliophilie : Recherches sur la reliure, sur les bibliothèques des plus célèbres amateurs, armorial des bibliophiles; accompagnée de planches gravées à l'eau-forte, par Jules Jacquemart, et publiée avec le concours d'une société de bibliophiles. In-fol. (*en souscription*), *mise en vente des dix premières livraisons. La onzième et suiv. paraîtront incessamment.*

Cette publication, importante sous le double rapport artistique et littéraire, paraît par livraisons de cinq planches gravées à l'eau-forte d'après les plus beaux spécimens ; un texte explicatif contiendra des des détails intéressants et curieux sur la reliure depuis l'origine, sur les bibliothèques, sur les armoiries, sur les *ex libris* des anciens amateurs et des considérations sur les goûts des livres.

Le prix de chaque livraison est fixé à 10 fr.
La liste des souscripteurs sera imprimée pour être placée en tête du livre.

Deux articles de M. Silvestre de Sacy, de l'Académie française, sur l'*histoire de Jules César* ; broch. grand in-8, papier vélin. Prix, 2 fr. 50
Papier vergé de Hollande, 4 fr. » »

Imprimerie générale de Ch. Lahure, rue de Fleurus, 9, à Paris.

www.ingramcontent.com/pod-product-compliance
Lightning Source LLC
Chambersburg PA
CBHW050435170426
43201CB00008B/680